문화철학이란 무엇인가

문화철학이란 무엇인가

2006년 4월 5일 초판인쇄
2006년 4월 10일 초판발행

지은이 • 랄프 콘너스만 Ralf Konersmann
펴낸이 • 이 찬 규
펴낸곳 • 북코리아
등록번호 • 제03-01157호
주소 • 121-802 서울시 마포구 공덕동 173-51
전화 • (02) 704-7840
팩스 • (02) 704-7848
이메일 • sunhaksa@korea.com
홈페이지 • www.ibookorea.com

값 13,500원

ISBN 89-89316-75-8 93100

본서의 무단복제를 금하며, 잘못된 책은 바꾸어 드립니다.
저자와의 협의하에 인지첩부를 생략합니다.

문화철학이란 무엇인가

랄프 콘너스만 지음 | 이상엽 옮김

북코리아

  나는 4년 전에 『문화철학이란 무엇인가*Kulturphilosophie zur Einführung*』
를 저술하기 시작했을 때 이중의 과제 앞에 서 있었다. 이 작은
책을 통해 하나의 학문분야를 알기 쉽게 소개하는 것이 과제였지
만, 이 학문분야는 간단하게 기술되거나 묘사될 수 없는 것이었
기 때문에, 그 경계와 내용을 이제 비로소 규정하여 이 작은 책에
담아야만 하는 과제도 있었다.

  이러한 출발상황은 이 분야의 경우 특히 전형적으로 나타나는
모습이라고 확실히 말할 수 있다. 일반적으로 입문서는 다룰 대
상의 핵심적인 내용을 확정한다. 입문서는 규준을 만드는 책이라
고 할 수 있다. 그러나 문화철학의 경우에는 어떤 유일한 절대적인
문화철학(명확하게 경계 지워지고 일반적으로 승인된 학문분과로서의 문
화철학)이 한 번도 존재한 적이 없었고 오늘날에도 존재하지 않는
다고 할 수 있다. 이러한 상황에는 역사적 이유가 있다. 문화철학
적 물음에 대한 관심은 20세기 초에 당시의 다양한 사유 방향들
로부터, 예컨대 신칸트주의, 현상학, 해석학, 삶의 철학 등으로부
터 일어났다. 이러한 관심은 특히 두 개의 학문기관의 주변영역
에서 1930년대까지 매우 활발하게 지속되었다. 첫째로, 1910년
부터 '문화철학을 위한 국제학술지*Internationale Zeitschrift für Philosophie der*

Kultur'라는 기획적인 부제를 달고 출간된 학술지 『로고스 _Logos_』의 주변영역에서, 둘째로, 점점 더 문화학적 물음에 주목했으며 1920년부터는 문화사가 뿐만 아니라 동양학자, 문헌학자, 역사가, 철학자에게도 문을 개방했던 함부르크의 바부르크 도서관 Bibliothek Warburg 주변영역에서 그러했다. 하지만 확고한 정립의 단계는 곧 정치적 변화의 영향 속에 빠지게 됨으로써 갑작스럽게 단절되고 말았다. 문화철학도 독일의 많은 다른 학문들과 마찬가지로 20세기의 대재앙들 속에서 많은 시달림을 받았다. 더욱이 1945년 이후 오랫동안은 문화철학이 대학 내의 다양한 학문 활동에서 완전히 사라진 것으로 여겨지기도 했다. 바이마르 시대의 문화철학자들은 다수가 유대인 태생의 지식인이었고 카시러 Ernst Cassirer처럼 망명을 강요당했는데, 이들의 정신적 유산들은 문화철학적 사유의 유래에는 별로 관심이 없던 많은 후세대들에게 골고루 분배되었을 뿐이다.

이러한 상황은 카시러의 문화철학 강의나 짐멜 Georg Simmel의 서간집과 같은, 최근에 아주 의미 있는 발견들을 제시한 거대한 전집이 출판됨으로써 완전히 바뀌었다. 문화철학은 21세기로 전환된 후 다른 이론영역들과의 깊은 연관성을 아주 확연하게 드러내고 있고 흥미로운 연구과제들도 제기하고 있다. 그러나 이것이 전부는 아니다. 전문적인 학문적 시각을 넘어서 현실적인 상황과 관련된 물음도 중요하다. 세계질서의 틀 속에서 볼 때 문화의 문제가 오늘날처럼 이렇게 큰 관심을 유발한 적이 없었다고 해도 과언이 아니다. 문화라는 것은 국제정치의 관점에서 볼 때 매우 중요한 지성적 도전이다. 왜냐하면 이 도전적 상황은 모든 관련자들(우리 모두가 그 관련자들이다)에게 자신들의 정치적·종교적·사회적 기본 신념들에 대해 숙고할 것을 강요하기 때문이다.

이러한 상황들은 철학에도 영향을 미치고 있다. 철학은 문화영역이 독립적인 지위를 누리게 됨으로써 특수한 형태 속에서 도전에 직면해 있다. 이것은 과장된 이야기가 아니다. 한편, 철학과 문화 사이의 관계는 전통적으로 갈등상태에 있으며 결코 조화롭지 않다. 이와 관련해 특히 두 가지의 비판이 잘 알려져 있는데, 이 비판은 문화철학의 프로그램과도 직접적인 연관이 있다. 그 하나는 문화가 철학적으로 다루기에는 너무나 광범위한 현상이라는 비판일 것이다. 말하자면 문화철학적 세계이해는 문화를 철학으로 소멸시키고 문화와 철학을 혼합시킨다는 것이다. 두 번째 비판은 첫 번째 비판과 관련해 보충적인 관계에 있다. 이 비판에 따르면 문화철학이 자기 자신에게 메타철학으로서의 권리를 부여하고 있다는 것이다. 문화철학은 문화학으로서 존재하고 있고 이것과 더 이상 구별되지 않는다는 것이다.

내가 시도한 것처럼, 문화철학이 서술방식에 대해 즐겨 논하기 때문에 문화철학은 메타철학이라는 비판이 일어나게 된 것이다. 문화철학이 자신의 대상을 자신의 고유한 관점 속에서 다루기 때문일 것이다. 예컨대, 이러한 고유한 관점 속에서 보면 문화적 사실의 현존은 이 문화적 사실을 향한 관심들, 욕망들, 기대들 전체와 밀접한 연관성이 있다. 문화철학적으로 어떤 사태에 대해서 말한다는 것은 그 사태를 중심으로 전개된 여러 표상과 담론에 대해 고려한다는 것을 뜻한다. 물론 이러한 관찰 조건은 철학 자체에도 마찬가지로 해당된다. 그렇기 때문에 철학도 자신의 고유한 서술형식과 서술방식에 대해 숙고하게 될 것이다. 철학은 자신을 문화의 한 부분으로서 이해하기 시작했다. 그런데 스스로에게 경계를 설정했던 철학적 반성, 즉 칸트의 이성의 기획에 뿌리를 두고 있는 이러한 철학적 반성은 이제 근심에 휩싸여 있다고 한다. 왜냐하면 문화철학적인 사유가 (철학 스스로도 파악할 수 없는 그러한 은폐된) 철학의 진리를 드러내려 하기 때문이라는 것이다. 하지만 이것은 말도 안 되는 소리이다. 문화철학은 하나의 최종적인 진리가 아니라 진리의 다양한 드러남에 관심을 두고 있다. 이와 같이 학문의 권리 요구에 대한 기존의 경계설정은 문화철학에도 우선적으로 적용된다. 언제나 인간에 의해 만들어진 공간에 주목하고 만족하라는 결단이 문화철학의 가장 불변적인 특성에 속한다. 인간은 무엇인가라는 잘 알려진 칸트의 물음은 바로 이러한 의도 속에서 제기되었다. 이 물음은 최종적인 근본적인 대답을 열망하고 있지 않다. 이 물음이 철학을 인간학으로 소멸시킨다는 생각은 아주 잘못된 생각이다. 칸트의 물음은 경계를 설정하고 과제를 제시하는 의미를 띠고 있고 관심의 지평을 강조하고 있을 뿐이다.

이제 문화와 철학의 혼합이라는 보충적인 비판에 대해 살펴보

자. 이러한 비판이 등장한 이유는 사실상 내가 광범위한 문화개념을 선호했고 그 대신에 문화개념의 정치적·관료적 사용방식을 자의적인 것으로, 또한 사태에도 부합하지 않는 것으로 간주했기 때문이다. 정치적·관료적 사용방식에 따르면 문화는 다른 삶의 영역과 명확하게 구분되는 특별한 세계이고 따라서 특히 신문문예란의 대상으로 제한된다고 한다. 그러나 문화는 어떤 사업 업종도 아니고 사업의 입지결정요인도 아니고 또한 사회적 지위를 위한 수단도 아니다. 고급문화 개념은 19세기에 등장해서 그러한 방향으로 이 개념을 정립해 나갔지만, 비교적 그 목적과 관련이 없는 영역을 주제로 삼았다. 이때부터 이 영역에 모이게 된 것은 기록보관소, 도서관, 박물관, 극장, 축제, 이벤트 등과 같은 특수한 제도와 기관들이다. 이와 같이 인식의 차원이 협소해짐으로써 결과적으로 나타난 구체적인 모습은 제작자, 임원, 전문가, 비평가, 경영인 등이 문화를 신봉하는 가치의식의 잔해殘骸를 이용하여 생계를 유지하는 광경이다. 이들이 선호하는 대상은 문화재이다. 누구나 문화재에 대해서 경탄하기는 하나 본질적으로는 별로 중요치 않게 생각한다.

특히 이와 관련된 사람들은 찬양과 무관심의 특색 있는 혼합에 대해 우려하고 있지만 다른 한편으로는 전문가로서, 문화활동의 고립에 결정적인 영향을 미치고 있다. 물론, 거의 한 번도 제대로 성찰되지 않았음에도 불구하고 널리 퍼진 이러한 문화개념, 그리고 결국은 이데올로기적 형태에 불과한 이러한 문화개념을 이론적인 차원에서 특권화하려는 시도는 점차 줄어들고 있다. 문화는 우선 무엇보다도 인간의 세계로서 존재한다. 인간의 세계로서의 문화는 철학적 문제들로서 규정될 수 있는, 특색 있는 문제들에 관해 열려있는 장場을 형성한다. 이러한 맥락에서 중요한 점은, 문화철학이 정립된 철학 담론을 확장된 문화의 영역으로 간단하게 이동시키는 것이 아니라 철학 담론을 직접적으로 다뤄 변화시킨다는 것이다. 문화철학은 언어철학과 다르지 않고 역사철학이나 자연철학과 다르지 않다. 그렇지만 문화철학은 하나의 다른 철학이다. 그리고 문화철학은 '그럼에도 불구하고 무엇보다도' 철학으로서 존재한다. 덧붙여 말하자면 문화철학은 철학의 습관적 행동을 새로운 적용영역으로 옮겨 실행하는 부분분야의 철학이 아니다. 문화철학은 힘들여 도달한 정점에 서서 지금까지 철학이 책임져왔던 인식을 마침내 보장한다는 과장된 주장을 하지도 않는다. 철학적으로 보면 문화철학은 변화된 세계 안에서 철학을 현실화하려는 시도이다. 다시 말해 문화철학은 철학이 자기 스스로에 대해 숙고하는 모습의 표현이다.

2006년 2월

랄프 콘너스만 Ralf Konersmann

:: 차 례

제1부
서론-세계의 인간화

　문화가 무엇인가 하는 문제는 빈번하게 논의되었고, 또 이 문제를 다룬 책이 많이 저술되기도 했다. 이와 같이 문화의 정의는 수없이 많다고 할 수 있다. 한편 새로운 문제제기들이 생겨나고 있다. 이것들은 문화의 기존 정의들을 직접적으로 비판하는 형태로 등장하거나 아니면 다른 표현이나 대안적인 학술용어를 제시함으로써 점차적으로 문화의 정의를 바꾸려는 형태로 나타나고 있다. 문화개념이 세상에 등장한 이래로, 말하자면 적어도 키케로Marcus Tullius Cicero[1]*가 살았던 시대 이래로 문화개념에는 항상 논란의 여지가 많았다. 마침내, 출간될 당시까지의 철학과 학문 안에 축적되어 있던 문화의 여러 정의들을 개관한 한 권의 책이 출간되었다. 이 책이 출간된 시점은 반 세기 전쯤이다.[2] 그 이후 계속해서 새로운 설명이 많이 추가되었고, 비슷한 목표를 세운 두 번째 권은 이러한 설명을 기초로 해서 쉽게 편찬될 수 있었다.

---

1 *(옮긴이주) 키케로(B.C. 106 ~ B.C. 43): 로마의 정치가·철학자. 그는 위대한 웅변가이자 수사학의 대가로서 고전 라틴 산문의 창조자이자 동시에 완성자라고 한다. 그는 그리스 철학을 로마로 도입, 라틴어로 번역했다. 그가 이룩한 고전문화의 공헌은 불멸의 것이다. 주요 작품으로는 『국가론』, 『법률론』, 『의무론』, 『우정론』, 『투스쿨라나룸 담론』 등이 있고, 이밖에도 다수의 연설문이 있다.

2 Alfred Louis Kroeber/ Clyde Kluckhohn, *Culture. A Critical Revue of Concepts and Definitions*, Cambridge/Mass. 1952를 참조.

:: 제1장 **문화개념**

　지나치게 넘쳐나는 문화개념과 이론 앞에서 우리가 의기소침해할 필요는 없다. 이러한 문화개념과 이론의 범람은 일반적인 현상이기 때문이다. 어떠한 개념이 가변적 규정의 상태를 벗어나서 최종적 규정의 상태에 도달한 적이 언제 한 번이라도 있었던가? 이러한 현상은 개념들마다 독특한 모습으로 나타나겠지만, 문화개념에도 마찬가지로 적용된다. 문화개념을 올바르게 정의하려는 노력은 지속적으로 존재하고 있다. 이러한 노력이 계속하여 존재하는 것은 바로 다음과 같은 사실을 간접적으로 말해 준다. 문화에 대한 보편타당한 개념규정의 어려움은 이 개념을 파악할 때 사용된 방법의 불충분함에서 기인한다기보다는 (문화)사태 자체, 즉 사태의 다양성과 사태의 특수한 존재방식과 같은 사태의 복잡성에서 기인한다는 것이 그것이다. 어떤 것이 문화로서 존재한다거나 개별적으로 문화로서 간주된다 하더라도 어떤 하나의 최종적 정의에 도달된 문화개념이란 없다. 어떤 현상도, 어떤 제도도 그 자체로서는 문화가 그야말로 무엇인지 확실하게 인식하게 하지는 못한다.

　이와 같은 출발점의 상황은 납득할 만한 것이고 또한 시사하는 바도 많다. 우리가 역사의미의 풍부한 유산을 통해 알게 된 것은 의미의 변화로부터 벗어나 있는 영원한 개념체계라는 것은 기껏해야 조정적 이념regulative Idee으로서 존재한다는 사실과 개념도 자신의 시공간적 맥락을 갖고 있을 뿐만 아니라, 이러한 맥락 안에서 발전해 나간다는 사실이다. 이러한 출발점의 상황은 언어의 신중한 사용을 요구한다. 사실상 문화개념은 칸트가 말한 것처럼 시간[3]과 같은 보편개념으로 간주될 수 없다. 그러한 문화개념은 이 개념이 다룰 구체적인 현상을 충분하게 설명할 수 없기 때문이다. 다시 말해 구체적인 현상은 본질적으로 문화개념이 담아낼 수 있는 내용보다 더 많은 것을 요구하기 때문에 문화라는 것의 총체성, 즉 개념적인 형식의 경계를 허물어뜨린다. 문화는 토대개념이나 원리가 아니다. 문화개념은 철학적인 관점에서, 말하자면 철학적인 특유의 관점에서 관심을 끄는 중요한 문제이지만, 아직 해결되지 않는 문제유형에 속한다. 문화개념 안에서 단지 아주 적은 부분들만이 확실할 뿐이라고 (실제적으로건 비유적으로건) 말해야만 할 것이다. 문화는 새로운 것에 의해 그리고 스스로에 의해 끊임없이 현실화되어야만 한다. 벤야민Walter Benjamin이 문화의 특수한 존재방식을 강조한 것처럼, 문화는 역사를 갖고 있지 않기 때문이다.[4] 결코 '어떤 유일한 절대적인 문화'와 같은 것은

---

3 Immanuel Kant, *Kritik der reinen Vernunft*, 2.Aufl., in: ders., *Werke, Akademie- Ausgabe*, Berlin 1902~1923, Bd.3, 58쪽(B 47). "시간은 논증적인 개념도 아니고 사람들이 말하는 것처럼 보편적인 개념도 아니다. 시간은 감성적 직관의 순수형식이다. 다양한 시간은 단지 이 동일한 시간의 부분일 뿐이다."

4 Walter Benjamin, *Das Passagen-Werk*, hg. v. Rolf Tiedemann, Bd.1, Frankfurt/M. 1982, 583쪽. 문화가 '역사를 갖고 있다'는 것은 자명한 사실이라고 사람들은 이의를 제기할

없다. 다만 수많은 사건과 표명, 다량의 유산과 지시, 언어·동작·작품·규칙·기술 등에 담겨 있는 인간의 지성과 인간 세계변형의 다양한 형식만이 있을 뿐이다. 문화는 이와 같은 인간의 다양한 행위와 생산으로부터 생겨난다. 그리고 문화는 끊임없는 운동 속에 있는 잠정적인 심성과 행위의 연관관계로서, 따라서 열려 있는 커뮤니케이션 공간으로서 존재한다.

문화는 말하자면 순간마다 만들어지는 것이다. 바로 이 때문에 종교, 예술, 철학, 새롭게 정립된 문화학,[5] 매체, 그리고 그 밖에

것이다. 이 생각은 예컨대 전통의 형성 과정과 수용과정, 관습적인 의미연관 관계 등을 고려해 보면 통상적으로는 올바른 것이다. 그러나 이러한 문화의 타당성은 전승된 것으로부터 현재 여기에서 '쟁취'되어야만 하는 것이다. 말하자면 항상 새롭게 현재화되어야만 하고, 인정되거나 변형되어야만 하는 것이다. 그래야만 그 타당성이 상실되지 않을 것이다. 이것이 바로 벤야민의 핵심적인 주장이다. 따라서 문화적 대상을 박물관적인 개념에 따라 '문화재'로 정의한다면, 이것은 너무나 짧고 경솔한 생각이고 문화의 역사성을 다루는 도전적인 문제의 합당한 대답이 아니다. 문화적 대상은 자신 안에 이미 의미를 갖고 있는 것이 결코 아니다. 오히려 유의미성이 전제하는 것은 우리가 그 대상을 살펴본다는 것, 즉 그 대상이 '인용된다'는 것이다. 인용은 벤야민에 의해 이른바 군령에 의한 표창(citation a l'ordre du jour)이라고 한 방식인데, 인용은 과거를 현재화시킨다. 벤야민에 따르면, 과거는 그야말로 현재에 의해 '결정'된다(Ralf Konersmann, *Erstarrte Unruhe. Walter Benjamins Begriff der Geschichte,* Frankfurt/M. 1991, 52쪽 이하 참조). 프루스트(Marcel Proust)는 혜안을 갖고 이 사태를 다음과 같이 표현했다. "세계의 창조는 어떤 하나의 시작점에서 일어난 것이 아니다. 세계의 창조는 매일 일어나고 있다"(Marcel Proust, *Auf der Suche nach der verlorenen Zeit,* Bd.9, Frankfurt/M. 1973, 3657쪽).

5 Hartmut Böhme/ Peter Matussek/ Lothar Müller, *Orientierung Kulturwissenschaft. Was sie kann, was sie will,* Reinbek 2000 참조 키틀러(Friedrich Kittler)의 책(*Eine Kulturgeschichte der Kulturwissenschaft,* München 2000)도 언급되어야만 할 것이다. 하지만 이 책은 여러 맥락과 입장을 매우 개략적으로 요약하고 있다. 따라서 현재의 문화학과 이전의 문화학 전통을 어떻게 체계적으로 비교할 수 있는지는 간접적으로만 안내하고 있을 뿐이다. 그 동안에 매우 의미 있는 자극을 주었던 것으로서는 Karl Acham, "Diltheys Beitrag zur Theorie der Kultur—und Sozialwissenschaften." in: *Dilthey—Jahrbuch 3,* 1985, 9~51쪽; Reinhart Koselleck, "Wie sozial ist der Geist der Wissenschaft?." in: *Geisteswis-*

교육시설, 도서관, 박물관, 기록보관소 등과 같은 수많은 학문과 제도가 문화의 불확실한 구조를 분석하고 문화의 증거를 입증된 기준에 따라 수집·평가 활용하는 일을 전문적으로 하게 되는 것이다. 그리고 바로 이러한 제도가 문화의 고유한 차원, 즉 반성의 차원을 함께 만들어낸다. 이로써 문화는 스스로에 대해 사유하고 스스로를 재생산할 수 있게 되는 것이다.

이 때 전제되는 관점이야말로 아주 중요한 것이고 또한 특유하게 문화적인 것이다. 사실faits을 문화적 사실faits culturels로써 바라보는 관점이 그것이다. 이것을 표현하는 대략적인 공식은, '문화적 사실'은 의미를 지니는 반면에 '사실'은 그 자체로는 어떤 의미도 지니지 않는다는 것이다. 칸트에서처럼 아주 명백한 사실의 사태를 규정하는 것과 인간과 대상관계의 관점에서 대상을 규정하는 것을 구분하는 일이 필요하다. 다시 말해 대상이 '즉자적으로' 존재한다는 관점에서 "대상을 **이론적으로** 규정하는 것"과 "대상의 이념은 우리를 위해, 그것의 합목적적인 사용을 위해 존재해야 한다"[6]는 관점에서 대상을 **실천적으로** 규정하는 것을 구분하는 것

---

senschaften Heute. Eine Denkschrift, Frankfurt/M. 1991, 112~141쪽; Gunter Scholtz, *Zwischen Wissenschaftsanspruch und Orientierungsbedürfnis. Zu Grundlage und Wandel der Geisteswissenschaften*, Frankfurt/M, 1991 등이 있다.

6 이러한 구별은 『판단력 비판(*Kritik der Urteilskraft*)』의 Hypotypose(§59)의 유명한 절에서 나타난다(Immanuel Kant, *Kritik der Urteilskraft*, in: ders., *Werke, Akademie- Ausgabe*, Berlin 1902~1923, Bd.5, 353쪽[강조는 저자가 함]). 칸트는 여기서 하나의 인식유형을 다르게 묘사하고 이것을 '상징적'이라고 한다. 그리고 신의 친숙한 표상을 예로 들면서 말하는 것처럼, 그는 이를 통해 '인간중심주의(Anthropomorphismus)'(말하자면 인간의 특성을 무의식적으로 투사하는 것)의 위험에서 벗어나고, 또 마찬가지로 '이신론(理神論), (Deismus)'(말하자면 극복불가능한 인식의 한계를 신의 관점에서 선언하는 것)의

이 필요하다. 이렇게 구분하는 방법론은 앞으로 이 책에서 전개될 관점의 성격을 명확히 보여 주고 있다. 칸트가 구분한 의미에서 보면 문화철학은 실천적인 학문분야이다. 문화철학은 대상을 지각할 때, 마치 대상이 말을 걸어오고 있는 것처럼, 마치 대상이 하나의 증인인 것처럼, 마치 대상이 어떤 알고 있는 것을 말하는 것처럼 대상을 지각한다. 물론 이것은 문화의 전체 영역이 은유의 모델을 따라 작동할 경우에만 가능할 것이다. 은유는 이쪽과 저쪽의 맥락 사이를 연결한다. 은유는 여러 다른 맥락과 그러한 다름 속에 있는 맥락 사이를 연결한다. 은유는 분리와 연결이 동시에 함께 존재하는 것뿐만 아니라 맥락의 이해와 방해가 동시에 함께 존재하는 것을 가능하게 하는 기능을 한다. 그리고 은유는 은유의 호소적 성격으로부터 존립한다. 은유는 누군가가 그 대상과 관련하여 무엇인가를 생각하는 경우에 한에서만 의미 있고 유용한 것이다.[7]

사실상 문화도 마찬가지이다. 우리가 문화를 언급할 때 생각하는 대상세계, 말하자면 민족학의 문제, 신문문예란의 대상, 또는 문화정책의 선호된 주제는 문화로서 널리 퍼져 있는 것의 표면을 형성한다. 물론 이 안에서 결코 문화 전체를 인식할 수는 없겠지만 그럼에도 불구하고 우리는 이 안에서 문화 전체를 인식

위험에서 벗어나기를 희망한다.

7 여기에서 그리고 앞으로 이것의 논의는 Ralf Konersmann, "Kultur als Metapher." in: *Kulturphilosophie*, 327~354쪽 참조. 또 Andreas Hetzel, *Zwischen Poiesis und Praxis. Elemente einer kritischen Theorie der Kultur*, Würzburg 2001, 특히 240쪽 이하 참조.

하려고 할 것이다. 만약 문화가 인간의 근본적인 세계파악의 활동으로서 이해되지 않는다면, 이러한 활동으로 받아들여지지 않거나 인정되지 않거나 한다면, 문화의 모든 창조성과 노력은 헛된 것이 된다. 문화는 가능성의 상태로 있는 어떤 특정한 음의 세계와 같은 것이다. 진정한 음의 세계가 되기 위해서는, 말하자면 문화로서 제시되는 것뿐만 아니라, 문화로서 존재하기 위해서는 음의 세계의 가능성을 현실화시키는 멜로디가 울려나와야만 한다. 그리고 이 소리가 무엇인가를 말할 때 이것을 듣는 청자도 존재해야만 한다. 이러한 청자는 자신이 지각한 여러 음의 변형 속에서 주제를 인식하고 일련의 순간적인 음들을 예컨대 노래와 같은 멜로디적인 통일성으로 파악하고 현실화시킬 능력이 있는 청자를 뜻한다.

이러한 점은 문화의 모든 형태와 경우에 해당된다. 문화란 은유처럼 자기 자신이 아닌 것을 보여 주기 위해 자기 자신을 넘어 어떤 다른 것을 지시할 때 나타나게 된다. 이러한 차이Differenz로부터 우리와 관련 있는 것, 즉 관계적 유의미성Bedeutsamkeit이 존재할 수 있는 가능성이 생겨나는 것이다. 그리고 유의미성은 다름이 아니라 살아 있는 경험의 실제적인 전제조건이다. 유의미성이 사실Tatsache로부터 문화적 사실Kulturtatsache, fait culturel을 만들어내고, 이 유의미성이 해석Interpretation의 욕구를 불러일으키는 것이다. 그리고 예컨대 지각·현실화·의미화·비판과 같은 해석활동 없이, 또한 형성활동의 제도 없이 문화란 존재하지 않는다.

양켈레비치Vladimir Jankélévitch[8]*가 아이러니Ironie를 말한 내용은 전체적으로 문화에도 적용된다. 문화는 믿어지는 것이 아니라 이해되는 것이다.[9] 문화의 재현방식은 이와 같이 이미 하나의 우회로Umweg의 모습을 띠고 있다. 문화의 생산뿐만 아니라 문화의 지각도 이 우회로를 실감 있게 이해해야만 하고, 우회로를 그 전체 여로에서 걸어가야만 한다. 이 과정에서 문화적인 것das Kulturelle은 수많은 의미로 현실화된다. 다름 아닌 이러한 산책로Parcours가 해석의 길을 결정하게 된다. 물론 이 때 특히 해석개념을 신중하게 생각해야만 할 것이다. 우선 해석학 외부에 널리 퍼져 있는 다음과 같은 생각, 즉 고정된 형태로 은폐되어 숨겨져 있으면서 자신의 발견을 기다리는 어떤 것이 있고, 이것을 찾아내는 일이 해석에서 중요한 점이라는 생각은 포기되어야만 한다. 해석은 단어의 의미를 드러내는 일이 아니다. 그리고 해석의 결과는 세계의 비밀을 들추어 내지도 않는다. 해석은 은폐된 근원으로 나아가지 않는다. 만약 참된 세계의 얼굴이 한순간에 우리에게 드러나는 그와 같은 계시를 생각한다면, 해석의 실천은 제한적인 것이 될

---

8 *(옮긴이주) 양켈레비치(1903~1985): 프랑스의 철학자. 그는 실천의 철학자로서 제2차 세계대전 중 레지스탕스 운동을 했고 1951년 이후 소르본(Sorbonne)대학의 철학교수로 초빙되어 1978년까지 학생을 가르쳤다. 그에게 유대인 학살은 용서의 한계를 뛰어 넘는 문화파괴현상을 의미했다. 이로써 그는 독일과의 모든 관계를 단절했고 이 태도는 그가 사망할 때까지 지속되었다. 그는 '용서', '죽음', '사랑', '거짓' 등을 다룬 책을 저술했고, 20세기의 중요한 프랑스 철학자 중 한 사람이다.

9 Vladimir Jankélévitch, "Von der Lüge." in: ders., *Das Verzeihen. Essays zur Moral und Kulturphilosophie,* hg. v. Ralf Konersmann, Frankfurt/M, 2003, 70~160쪽, 여기서는 98쪽.

것이다. 만약 그것이 가능하다면, 일찍이 근대 초기의 사상가들이 현실적으로 기대했던 것처럼[10] 우리는 곧 역사의 종점에 이르게 될 것이다.

그러나 우리가 그 동안 깨달아야만 했던 것처럼, 이러한 기대는 환상일 뿐이다. 해석은 이러한 기대를 부채질해서는 안 된다. 그 대신에 해석은 이러한 기대의 상실을 보상하는 데 도움을 줄 것이다. 확실성이 존재하지 않을 때, 특히 목적과 이유의 확실성이 존재하지 않을 때 해석, 추측, 보조적 구상 등이 나서서 돕게 된다. 이러한 해석의 상황은 바랐던 것이 대체로 조화로운 일치 속에서 이루어지고 일반적으로 승인되는 일상에서는 별로 눈에 띄게 나타나지 않는다. 그러나 우리는 낯선 것이 우리를 위협하는 이러한 생활세계의 주변부에서는 활발하게 해석행위를 해야만 한다. 해석행위는 이 상황에서 우리를 돕고, 우리를 이 상황에서 다음 상황으로, 또 그 다음 상황으로 계속하여 안내한다. 해석한다는 것은 상황·사태·대상을, 간단히 말해 세계를 어느 정도는 선택적으로 어느 정도는 과감하게 어느 정도는 의식적으로 해석하는 것을 뜻한다. 해석의 실천이 목표로 삼는 것은 의미의 확정이 아니다. 해석의 실천은 끊임없는 새로운 시도 속에서 지속성을 획득하는 하나의 사건으로서 실현되는 것이다.

---

10 데카르트(René Descartes)도 베이컨(Francis Bacon)처럼 수단으로서 방법이 곧 완성되기를 기대했다. 그리고 『방법서설(Discours de la méthode)』의 제4부와 제6부에서 표현한 것과 같이 그는 자신의 생존시기에 방법을 통한 인식능력의 완전한 향유에 도달하는 것을 기대했다.

문화적인 것을 위한 기초라 할 수 있는 은유의 논리로부터 다음
과 같은 것이 추론된다. 나타나는 그대로의 문화에 몰두해서는
결코 안 된다는 것이 그것이다. 문화는 우회로일 뿐만 아니라 동
시에 차이의 현상이다. 문화는 사실과 의미의 구분 속에서 생겨
난다. 철학자인 헤르더Johann Gottfried Herder[11]*는 문화세계의 대상을
다룰 경우에는 특별한 주의가 필요하다는 점을 인식했던 최초의
사람 중 한 사람이다. 18세기에 독일 사람들은 당시 새롭게 나타
난 문화라는 말을 Cultur로 쓰고 있었다. 헤르더는 이미 이 때
"이 말보다" "불명확한 것"은 없고, "이 말을 전체 민족과 시대에
적용하는 일보다 기만적인 일"[12]은 없다고 생각했다. 그렇다고 해

11　*(옮긴이주) 헤르더(1744~1803): 독일의 철학자·문학자. 그는 직관주의적·신비주의
　　적인 신앙을 앞세워 칸트의 계몽주의적 이성주의 철학에 반대하였다. 그는 역사 발전의
　　목적인 인간성 실현을 집중적으로 연구했고, 인간의 감성적·지성적·정신적 기능이
　　모두 조화롭게 상호작용함으로써 인간성의 실현이 완성된다고 보았다. 역사를 제력(諸
　　力)의 경합에서 조화에 이르는 진보의 과정이라고 보는 그의 저서 『인류 역사철학의
　　이념』(1784~1791)의 역사철학은 나중에 헤겔의 역사철학 구성으로 이어지며, 또 『언
　　어의 기원에 대하여』(1770)는 나중에 K. W. 훔볼트의 언어철학에 영향을 주었다.

12　Johann Gottfried Herder, *Ideen zur Philosophie der Geschichte der Menschheit, Erster Teil,*
　　in: ders., *Sämmtliche Werke,* hg. v. Bernhard Suphan, Berlin 1877~1913, Bd.13, 4쪽.
　　존재, 정신, 시간, 힘, 역사와 같은 개념처럼 문화도 추상적으로 파악될 뿐이다. 문화에
　　서 자명하고 확실한 총체적 개념을 획득하는 것은 어려운 일이다. 문화는 말하자면 '농
　　사를 짓고' '밭을 가는 것'이나, '돌보고' '세련되게 만드는' 것처럼 현존재를 돌보는
　　것(cultura)과 구체적으로 관련하고 이러한 과정에서 생겨난 것에 지속적인 관심을 두는
　　것 등과 관련이 있다. 키케로의 『투스쿨라나룸 담론(*Tusculanische Gespräche*)』에는 "영혼
　　의 돌봄이 바로 철학"이라고 쓰여 있다. 이것이 요구하는 것이 정확히 무엇인지, 어떻게
　　이것이 성취될 수 있는지, 어떤 것이 도대체 인간행위의 단편과 퇴적물 중에서 '남게
　　되는지', 또한 새로운 작업을 일으키는 동인이 무엇인지 등을 밝히는 일은 이러한 물음
　　에 대답을 찾기 시작한 이래로 점점 더 어려운 작업이 되었고 논쟁거리가 되었다. 따라
　　서 문화개념은 위기에 빠졌고 오늘날까지 논쟁의 여지가 있는 개념으로 존재할 수밖에
　　없다. 문화의 개념사를 시도한 저술 중 탁월한 것은 다음과 같다. Joseph Niedermann,
　　Kultur. Werden und Wandlungen eines Begriffes und seiner Ersatzbegriffe von Cicero bis Herder,

서 헤르더가 문화라는 말을 포기하라고 권고했던 것은 아니다. 그는 이 말을 신중하게 사용할 것을 권고했던 것이다. 그의 이러한 제안은 오늘날까지도 유효한 것이다. 왜냐하면 그 동안에 이 개념은 철학적인 이해의 경우에서만 논란을 불러일으켰던 것이 아니라 일상적으로 사용될 때에도 많은 문제점을 야기했기 때문이다.

문화는 실증적으로 주어진 것의 총체로서 이해될 수 있다. 다시 말해 문화는 사물과 법칙과 규칙의 일정한 영역 — 이것들이 생활형식을 구체화하고, 이 생활형식에 정보를 준다 — 으로서 이해될 수 있다. 문화는 그 전체가 외적으로 지각되는 것이 아님에도 불구하고 객관화된 어떤 것으로 나타난다. 말하자면 문화는 시공간적 거리를 두고 파악되는 어떤 것, 항상 부정확할지라도 그 대상성 속에서 파악되는 어떤 것으로 나타난다.

또는 우리는 항상 이미 우리의 배후에 문화를 갖고 있으며, 문화에 우리를 귀속시킬 수밖에 없다. 우리는 자유로운 결정에 따라 문화에 관심을 기울이고 우리의 의견에 따라 문화를 형성시

Florenz 1941; Wilhelm Perpeet, "Zur Wortbedeutung von 'Kultur'." in: *Naturplan und Verfallskritik. Zu Begriff und Geschichte der Kultur,* hg. v. Helmut Brackert u. Fritz Wefelmeyer, Frankfurt/M. 1984, 21~28쪽; Niklas Luhmann, "Kultur als historischer Begriff." in: ders., *Gesellschaftsstruktur und Semantik, Studien zur Wissenssoziologie der modernen Gesellschaft,* Bd.5, Frankfurt/M. 1995, 31~54쪽; Hartmut Böhme, "Vom Cultus zur Kultur(wissenschaft). Zur historischen Semantik des Kulturbegriffs." in: Literaturwissenschaft-Kulturwissenschaft. Positionen, Themen, Perspektiven, hg. v. Renate Glaser u. Matthias Luserke, Opladen 1996, 48~68쪽; Hubertus Busche, "Was ist Kultur?" Teil1, in: Dialektik. Zeitschrift für Kulturphilosophie, Heft1, 2000, 69~70쪽, Teil2, in: Dialektik, Heft2, 2000, 5~16쪽.

킬 수 있다고 아직도 믿고 있지만, 실제로 이미 오래 전부터 문화를 수용하고 있으며 문화의 틀 안에서 발전해 가기 때문이다. 문화를 이와 같이 이해한다면, 문화는 근본적이면서도 무의식적인 지각방식, 즉 사물을 보는 특정한 방식을 결정한다. 말하자면 문화는 개인과 사회세계 사이의 관계를 결정하는 것이다. 이미 항상 내재화되어 있고 체화되어 있는 이러한 문화는 전통을 통해 정의되거나, 집단적 화합이건 집단적 불만이건 간에 이러한 연관적 세계를 통해 정의된다. 또한 이러한 문화는 의식적으로 전 인류를 포괄하는 미래상인 세계시민적 미래상[13]으로서 정의되기도 한다. 아마 이것이 가장 야심에 찬 형태의 문화 정의일 것이다.

또는 문화는 내부와 외부 사이에 분리의 선을 긋는 경계를 표시한다. 말하자면 문화는 발전·문명화·근대화의 경계를 표시한다. 자연적인 경계선과는 완전히 다르게 문화의 경계선은 문화 스스로에 의해 설정되고, 이 문화의 경계선은 형상을 만들어낸다. 즉 하나의 문화는 자기 자신의 형상, 다른 문화의 형상, 자신과 다른 문화 간의 관계에 형상을 만들어낸다. 이와 같이 유럽은 예전부터 예컨대 야만인, 이교도인, 미개인, 원리주의자와 같은 자신과 구분되는 비유럽적인 것의 경험을 통해 자신의 정체성을

---

13 이러한 주제 영역과 관련 있는 것은 빌란트(Wieland)와 특히 괴테로 거슬러 올라가는 세계문학 개념이다. 이에 대해서는 Johann Wolfgang Goethe, "Äußerungen über 'Weltliteratur'." in: ders., *Werke*. Hamburger Ausgabe, hg. v. Erich Trunz, 9.Aufl., Hamburg 1981, Bd.12, 361~364쪽 참조.

확립했다. 그리고 유럽은 자기 문화의 확장을 참된 문화의 확장으로 정당화했다. 문화개념은 배제의 도구가 되었던 것이다. 물론 최근의 수십 년 동안은 그 징후가 전도된 것처럼 보인다.

유럽의 문화적 확장은 신학적 담론, 법률적·정치적 담론, 역사적 담론, 민속학적 담론, 생물학적·인종주의적 담론이 만들어 낸 자기 문화의 우월성[14]의 의식 속에서 일어났다. 그 반면에 그 동안 이와 관련하여 피해를 당한 문화는 위험성에 처해 있다고 느꼈고 이 때문에 더욱더 격정적으로 애원된 원본성의 이름으로 항변했다. 작용과 반작용의 불균형은 다른 차원에서는 가해자와 피해자의 불균형, 세계화와 지역화의 불균형으로 나타나게 되는데, 이러한 역사적 불균형이 아직 있음에도 불구하고 서로 다른 사유방식은 그 사이에 서로 영향을 주고받고 있다. 각 당파는 서로 비슷해지지만 역설적이게도 불일치라는 격정의 형식에 근거를 두면서 자신의 입장을 주장한다. 말하자면 상호 적대적인 세력은 낯선 것과 교류하는 기술을 발전시키거나 낯선 것의 이해 불가능성을 극복하는 기술을 발전시키는 대신에[15] 문화에 역행하

---

14 이의 기본적인 내용은 Jürgen Osterhammel, "Kulturelle Grenzen in der Expansion Europas.", in: ders., *Geschichtswissenschaft jenseits des Nationalstaats. Studien zu Beziehungsgeschichte und Zivilisationsvergleich*, Göttingen 2001, 203~239쪽, 특히 232쪽 이하 참조.

15 Kurt Röttgers, "Der Verlust des Fremden." in: *Transkulturelle Wertekonflikte. Theorie und wirtschaftsethische Praxis*, hg. v. Kurt Röttgers u. Peter Koslowski, Heidelberg 2002, 1~26쪽 참조. 그 밖에 나는 발덴펠스(Bernhard Waldenfels)의 작업, 특히 3권으로 된 Studien zur Phänomenologie des Fremden, Frankfurt/M. 1997~1999을 참조하기를 권함. 용어를 말하자면, '타자(Anderer)', '낯선 자(Fremder)', '적(Feind)'이라는 개념은 사회적 비동일성을 나타내는 이념형(Idealtypus)이다. '친구(Freund)'란 나와 같은 사람으로서 내가 신뢰하고 믿는 사람인 반면에, '타자'는 나, 우리와 같지는 않지만 많은 노력

는 형태로 문화개념을 수단화하는 전략적인 결정을 똑같이 내리고 있다.

　문화개념을 투쟁개념으로서 오용하는 것은 갑자기 무덤을 파헤치는 것과 같다. 왜냐하면 이러한 오용은 특수한 세계를 강조함으로써 문화에서 특징적으로 나타나는 자기 것과 낯선 것 사이의 변증법을 친구와 적이라는 정치적 대립에 종속시키기 때문이다. 낯선 것과 대화할 수 있음에도 불구하고 낯선 것으로부터 적이 생겨난다. 적이란 서로 이해할 수 있는 것 바깥에 존재하는 것이다. 적대자들이 서로 비방의 수사학을 풍부하게 자유자재로 사용하고 이 때 만들어진 암시가 성공함으로써 정치적인 것이 문화적인 것을 착취할 수 있게 된다. 정치적인 것은 항상 약간은 번거로운 문화의 절차, 즉 문화 특유의 우회로 성격을 자신의 고유한 목적을 위해 이용할 줄 안다. 슬로건으로서 투입된 문화개념은 낯선 자들과의 화해할 수 없는 적대성을 확립하는 데, 그리고 또한 낯선 자들의 정당성의 토대를 허물어뜨리는 데 오용될 수 있다.

────────

을 들이면 적어도 접근할 수 있고 신뢰가 가능한 사람이고, '낯선 자'는 우리와 같지 않을뿐더러 친숙할 수도 없는 사람이고(그렇기 때문에 문화 안에서는 낯선 자와의 특별한 교류의 문화가 필요하다. 예를 들어 체류의 권리나 칸트가 말하듯이 환대의 문화가 필요하다), 끝으로 '적'은 우리와 같지 않을뿐더러 적의 현존은 우리의 실존을 위협한다. 이것은 슈미트(Carl Schmitt)가 아주 분명하게 설명했다. 슈미트는 "친구, 적, 투쟁의 개념은 이것들이 특히 물리적 살인의 실제적 가능성과 관련 있기 때문에 실제적인 의미를 갖는 것이다"(Carl Schmitt, Der Begriff des Politischen, 6.Aufl., Berlin 1963, 33쪽)라고 했다.

:: 제2장 **문화철학의 도전**

　우리는 지금까지의 이야기로부터 문화개념의 사용방식을 네 가지로 구분할 수 있다. 이제 이 네 가지 사용방식을 서술할 것이다. 문화라는 장場의 의미론을 다룰 때에는 이러한 세부구조뿐만 아니라 그 공통의 분모도 고려해야만 할 것이다. 문화개념의 다양한 측면에 대해서 즐거운 생각을 갖든 아니면 불만을 갖든 간에 이 모든 것은 결국 세계의 인간화라는 하나의 핵심적 내용을 가리키고 있기 때문이다.

　하나씩 살펴보도록 하자. ① 첫째는 기술적deskriptiv 문화개념이다. 이 개념은 인간이 만든 세계를 가리킨다. 즉 구체적인 관습, 습속, 심성, 상징질서의 틀 속에 나타나는 인간의 생산과 재생산의 형식을 가리킨다. 이러한 사용방식의 경우 문화는 문명개념과 일치한다. 물론 문명개념도 문화와 마찬가지로 다양한 의미를 지니고 있다.[16] ② 둘째는 역동적dynamisch 문화개념이다. 이 개념은 문화를 이중적으로 만드는 것으로서 예전부터 문화에 특징적으로 나타났다. 문화의 물질적 차원에 반성적 차원이 첨가된다. 그

---

16 Georg Bollenbeck, "Zivilisation." in: *Historisches Wörterbuch der Philosophie*, hg. v. Joachim Ritter, Karlfried Gründer u. Gottfried Gabriel, Basel/Stuttgart 1971ff., Bd.12[erscheint 2004].

리고 이 반성적 차원과 함께 계속하여 자기 서술의 실천이 일어난다. 공동체 삶의 관습, 주도적 이념, 기본법칙은 이러한 자기 서술의 실천 틀 속에서 파악·재생산되며 또 더 나아가 평가되기도 한다. 근대의 특징적 현상으로서 간주되는 문화철학 스스로도 이러한 자기 서술실천의 장의 한 부분이고, 문화비판도 마찬가지이다. ③ 셋째는 **고고학적**archälogisch 문화개념이다. 고고학적 문화개념은 우리가 삶을 살아갈 때 언제나 이미 전제하고 있는 조건, 말하자면 전승과 전통의 맥락을 거론한다. 이 때 중요하게 다루는 것은 무의식적인 영역, 즉 깊숙이 뿌리내리고 있는 신념과 심성의 영역이다. 이러한 영역은 거리를 취하는 태도 속에서 서술될 수 있다. 문화철학이 이러한 집단적인 불안과 공포, 암묵적인 기대와 열망의 영역을 탐구한다면, 이것은 인간의 자기계몽에 기여하는 것이다. 끝으로 ④ 넷째는 **규범적**normativ 문화개념이다. 왜냐하면 이 개념은 문화를 재구성하는 것이 아니라 문화의 차이를 확정하는 것이기 때문이다. 이 개념은 위계질서의 관점 속에서 문화의 차이를 확정한다. 이러한 관점의 어법에 따르면, 근대 유럽이 전세계적으로 확장되면서부터 비로소 시작되었던 모방과 거부의 일반적인 운동에서 문화는 핵심 키워드가 되었다고 한다. 이 운동은 동일화에의 욕구를 추구하는 한쪽 편과 "거의 동일한 것"[17]이 자신의 아주 작은 차이 때문에 매우 격정적인 자기 도취

---

17 양켈레비치(Vladimir Jankélévitch)는 이러한 갈등이 함축된 연관관계는 그 신화적 원형을 '적대적인 형제들'에서 갖는다고 생각한다. 그는 자신의 마지막 인터뷰에서 이러한

에 빠지는 다른 한쪽 편 사이의 상호충돌 속에 있다고 한다. 이러한 갈등의 양상도 문화개념의 다양성에 속한다. 마치 문화가 친구나 적의 입장을 언제나 이미 확정적으로 제시하고 있는 것처럼 보인다.

그러나 지금까지 기술한 것이 모든 내용을 다 말한 것은 아니다. 바로크시대 전성기 때 프랑스의 수학자이자 철학자인 파스칼 Blaise Pascal[18*]은 이미 부르주아를 의심스러운 속물로서 경멸한다. 왜냐하면 이 속물은 자신의 좁은 세계만을 알고 그 밖의 다른 세계는 알려고 하지 않으며, 낯선 자들에게는 '우리 입장에서는chez nous'을 계속해 말하기 때문이다.[19] 파스칼은 자신의 독자가 문화의 다양한 변형형태와 우회로적인 성격에 동조하기를 원했다. 그가 볼 때 문화는 명백히 속박, 편견, 편협함의 장소일 뿐만 아니라 시야를 확장하는 장소이기도 하다. 다시 말해 우리가 편견에서 벗어나 배울 준비가 되어 있고 호기심을 갖고 있는 경우라면, 문화는 우리의 경직된 고정된 이원론과 세계 지각의 독단적인 이

갈등이 함축된 연관관계를 '매우 비슷한, 거의 차이가 없는(presque-semblable, a peine dissemblable)'(in: *Libération*, 8/9.6.1985 u. 10.6.1985)이라고 한다. 지라르(René Girard)는 비교될 만한 방식에서 특이한 당착어법을 통해 '모방적 경쟁(mimetische Rivalität)'을 말한다(René Girard, "Gewalt und Gegenseitigkeit.", in: *Sinn und Form* 54, 2002, 437~454쪽, 여기서는 440쪽, 447쪽).

[18] *(옮긴이주) 파스칼(1623~1662): 프랑스의 수학자, 과학자, 철학자, 종교사상가. 그는 16세에 『원뿔곡선론』(1639)을 발표하여 당시의 과학자로부터 주목을 받았고 유체의 압력원리(파스칼의 원리) 등을 발견하였으며, 확률론의 기초를 확립하기도 했다. 만년에는 신앙에 귀의하여 『팡세』(1670) 등의 훌륭한 저작을 남겼다.

[19] Blaise Pascal, *Pensées*, in: ders., *Œuvres complètes*, hg. v. Louis Lafuma, Paris 1963, 493~641쪽, 640쪽(Nr. 1000).

원론이 깨져 극복되는 장소이기도 하다.

　문화철학이 하려는 일 중 하나는 문화의 의미론에 담겨있는 강제·억압의 형태와 관점의 조작을 발굴하고 이것들의 진행과정을 설명하고 이러한 증오의 메커니즘을 상세히 살피는 일이다. 예전부터 철학적 사유가 문화를 사유할 때 가졌던 어려움을 밝혀내는 일도 이 일에 속한다. 철학적 사유가 문화를 사유할 때 갖는 어려움은 당연히 생겨날 수밖에 없었다. 왜냐하면 플라톤이 철학에게 하나의 유일한 초월적 세계만을 사유하도록 했기 때문이다. 『티마이오스Timaios』에 씌어 있듯이, 이 때 초월적 세계란 "우주가 우리와 모든 다른 피조물을 포괄하는 것처럼" "이성을 통해 인식 가능한 모든 생물"[20]을 포괄하는 것이다. 근대가 시대의 근본상황을 결정적으로 변화시키기 이전에는, 즉 근대가 인간의 주체성을 요구함으로써 감각적으로 경험가능한 세계로의 전환을 쉽게 만들기 이전에는 창조가 초월적 세계 속의 잠재적 이념이 현실화되는 것으로 여겼다. 창조를 초월적 세계 속의 잠재적 이념이 현실화되는 것으로 파악하는 이러한 생각은 이 생각과 다른 형태의 이념이나 작품이 설 자리를 마련하지 않는 것은 물론이고 문화를

---

20 Palton, *Timaios* 30c. 이러한 동기가 지속성을 띠고 있었다는 사실은 골트치우스 (Hendrik Goltzius)의 작업실의 그림초안에 의해 입증되고 있다. 그리고 젠레담(Jan Saenredam)은 1596년경 이 그림초안을 『예술과 학문의 수호자로서의 주피터(Jupiter als Beschützer der Künste und Wissenschaften)』란 제목으로 현실화했다. 이 그림은 돌로 된 대좌 위에 벌거벗고 앉아 있는 신을 묘사하고 있는데, 이 신의 발 밑에는 예술과 학문의 대변자라는 글씨가 씌어있다. 『티마이오스(*Timaios*)』의 정신 속에서 씌어진 이 비명은 독일어로 번역하면 다음과 같다. "나, 주피터는 다양한 예술을 통해 세계를 장식하고 모든 지혜는 나를 근원으로 흘러나간다"[강조는 저자가 함].

인간의 고유한 성과물로서 파악하지도 않는다. 철학적 이상주의는 현상세계에서 이념과 이념의 작용을 입증하는 것만 사유하도록 사유를 속박했다. 그 결과 문화적인 것의 장場은 바로 그 현세적인 성격 때문에 우연적인 것으로 간주되었고 따라서 소홀히 취급되었다.

근대 초기의 철학은 인간에 주목했고 처음으로 인간적인 것의 영역을 탐구하는 고유한 분과학문으로서 인간학을 만들었다. 그러나 이런 근대 초기 철학의 주도적인 성과에서 조차도 철학적 이상주의 전통에서 비롯된 기존원칙은 구속력을 갖고 있었다. 기껏해야 일시적으로 몽테뉴Michel de Montaigne [21]*, 비코Giambattista Vico [22]*, 루소Jean-Jacques Rousseau [23]*와 같은 이단아에 의해서 각성되었을 뿐이

---

21 *(옮긴이주) 몽테뉴(1533~1592): 프랑스의 르네상스시대를 대표하는 철학자, 문학자. 그는 처음에 금욕적 인생관에 관심을 가진 것처럼 보였으나 중도에 온건한 회의론으로 기울어 '나는 무엇을 아는가?'를 좌우명으로 삼았다. 그리고 그는 루크레티우스를 통해 에피쿠로스의 자연주의에도 공감하였다. 후기에는 자기의 체험과 독서생활을 근거로 하여 '있는 그대로의 인간'을 그려내려고 노력했고 자연에 단순히 몸을 맡기는 데서 인생의 지혜를 추구하였다. 그의 『수상록』(1586)은 프랑스에 모럴리스트의 전통을 구축했을 뿐만 아니라 17세기 이래의 프랑스 문학과 유럽 각국의 문학에 큰 영향을 미쳤다. 파스칼은 몽테뉴의 인생관을 비판하면서도 인간을 관찰하는 점에서 그로부터 많은 영향을 받았다.

22 *(옮긴이주) 비코(1668~1744): 이탈리아의 철학자. 데카르트 철학에 반대하여 사유가 아니라 행위에 진리의 기준을 두었다. 이 때문에 자연의 학문의 가능성보다는 인간의 역사에 주로 관심을 가졌다. 주요 저서로는 『민족들의 공통적 본성에 관한 새로운 학문의 원리들』(1725) 등이 있다.

23 *(옮긴이주) 루소(1712~1778): 프랑스의 철학자. 그는 자신이 살던 계몽주의시대에 주장된 합리주의적 통념, 즉 과학과 기술발달이 진보를 가져온다는 생각을 공격하고 이러한 지배적인 합리주의에 대항하여 낭만주의적 감수성을 제창했다. 그는 도덕이나 인생을 부패시키는 것으로서 학문과 예술을 공격하고 이것들이 현재의 인간악을 만들었다고 주장했다. 그는 악의 원인을 사회에서 찾음으로써 악의 문제를 세속화시켰고 사회개량을 통해 인간이 자기 자신을 완성할 수 있다고 생각했다. 그의 저서로는 『학문과 예

지, 칸트 이전의 철학은 직접적으로 자신의 정당한 과제라 할 수 있는 다음과 같은 문제를 소홀히 했다. 즉 근대로의 전환을 어떻게 생각해야 하는지, 이 전환으로 인하여 변화된 이성과 현실 간의 관계를 어떻게 생각해야 하는지, 다시 말해 인간의 생산물을 계속해서 신적 창조의지의 이상적 전개로서나 이념 속에 있는 잠재적 현실의 실현으로서 이해해야 하는지, 아니면 매우 급진적으로 새로운 것으로서 이해해야 하는지, 말하자면 예전에 자연으로 존재했던 것을 이제 자의적인 계획에 따라 자유롭게 창조하기 위해 '코페르니쿠스적 전회'의 돌이킬 수 없는 과정 속에서 과거 사유태도의 지속성으로부터 벗어난 것으로서 이해해야 하는지의 문제를 소홀히 했다.[24]

이 책이 철학의 자기 이해라는 근원적인 문제를 깊이 다루는 자리일 수는 없다. 이 책은 문화철학의 입문을 목적으로 하는 책이다. 이러한 목적과 관련해서는, 철학적 이상주의의 합리성이 인간의 독창적 힘의 생각을 배제했다는 점과 또한 이 합리성이 문화가 스스로를 정당화하는 진리내용을 갖고 있다는 사실을 거부했다는 점을 아는 것만으로도 충분하다. 근대에 나타난 자연세계의 자율성, 즉 자연문화의 자율성은 우선 처음에는 부차적인 주제에 불과했고 오랫동안 이에 관한 별다른 체계적인 결론도 없

<hr>

술론』(1750), 『인간불평등기원론』(1755), 『에밀』(1762), 『사회계약론』(1762) 등이 있다.
24 Ralf Konersmann, "Umweg und Methode. Metaphorische Profile frühneuzeitlicher Subjektivität.", in: *Rationalität- und Freiheitsformen Europas*, hg. v. Ralf Elm, Bonn [erscheint2003].

었다. 그리고 19세기에 철학적 이상주의를 전도시키려고 했던 사람들조차도 기본적으로 특정한 이념의 왕국을 건설하는 데 매달렸다. 그들도 현상의 실증성에 대립해서, 말하자면 문화의 현상성에 대립해서 사물의 진정한 본질을 제시하려고 했다. 오늘날까지 그러한 설명전략의 합리성은 다음과 같은 가정에 근거를 두고 있다. 우리가 문화라고 부르는 현실의 다양성은 올바로 해명될 경우 어떤 하나의 근원적 현실의 표현으로 입증될 것이라는 가정과 그러한 현실의 다양성은 예컨대 진화, 리비도, 경제와 같은 '토대'를 통해 완전하게 설명될 것이라는 가정이 그것이다. 문화는 이러한 방식 속에서 '상부구조'로서 통속화되었다. 종교가 예전에 계몽적 종교비판가들에 의해 당했던 일이 문화의 경우에서도 반복해 나타난 것처럼 보인다. 문화도 종교처럼 하나의 특정 측면으로 환원되거나, 아도르노가 상투적 문구를 사용했지만 격노한 감정으로 말했던 바와 같이, "배후에 존재하는 것"[25]으로

---

25 "Theodor W. Adorno am 18. Januar 1954 an Thomas Mann", in: *Theodor W. Adorno-Thomas Mann. Briefwechsel 1943~1954*, hg. v. Christoph Gödde u. Thomas Sprecher, Frankfurt/M. 2002, 134쪽. 아도르노는 과장(Übertreibung)할 수 있는 권리에 관한 자신의 저술을 이미 알고 있는 독자들을 향했다(Theodor W. Adorno, *Minima Moralia. Reflexionen aus dem beschädigten Leben*, Aphorismus 82, in: *Gesammlte Schriften*, hg. v. Rolf Tiedemann, Frankfurt/M. 1977, Bd.4, 143쪽 이하). 토마스 만은 이미 1946년에 『한줌의 도덕(Minima Moralia)』의 초고를 읽었고 약간 조심스러워하면서 격려해 주었다. 아도르노의 특유한 변증법을 잘 이해하지 못한 문화이론은 이러한 미숙함으로 인하여 사회학주의의 심연으로 떨어지게 된다. 이와 같이 이글턴(Terry Egaleton)은 문화적 생산물의 자율성을 의심하고 오직 "집단적으로 파악되는 문화적 생산물의 유형"(Terry Egaleton, *Was ist Kultur? Eine Einführung*, München 2001, 75쪽)만을 타당한 것으로 간주하기를 원한다. 따라서 그는 문화연구(Cultural Studies)와 문화연구의 문화개념을 주장하고 있다. 이로써 문화의 통속화는 종결된다고 한다. 이글턴은 중요한 것은 문화의

환원되기 때문이다.

본질을 획득하기 위해서는 세계의 실존으로부터 벗어나야 한다고 한다. 그러나 문화는 바로 이와 같은 인간의 지평을 넘어 묻는 형이상학적 관습으로부터 벗어나 있다. 문화에 관심을 두는 사람은 절대적인 척도를 포기해야만 한다. 이렇게 함으로써 그는 현존재의 세계 현상을 이해하면서 탐색할 수 있을 것이다. 물론 본질직관의 이상주의를 거부한다면 당연히 이상주의가 보장하던 것의 도움을 받을 수 없을 것이다. 하지만 문화에 대한 **철학적** 관심은 "순수확실성의 파악"[26]이 실패로 귀결되었음을 인정할 수밖에 없을 때 인간에게는 무엇이 남게 되는지를 묻는 것에서 생겨난다. 철학적으로 문화를 다루는 작업은 환원주의적인 도식이나 최종적 확실성을 기대하는 도식을 포기하고 그 대신에 문화세계의 우연성과 풍부함에 관심을 두는 용기를 전제하고 있다.

동시에 문화는 기능적 연관으로서 파악될 수 있을 것이다. 문화는 존재나 역사와 같은 추상수준에서 나타나는 어떤 초월적 주체로서 사유되어서는 안 된다. 이러한 초월적 주체는 능숙한 방식으로 고유한 개념적·체계적 위계질서를 지배한다. 그리고 모든 인식은 이 질서 속에서 스스로를 정렬시키게 된다. 문화개념은 철학적으로 완전히 다르게 파악되어야만 한다. 문화개념은 우

"내용"이 아니라 "문화가 가리키는 것"(같은 책)이라고 확신한다.

26 Hans Blumenberg, "Anthropologische Annährung an die Aktualität der Rhetorik." in: ders., *Ästhetische und metaphorologische Schriften,* hg. v. Anselm Haverkamp, Frankfurt/M. 2001, 406~431쪽, 여기서는 410쪽. 또한 같은 책 412쪽 참조.

리에게 사물을 특정한 형태로 보게 하는 세계의 선천성Apriori이란 것을 파괴한다. 이로써 역동적·개방적인 지시 연관관계가 개념의 위계질서를 대신하게 된다. 따라서 철학적으로 문화를 다루는 사람은 현상과 표면에 관심을 가져야만 하는 것이다.

다행히도 이탈리아의 철학자 비코는 이미 18세기의 전반부에 문화와 관련된 중요한 문제들을 명확하게 제시했다. 앞으로 이 입문서의 역사부문에서 다루어지겠지만, 비코는 문화문제의 지각에서 중요한 것은 철학적 세계관계의 확장이라고 강조했다. 종래의 철학자들이 단지 시간을 초월해 있는 자연세계mondo naturale에만 관심을 두었다면, 비코에 따르면 이제 철학자들은 그 동안 소홀히 취급했던 민족세계mondo civile에 관심을 두어야만 한다는 것이다. 저 다른 자연세계와는 달리 이 세계만큼은 인간이 스스로 창조했기 때문에 특히 이 세계의 인식기대는 더욱더 크다는 것이다.27 비코는 문화철학의 개념을 아직 몰랐고, 따라서 문화라고 하지 않고 민족세계mondo civile라고 했다. 그러나 그는 이미 문화적인 것의 특징인 '우회로의 구조Umwegstruktur'를 가리키고 있다. 이 구조는 인간이 오직 외부세계와의 관계 속에서만, 그리고 자신을

---

27 Giovanni Battista Vico, *Prinzipien einer Neuen Wissenschaft über die gemeinsame Natur der Völker*, hg. v. Vittorio Hösle u. Christoph Jerman, Bd.1, Hamburg 1990, 143쪽, cap.331. 자연의 관찰자는 영원히 타당한 통일적인 법칙연관을 다루고 문화의 관찰자는 변화와 다양성을 다룬다는 생각은 별로 강조하지는 않았다 해도 볼테르의 신념이기도 하다(*Essai sur les mœurs*[Ⅲ,197], in: ders., *Œuvres complètes*, hg. v. Louis Moland, Bd.13, Paris 1878, 182쪽). 그리고 그의 이러한 신념은 근대에서 자연과학과 정신·문화과학이 각각 스스로를 이해할 때 전제하는 차이에 기초를 두었다(*Geisteswissenschaften heute. Eine Denkschrift* von Wolfgang Frühwald u.a., Frankfurt/M. 1991).

둘러싸고 있으며 세상을 만들어 나갈 때 사용하는 대상과의 관계 속에서만 자기 자신을 이해할 수 있다는 생각에 뿌리를 두고 있다. 위 책의 같은 곳에 씌어 있듯이, 비코가 예로 든 것은 "자기 자신을 보기 위해 거울을 필요로 하는" "신체의 눈"이다. 이러한 관련 속에서 자연 그대로의 사실facta bruta이란 개념의 실증성이 문제시되었다. 이 때부터 외적 대상은 그 존재상태의 관점에서 자연물로서 지각될 뿐만 아니라 또한 그것의 유의미성의 관점에서 문화적 사실faits culturals로서 지각되었다. 말하자면 외적 대상은 그것이 인간에게 어떤 의미를 갖는지의 관점에서 지각되었다.

처음에는, 비코의 문화철학적 유산을 지각하려는 관점에서 그가 수용되는 그러한 유리한 상황은 아니었다. 사람들은 그를 논의할 경우 형상에 매우 열광하는 초기의 역사이론가로서의 비코에 관심을 두었던 것이다. 비코의 사상을 이와 같이 폭력적으로 축소하는 행위는 물론 의미의 역사를 관찰해 본다면 이해될 수 있는 사안이다. 문화철학의 개념은 그 최초의 자극을 철학 자체의 전통으로부터 직접 경험했던 것이 아니라 외부로부터 경험했던 것이다. 문화철학을 말했던 첫 번째의 사람은 분명히 철학의 학문분과 내에 속한 사람이 아니었다. 그는 건축가이자 건축이론가인 젬퍼Gottfried Semper[28]*였다. 1851년 런던의 국제박람회는 인

---

28 *(옮긴이주) 젬퍼(1803~1879): 독일의 건축가. 그는 처음에 괴팅겐대학교에서 법률을 공부하였으나 후에 고고학과 건축학으로 바꾸었다. 이탈리아, 시칠리아, 그리스 등지를 여행하고 나서 1834년 이후부터 드레스덴 미술학교의 건축학 교수가 되었다. 작품은 르네상스 양식을 기저로 한 절충주의이고 드레스덴 오페라하우스를 비롯하여 런던과

류 최초의 박람회였는데, 젬퍼는 당시 이 박람회에서 볼 수 있었던 수없이 많은 새로운 재료와 가공방식이 가져올 결과를 곰곰이 생각했다. 그는 런던에서, 이제 예술, 산업, 과학은 스스로에게 "문화철학적 물음"을 던져야만 한다고 쓰고 있다. 그리고 이 때 문화철학적 물음의 "고유한 주제"는 "그렇게 위력적이고 비용이 많이 드는 수단을 가동했던 행위"[29]를 정당화하는 문제라고 한다.

우리는 이러한 표현을 아주 정확히 읽어야만 한다. 젬퍼는 시대의 '성과물'에 열광했다. 그 성과물은 하나의 전설이 된 런던의 수정궁crystal palace[30]* 건설로 곧 널리 명백하게 입증되었다. 물론 그는 베이컨의 노선을 따르고 있다. 베이컨은 근대 초기에 과학 (컴퍼스, 화약, 인쇄와 같은 세계를 변화시키는 과학적 잠재력을 포함하여) 을 명확하게 문화의 성과를 나타내는 것이며 또한 사회 전체의 진보를 보장하는 것으로서 기술했던 아마 최초의 사람일 것이다.[31] 하지만 젬퍼의 표현은 그가 박람회에서 인상깊게 보았던

빈에서도 박물관과 극장설계를 맡았다. 그의 저서로는 『공학 및 공학기술적 예술양식』 (1860~1863) 등이 있다.

29 Gottfried Semper, "Wissenschaft, Industrie und Kunst. Vorschläge zur Anregung nationalen Kunstgefühls." in: ders., *Wissenschaft, Industrie und Kunst und andere Schriften*, hg. v. Hans M. Wingler, Mainz/Berlin 1966, 27~71쪽, 여기서는 28쪽.

30 *(옮긴이주) 수정궁은 최초의 국제박람회용 건축으로서 런던의 하이드파크에 세워진 건물이다. J. 팩스턴(1801~1865)이 설계하였다. 돌이나 벽돌 등 전통적인 재료를 사용하지 않고, 유리와 철을 중심으로 만들어진 투명하고 경쾌한 건물이어서 붙여진 이름이다.

31 베이컨은 자신의 『신기관(新機關, *Novum organum*)』의 아포리즘 85(1권)에서 "우리가 지금의 문화에 도달하기까지", 예술과 수공업이 당대의 발전수준에 도달하기까지 얼마나 많은 시간을 흘러 보내야만 했는지에 놀라움을 나타내고 있다(Francis Bacon, *Neues Organ*, hg. v. Wolfgang Krohn, Bd.1, Hamburg 1990, 182쪽).

과학산업의 힘의 성장만으로는 부족한 점이 있다는 것을 암시하고 있다. 그의 이러한 우려는 그가 새로운 형태의 입장을 취하고 있음을 말해 주고 있다. 그는 문화철학의 과제는 예술을 척도로 하여 산업생산의 새로운 가능성을 측정하고, 이와 동시에 예술이 새로운 기술과 연합하여 근대화되도록 하는 데 있다고 이해했다.

이러한 입장은 통상적인 입장과는 매우 다른 것이었다. 그 당시 양 측면에서, 즉 예술 쪽에서 뿐만 아니라 과학 쪽에서도 예술과 산업생산 사이에는 거리가 있고 더 나아가 예술과 산업생산은 서로 적대적이라는 생각이 널리 퍼져 있었다. 하지만 젬퍼는 이러한 합의된 생각을 단호히 포기하는 데 주저하지 않았다. 괴테가 50여 년 전에 예술과 수공업을 설명한 그의 기념비적인 글에서 "강하게 작동하는 메커니즘"과 새로운 형태의 "공장"을 보고 나서 "돌이킬 수 없이" 급속하게 진행되는 "진정한 예술"의 "몰락"을 감지했던 반면에,[32] 젬퍼는 예술과 과학의 연합으로부터 생산의 발전과 삶의 형성의 새로운 가능성을 기대했다. 사실상 젬퍼는 런던 국제박람회가 주는 메시지를 다음과 같이 이해했다. 기술과 산업은 예술과 문화에 필적하는 혁신능력을 이제 막 보이기 시작했다는 것이다. 이러한 동등화를 통해 문화개념은 그 동안 모호했던 자신의 특성을 한순간에 해결한 것처럼 보였다. 배타적 성질을 갖는 고정된 도식주의의 틀에서 벗어나 이제 문화는 예

---

32 Johann Wolfgang Goethe, "Kunst und Handwerk." in: *Kulturkritik*, 52~55쪽, 여기서는 54쪽 이하.

술, 삶의 방식, 과학, 산업을 통합하는 사회의 총체적 기획, 다시 말해 인간 세계형성의 기획을 대표하는 개념이 되었다.

문화철학은 이러한 미래상 속에서 중요한 기능을 갖게 된다. 그 기능은 비판적 관객에 의해 수행·관습화된 일종의 숙고의 태도Haltung der Besonnenheit이다. 1855년 또 다른 국제박람회의 관람자였던 보들레르Charles Baudelaire[33]*도 마찬가지로 입장변경의 중요성을 간파해서 분명하게 제시했다. 보들레르는 파리에서 개최된 국제박람회를 방문했는데 그 당시 그에게 방문체험이 주는 의미는 매우 신선한 것이었고, 그도 국제박람회를 시대의 징표로 파악한다. 그에 따르면, 한 장소에서 세계현상을 쉽게 이해할 수 있게 하는 이러한 전시회가 관람대중에게 요구하는 것은 이러한 다양성에 반응해 새로운 입장을 취하라는 것이다. 그는 이 입장을 '세계시민적' 입장이라고 했다. 관람자는 "자기 자신 안에서 변화를" 일으킬 것을 요구받고 있다고 그는 설명한다. 이 변화에는 어떤 비밀스러운 것이 담겨 있다고 한다. 그에 따르면 "관람자는 이러한 익숙하지 않은 성과물을 만들어낸 세계에 스스로 의욕적으로

---

[33] *(옮긴이주) 보들레르(1821~1867): 프랑스의 작가. 그는 24세에 미술비평집 『1845년의 살롱』을 출판하여 미술평론가로서 데뷔했고, 문예비평·시·단편소설 등을 잇달아 발표하여 문단에서 활약했고 1848년 프랑스 2월 혁명에도 가담하였다. 또 그는 E. A. 포의 작품을 번역하여 소개했고 만년에 이르기까지 17년 동안 5권의 뛰어난 번역을 완성했다. 1857년, 청년시절부터 심혈을 기울여 다듬어 온 시를 정리하여 시집 『악의 꽃』을 출판하였으나 미풍양속을 해친다는 이유로 벌금과 시 6편의 삭제라는 판결을 받았다. 그의 서정시는 다음 세대인 베를렌, 랭보, 말라르메 등 상징파 시인에게 큰 영향을 미쳤고 죽은 지 10여 년이 지나서야 그의 문학적 가치가 높이 평가되었다. 그의 위대성은 명석한 분석력과 상상력을 동원하여 인간심리의 심층을 탐구하고 고도의 비평정신을 추상적인 관능과 음악성이 넘치는 시와 결부된 점에 있다.

참여해야만 한다"[34]는 것이다.

새로운 것과 다른 것은 당연히 습관적인 것과 일치하지 않기 때문에 즉각적인 이해로부터 벗어나 있다. 따라서 이러한 새로운 것과 다른 것에의 참여는 해석의 필요성을 불러일으키게 되고, 해석은 새로운 문화적 입장의 기초가 된다는 것이다. 파스칼이 말했던 토포스를 따라 보들레르도 문화의 이해Kulturverstehen를 낯선 곳으로의 상상적인 여행으로 형상화한다. 처음의 당혹감과 '적응'의 힘든 과정은 결국에는 '공감'의 획득을 통해 보상받게 될 것이고 이를 통해서 관람자는 "새로운 상상의 거대한 세계"를 목격하게 될 것이라고 보들레르는 설명한다. 문화적 입장은 관람자에게 자신의 기존 신념을 넘어서게 하고, 또 그에게 "장차 그 자신의 부분을 형성하는 요소가 될 것이며 그가 죽을 때까지 회상의 형태로 함께 동반하게 될" 세계를 열어 준다는 것이다. 애초에 "그의 학문적 눈"이 볼 때 "불쾌했던 것"은 "이제 서서히 받아들여질 것이고, 좋은 향기가 나는 목욕물의 수증기처럼 그를 천천히 사로잡게 될 것"[35]이라고 한다.

이 형상의 대담함은 일찍이 없었던 새로운 것을 보여 주고 있을 뿐만 아니라 여기서 희망하는 성과에 대한 기대를 보여주고 있다. 여기 인용된 두 명의 관람자는 서로 상이한 인식 관점을 선호

---

34 Charles Baudelaire, "Die Weltausstellung 1855. Die schönen Künste." in: ders., *Sämtliche Werke/Briefe*, hg. v. Friedhelm Kemp u. Claude Pichois, Bd.2, München/Wien 1977, 227~253쪽, 여기서는 228쪽 이하.
35 앞의 책.

하고 있다. 그럼에도 불구하고 이들은 문화현상의 개방적 태도가 기존에 지니고 있던 신념을 파괴하는 것은 물론 더 나아가 그러한 신념을 넘어서게 만들 것이라는 점에서는 같은 생각을 한다. 문화는 경험이 되었고, 동시에 문화로부터 배우려는 사람은 전승된 신념을 수정해야 한다고 주장하는 특정한 유형태도가 요구되었다. 따라서 문화적 입장은 대상에게 거리를 두는 태도뿐만 아니라 자기 자신에게 거리를 두는 태도, 바로 판단중지Epoché의 태도도 지닌다. 물론 이러한 변화는 단순히 개인적인 의지력의 집중으로부터 생겨난 것은 아니다. 이러한 변화는 외부의 상황에 의해 요구되었을 뿐만 아니라 장려되었다. 보들레르에 의해 기술된 심성의 변화는 순수 예술의 요구로부터 등을 돌릴 뿐만 아니라 마찬가지로 산업혁명이 약속한 급진적인 진보의 희망으로부터도 등을 돌림으로써 결국 극단적인 것의 통합을 목표로 한다. 사실상 우리는 여기 19세기 중반에 미적·산업적·기술적 아방가르드의 통일의 꿈을 만나게 된다.[36] 이러한 통일노력이 그 이전이나 이후 어디에서도 이와 같이 집중적으로 이루어진 적은 없었다.

젬퍼와 보들레르는 아직 개념적 형태를 거의 갖추고 있지 않았던 문화철학을 다음과 같이 규정한다. 문화철학은 삶의 방식과 세계상의 전체적인 변혁에서 비롯된 근대의 요구에 대한 필수적인 반응이라는 것이다(50여 년 이후 전문철학자들은 이러한 구상을 받아

---

[36] *Art social und art industriel. Funktionen der Kunst im Zeitalter des Industrialismus,* hg. v. Helmut Pfeiffer, Hans Robert Jauß u. Françoise Gaillard, München 1987 참조.

제2장_ 문화철학의 도전   41

들이게 된다). 그러나 통합의 시도는 실패로 돌아갔다. 우리가 목격하게 되는 것처럼, 급속히 번져 나간 '과학적 세계관'의 본래의 미래상은 이미 하나의 환상이었기 때문이다. 19세기 중반의 시대전경은 낙관적인 확신에 차 있었다. 하지만 이런 확신은 뒤따른 20세기의 대재앙으로 인하여 마침내 완전히 사라졌고 문화의 비판적 인식에 굴복했다. 문화는 자신이 만든 기형물 때문에 자기 자신과 대립해 있는 것처럼 보였다.

문화철학이 출발할 당시의 이러한 특이성을 고려한다면, 문화철학의 독립적인 학문분과로의 발전은 우선은 매우 더디게 진행될 수밖에 없었다는 점이 이해될 것이다. 이와 같이 이러한 지연은 놀라운 일이 아니다. 문화철학의 역사에 충실한 작업이 오늘날까지 존재하지 않지만[37] 문화철학이 체계적으로 확장된 중요한 단계는 20세기 초반의 수십 년 동안이었다는 점에서는 논란의 여지가 없을 것이다. 리터Henning Ritter는 철학적 견지에서 볼 때 20세기는 '초기에 많은 부담을 갖고' 있었다고 주장하고 어떤 면에서 그러했는지를 관찰했다. 그의 이러한 관찰은 문화철학 생성의 필연성을 확인해 준다. 이미 19세기에서 20세기로 전환된 직후에 가장 중요한 표제어는 제시되었고, 또한 후설Edmund Husserl, 베르그송Henri Bergson, 짐멜Georg Simmel, 듀이John Dewey, 카시러Ernst

---

37 뢰비트(Karl Löwith, *Mein Leben in Deutschland vor und nach 1933. Ein Bericht*, Frankfurt/M. 1989, 113쪽 이하 u. 143쪽)와 클리반스키(Raymond Klibansky, *Erinnerung an ein Jahrhundert. Gespräche mit Georges Leroux*, Frankfurt/M./Leipzig 2001, 91쪽 이하) 같은 시대를 증언하는 사람들의 회상은 매우 가치가 있다.

Cassirer, 비트겐슈타인Ludwig Josef Johann Wittgenstein, 하이데거Martin Heidegger, 벤야민 등과 같이 중심적인 논의에 방향을 제시했던 저자들의 대표작도 존재했다.

20세기의 위기와 현실 역사 경험은 문화가 유례없이 동요하고 있다는 증거로서 받아들여졌다. 시대의 단면을 아주 잘 보여주고 있는 것 중의 하나는, 발레리Paul Valéry[38]*가 제1차 세계대전이 끝난 직후 쓴 것과 같이 그렇게 짧은 시간에 그렇게 많은 사람을 죽이기 위해서 많은 지식이 필요했는가라는 물음, 다시 말해 문화의 힘이 전쟁체제에 얽혀 든 것을 고려해 보면 과학의 "인륜적 권리요구"는 이제 "치명적 타격을 입었다"는 판단이다.[39] 이와 같은 사건과 판단은 문화철학의 최초 경험이었다. 시대의 혼란은 철학에도 스며들었고 젬퍼의 세대에 의해 널리 확산된 낙관주의를 가장 극적인 상황에서 폐기시켰다. 이러한 시대의 혼란을 고

---

[38] *(옮긴이주) 발레리(1871~1945): 프랑스의 시인, 비평가, 사상가. 그는 프랑스 상징주의 시인 중 한 사람으로서 불리고 20세기의 위대한 산문가 중 한 사람으로 꼽히기도 한다. 그의 작품 주제는 문학, 예술, 철학, 과학 등 모든 방면에 걸쳐 있으며 특히 현대문명의 고찰이 그 중심을 차지하고 있다. 그의 작품으로는 『젊은 파르크』, 『해변의 묘지』, 『매혹』, 『현대세계의 고찰』, 『예술론』, 『나의 파우스트』 등이 있다.

[39] Paul Valéry, "Die Krise des Geistes", in: *Kulturphilosophie*, 58~78쪽, 여기서는 61쪽. 이러한 인상적인 경험의 무게와 여운을 확실히 파악하려면, 그 당시에 보편적으로 널리 퍼져 있던 학문의 이상적인 생각과 학문의 문화형성 잠재력에 대한 이상적인 생각을 생생하게 떠올려 봐야 한다. 1914년 이전의 '과학적 세계관'의 강력한 힘은 Hermann Lübbe, *Politische Philosophie in Deutschland. Studien zu ihrer Geschichte*, Basel/Stuttgart 1963, 127~172쪽; Jochen Zwick, "Akademische Erinnerungskultur, Wissenschaftsgeschichte und Rhetorik im 19. Jahrhundert. Über Emil Du Bois-Reymond als Festredner." in: *Scientia Poetica. Jahrbuch für Geschichte der Literatur und der Wissenschaften1*, 1997, 120~138쪽 참조.

려해 볼 때 문화철학이 이 때부터 20세기의 중반까지 논란거리였
다는 점은 놀라운 일이 아니다. 문화철학은 우선 절망과 분노에
휩싸인 문화염세주의에 의해서 비방되었고, 그리고 나서는 국가
사회주의 정권의 어용학문 집단에 의해 강제로 강점되었고,[40] 마
침내는 메스키르히 Meßkirch의 대사상가[41]와 프랑크푸르트에서 유

---

40 『로고스(Logos)』 잡지의 운명은 이러한 사상통제 정책적 억압행위를 강력하게 증언하고
있다. 크로너(Richard Kroner)가 결정적으로 결성한 바이마르의 문화과학 포럼은 1910
년 '문화철학을 위한 국제학술지(Internationale Zeitschrift für Philosophie der Kultur)'로
시작했다. 『로고스』의 서두에는 다음과 같이 씌어 있다. 이 잡지는 "철학과 생동적인
문화 사이의 연관관계"를 탐구하고 "스스로 새로운 문화를 창조하려 한다. 그리고 이
잡지는 스스로에게 민족적 및 세계적 과제를 설정한다." 이 잡지는 이러한 설득력 있는
부제를 달고 1933년까지 22권이 출간되었다. 그리고 러시아, 리투아니아, 헝가리, 이탈
리아 등에서는 이와 비슷한 잡지가 생겨났다. 그러나 '국가사회주의의 정권획득'은 이러
한 기획적 시도의 종말을 가져왔다. 문화철학은 이때부터 "유대적 · 자유주의적 혼란"으
로 간주되었다(Karl Löwith, *Mein Leben in Deutschland*, 같은 책, 143쪽, 또 113쪽 이하
참조). 한편, 이 잡지는 '독일의(deutsch)'라는 형용사가 첨가되었고 그 명성에 누를 끼치
는 형태 속에서 부분적으로 다시 전개되었다. 이제 1933년부터 글로크너(Hermann
Glockner)와 라렌츠(Karl Larenz)가 편집한 『로고스』는 '새로운 시리즈로' '독일의 문화
철학 잡지(Zeitschrift für Deutsche Kulturphilosophie)'로 발간되었고 이 잡지의 발간이
최종적으로 중단되었던 1944년까지 이 제목으로 발간되었다(Rüdiger Kramme, "Logos
1933/34. Das Ende der 'Internationalen Zeitschrift für Philosophie'.", in: *Rechtstheorie*
27, 1996, 92~116쪽; ders., "'Kulturphilosophie' und 'Internationalität' des Logos im
Spiegel seienr Selbstbeschreibungen", in: *Kultur und Kulturwissenschaften um 1900*, hg.
v. Gangolf Hübinger, Rüdiger vom Bruch un. Friedrich Wilhelm Graf, Stuttgart 1997,
122~134쪽 참조. 위의 인용은 같은 책, 127쪽).

41 하이데거는 문화철학과 문화철학적 사안에 관심이 없다고 분명하게 입장을 밝혔다. 하
지만 그가 문화철학을 격렬하게 공격했던 사실은 그가 문화철학에 무관심하지 않았다
는 점을 입증하고 있다. 사실상 하이데거는 문화철학의 스스로의 이해보다 문화철학을
더 잘 이해하고 있다. 왜냐하면 그는 1929년의 다보스 논쟁의 서두에서 "전체적인 인식
의 결과에서 볼 때 철학에게 남아 있는 것은 무엇인가"라는 물음과 관련지우면서 문화
철학은 "철학의 곤경"으로부터 "생성"되었다는 점을 설명하고 있기 때문이다. 이러한
곤경이 생생하게 파악될 경우 문화철학적인 '이해'의 지평이 밝혀질 것이고 문화철학의
요구와 기초존재론(Fundamentalontologie)의 요구가 각각 다르다는 점도 밝혀질 것이
다. 말하자면 기초존재론이 이론적 인식의 확실성을 평가절하하거나 일반적인 것을 '세
인(Man)'의 특성으로 평가 절하하는 이유를 이해할 수 있고 이론적으로 다룰 수 있다.

래하는 비판가들[42]에 의해서 경멸되는 고통을 치렀다.

　한편, 이러한 복잡한 문제와 무관하게 순수 학문분과를 가리키는 것으로서 받아들여진다 해도 문화철학은 모호하게 기술되는 현상으로 나타난다. 많은 사람은 문화철학을 한 마디로 말해 특별히 문화현상을 다루는 철학적 실천으로 이해하고 있다. 문화철학에 대한 이러한 종류의 일치된 생각은 호응을 얻고 있다. 이 생각은 직접적인 확실성이라는 장점을 보장하기 때문이다. 또 이 생각은 모든 이의제기에 적절한 대답을 준비해 놓고 있으며, 의욕적인 구상을 해 무리한 기대를 갖게 하지 않아 아무도 놀라게 하지 않기 때문이다. 하지만 이러한 생각은 적어도 두 가지 점에서 이론의 여지가 있다. 첫째, 문화영역이 이론적 작업을 통해 명확히 정리되어 확고하게 존재하리라고 기대하기 때문에 이제 철학적으로 이러한 영역을 다루는 모든 것은 문화철학으로 간주되어야 한다고 주장하는 점이다. 그러나 문화철학Kulturphilosophie은 문화의 철학Philosophie der Kultur(문화에 관한 철학)과는 다른 것으로서

"Davoser Disputation zwischen Ernst Cassirer und Martin Heidegger", in: Martin Heidegger, *Gesammtausgabe*, 1.Abt., Bd.3, Frankfurt/M. 1991, 274~296쪽 참조, 인용은 274쪽. 이것은 *Cassirer-Heidegger. 70 Jahre Davoser Disputation*, hg. v. Dominic Kaegi u. Enno Rudolph, Hamburg 2002.

42 호르크하이머와 아도르노는 하이데거처럼 문화철학과 문화철학의 대변자를 의도적으로 무시하는 태도를 취했다. 그들은 처음에는 카시러와 우호적인 관계였지만 이후 작은 질투로 인해 벌어진 다툼 때문에 완전히 무관심한 관계로 굳어졌다(우리는 이렇게 말해야만 한다). 카시러에 대한 무관심은 엄격하게 견지되었고 그것은 놀랄 만한 것이다 ("Max Horkheimer an Adorno, 25. Oktober 1934", in: ders., *Gesammelte Schriften*, hg. v. Gunzelin Schmid Noerr, Frankfurt/M. 1995, Bd.15, 253쪽; "Adornos Antworten am 2. November 1934", 같은 책, 350쪽 참조).

문화의 철학 보다 훨씬 더 자립적인 것이다. 둘째, 많은 문제점을 갖고 있는 분리적 사고가 문화 옆에 다른 사태연관Sachbezug, 말하자면 문화와 무관한 사태연관을 병렬시켜 놓고 이제 철학은 각기 관련된 주제영역이나 분과적인 관심에 따라 안심하고 분업적으로 작업을 진행할 수 있다고 믿는 점이다. 그러나 철학이 각기 전문분야에 따라 자신의 영역관할권을 갖는다는 규약은 실제로는 단지 예비적인 방향설정을 뜻할 뿐이다. 그럼에도 불구하고 이러한 규약은 이와 같이 올바르지 못한 방식으로 지속성을 띠고 있다.

따라서 나는 이와 같이 문화철학을 학문정책적인 관점에서 이해하는 것을 벗어나 문화철학의 **철학적** 이해를 발전시키고자 한다. 나의 기본전제는, 철학의 학문분과는 (따라서 문화철학도) 결코 명확히 구분된 전문영역으로 간주되어는 안 되고 또한 자신의 작업을 배타적으로 분리된 대상에 국한시켜서도 안 된다는 것이다. 이와 반대로 철학의 학문분과는 각기 철학을 완전하게 대표하는 것으로서 간주되어야만 한다. 철학사가는 아마 철학의 학문분과를 모나드로서 이해하는 표현을 시도할 것이다. 철학의 학문분과 각각은 (스스로를 위해서) 자신이 선호하는 체계적인 관점의 시야에서 철학적 대상세계 전체를 해명하고 있다.

따라서 철학적 사유의 통일성은 침해되지 않는다. 이것을 전제로 하면서, 나는 다음과 같은 표현을 통해 문화철학의 첫 번째 파악을 시도하려 한다. 즉 문화철학은 인간이 만든 유한한 세계를 이해하기 위한, 즉 문화를 이해하기 위한 대화이다. 완전한 정의 속에서 파악되고 관찰자 앞에 명확히 나타나는 철학개념은 하위개념이나 부차개념 등의 전체 위계질서를 통제한다. 그러나 문화는 이러한 의미의 철학개념을 만들지 않는다. 오히려 문화는 작품Werk, 문화생산물과 문화적 사실에서 간접적으로 드러난다. 문화의 상대적 유의미성은 각각의 현재로부터 새롭게 규명·규정될 것이다.

:: 제3장 두 명의 선구자

역사와 체계는 철학의 어떤 입문서에서도 중요한 요소이다. 하지만 역사와 체계의 설명은 아주 여러 가지 방식으로 이루어진다. 누가 어떤 기여를 했는지를, (보다 흥미로운 점이라 할 수 있는) 어떤 입장이 기술된 관점의 지평과 관련해 보다 잘 이해되어야 하는지를 결정하는 일은 결국 입문서를 쓰는 저자의 선호에 달려 있다. 헤겔을 예로 들어보자. 그는 '객관정신'의 이론을 다룰 뿐만 아니라 (역사에 열광하는 그의 제자들의 관심과는 달리) 또 문화의 철학을 다루고 있지 않은가? 훔볼트Wilhelm von Humboldt[43]*나 초기 낭만주의자의 경우에는 어떠한가? 니체Friedrich Nietzsche의 경우는 어떠한가? 카벨Stanley Cavell이 비트겐슈타인Ludwig Wittgenstein의 예에서 보여준 바와 같이,[44] 베르그송Henri Bergson과 제임스William James, 크로체Benedetto Croce[45]*와 프로이트Sigmund Freud, 듀이John Dewey와 베버Max

---

43 *(옮긴이주) 훔볼트(1767-1835): 독일의 정치가, 언어학자, 철학자. 그는 문학과 언어의 연구에 몰두하여 언어는 인간의 내적 요구로부터 발생한 것으로서, 인간의 자연적 능력이 발현한 것으로서 간주했다. 그리고 언어는 하나의 도구가 아니라 하나의 행위이고, 또한 정신과 자연의 영원한 매개자로서 특정한 민족의 정신이 구체적으로 발현된 것, 다시 말해 특정한 민족의 세계관을 나타내는 내면형식이 외부적으로 표현된 것이라고 주장했다. 그의 주요작품으로는 법률, 정치, 역사부문의 많은 저술과 『자바섬의 카부이어 연구』 등 언어를 다룬 저술이 많이 있다.

44 Stanley Cavell, "Wittgenstein als Philosoph der Kultur. Alltäglichkeit als Heimat." in: ders., *Nach der Philosophie*, 2. Aufl., Berlin 2001, 97~126쪽 참조.

45 *(옮긴이주) 크로체(1866~1952): 이탈리아의 철학자, 역사가. 그는 자신의 철학을 '정

Weber, 푸코Michel Foucault와 블루멘베르크Hans Blumenberg를 문화이론가로서 읽는 일은 매혹적이지 않은가? 우리는 이론역사의 세밀한 관찰로부터, 예컨대 르네상스 철학, 민속학의 출발점, 특히 신칸트주의 등의 역사에 대한 세밀한 관찰로부터 무엇인가 기대할 수 있지 않은가? 대다수의 대중에게는 잘 알려져 있지 않지만 그럼에도 불구하고 중요한 영감을 주는 사상가는 어디에 있는가? 예를 들어 우제너Hermann Usener[46]*, 딜타이Wilhelm Dilthey[47]*, 람프레히트Karl Lamprecht[48]*, 크로너Richard Kroner[49]*, 리케르트Heinrich Richert[50]*,

신의 철학'이라고 했고 정신이 철학체계의 구조와 역사시간 안에서 '순환'한다고 주장했다. 이 체계 안에서 정신의 단계는 이론적이면서 실제적인 것으로, 각각 미학적·논리적·경제적·윤리적 단계로 구분되고, 순환하는 힘은 더 작은 단계와 더 큰 단계 사이에서 운동한다고 한다. 이러한 순환법칙은 절대적 내재의 법칙이다. 그의 주요저서로는 『표현학과 일반어어학으로서의 미학』, 『개념학으로서의 논리학』, 『실제적 철학: 경제학과 윤리학』, 『역사학의 이론과 역사』, 『자유 이야기로서의 역사』 등이 있다.

[46] *(옮긴이주) 우제너(1834~1904): 독일의 고전문헌학자. 그는 수사학, 철학, 신화학에 많은 연구업적을 낳았고 비교적·역사적 종교 연구를 통해 '종교사'의 정초자라고도 한다. 그의 저술로는 『에피쿠로스』, 『할리카르나소스의 디오니소스』, 『성탄절축제』 등이 있다.

[47] *(옮긴이주) 딜타이(1833~1911): 독일의 철학자. 칸트가 순수이성비판을 통해 자연과학의 인식론적 기초를 정립하려 했다면 그는 역사이성비판을 통해 이른바 '정신과학'의 기초를 세우려 했다. 그는 드로이젠의 역사철학과 슐라이어마허의 해석으로부터 영향으로 받아 정신과학의 방법론으로서 '이해의 이론'인 '해석학'을 정초했다. 그는 '삶의 철학'의 선구자로 간주되기도 한다. 그의 저작으로는 『정신과학 입문』, 『해석학의 생성』, 『체험과 시』, 『정신과학에서의 역사세계의 정초』 등이 있다.

[48] *(옮긴이주) 람프레히트(1856~1915): 독일의 역사가. 그는 라이프치히의 동료교수였던 심리학자 분트의 영향을 받아 인간생활의 기초적 요인을 심리적인 것으로 보았고 사회심리학적인 관점에서 정치, 경제, 사회, 문화 등의 총체적인 역사를 법칙적·체계적으로 파악하려 했다. 그는 법칙과학으로서 역사학의 수립을 주장하여 종래의 랑케적인 역사학을 비과학적이라고 비난함으로써 독일 사학계의 유명한 '문화사' 논쟁을 유발시켰다. 주요 저서로는 『중세 독일에서의 경제생활』, 『독일 역사』, 『역사학에서의 구경향과 신경향』, 『문화사의 방법』, 『역사적 사고 입문』 등이 있다.

[49] *(옮긴이주) 크로너(1884~1974): 독일의 철학자. 그는 신칸트주의 서남학파의 대표자

코헨Hermann Cohen^{51*}은 어디에 있는가? 멘델스존Moses Mendelssohn^{52*} 과 마이몬Salomon Maimon^{53*}에서 시작된 바와 같이, 유대인 사상가 들이 문화의 문제에 특히 특별한 관심을 갖도록 한 이유는 어디에 있는가?⁵⁴ 그리고 다시 일반적으로 묻는다면, 문화culture의 은유 가 내포하는 관심, 다시 말해 세계의 인간화 계획의 관심은 모든 철학저술의 핵심적 동기가 아니었던가?

중 한 사람으로서 헤겔의 전통을 이어받아 신헤겔주의 철학을 전개시켰다. 그는 독일관
념론의 고전적인 철학서라고 할 수 있는『칸트에서 헤겔로』로 유명하다. 그 밖에『칸트
의 세계관』,『헤겔』등이 있다.

50 *(옮긴이주) 리케르트(1863~1936): 독일의 철학자. 그는 학문적 인식의 비판적 기초를
정초하는 데 대상세계를 존재와 당위의 세계, 다시 말해 자연세계와 문화세계로 구분하
고, 이 중 후자인식의 논리적 구조를 해명하는 데 주안점을 두었다. 그리고 그는 자연과
학의 보편화의 방법에 문화과학의 개성화의 방법을 대립시키고, 또 개성화의 방법이
단순한 개별적 현상의 기술에 머무르는 것이 아니라 이 현상들을 서로 결합하는 개별적
인과연관의 인식의 가능성까지 포괄하는 것으로서 주장했다. 존재에 가치를, 자연에 문
화를 우위에 둔 리케르트의 문화과학방법론은 막스 베버의 학문론에도 커다란 영향을
미쳤다. 그의 저서로는『인식의 대상』,『자연과학적 개념구성의 한계』,『문화과학과 자
연과학』등이 있다.

51 *(옮긴이주) 코헨(1842~1918): 독일의 철학자. 그는 신칸트주의의 마르부르크학파를
창시한 사람이다. 코헨 철학의 기본적 특징은 논리적 · 도덕적 · 미적인 순수의식의 선
험적 기초를 연구하는 것이다. 그는 칸트의 선험적 방법을 철학의 중핵으로 높이 평가
하고 학문적 인식활동에만 관심을 두고 있다. 현실의 형이상학적 기초는 존재하지 않기
때문에 철학은 현실에 직접적 인식에 관심을 둘 필요가 없다고 한다. 논리학의 사유가
곧 대상을 산출하는 기초가 된다. 주요 저서로는『칸트의 경험이론』,『칸트 윤리학의
정당화』,『철학의 체계』등이 있다.

52 *(옮긴이주) 멘델스존(1729~1786): 독일의 유대인 철학자. 그는 작곡가 F. 멘델스존의
할아버지이다. 그는 레싱과 깊이 교류했고 칸트와 편지 왕래를 했다. 그는 독일 시민사
회에 유대인이 융합할 것을 주장했고 신학적으로는 이신론에 서서 신앙의 자유를 주장
했다. 주요저서로는『감각에 관하여』,『패돈–영혼의 불멸에 관하여』가 있다.

53 *(옮긴이주) 마이몬(1753~1800): 독일의 유대인 철학자. 그는 M. 멘델스존에게 배우
고 흄의 영향을 받았으며 비판적 관념론의 입장에서 칸트의 철학을 독창적으로 비판했
다. 그의 주요 저서로는『선험철학시론』,『자서전』등이 있다.

54 Arche Noah, *Die Idee der 'Kultur' im deutsch-jüdischen Diskurs*, hg. v. Bernhard Greiner
u. Christoph Schmidt, Freiburg/Br. 2002 참조.

나는 이 물음을 수사적 표현을 통해 다룰 것이다. 하나의 입문서는 이 물음에 대답을 철저한 방법론을 통해 규명하는 자리는 아니다. 이 책에서는 문화철학과 관련해 논의될 수 있는 많은 사상가가 아예 거론되지 않거나 기껏해야 축소된 관점 속에서 등장하게 되는데, 그렇다고 해서 이들이 무시되는 것으로서 이해되어서는 안 된다. 이러한 사정은 한번 선택한 경로를 유지하고 일관성 있게 결론에 도달하기 위한 서술기술상의 필요성에서 비롯된 것이다. 물론 이러한 서술방식은 언제나 중시되어야 할 암묵적인 전제를 갖고 있다. 문화철학은 실제로는 한 입문서의 축약적인 형식이 제시하는 문제지평보다 훨씬 더 광범위한 문제지평을 제시하고 있다는 점이 그것이다. 입문서는 일반적으로 경로를 균일화하고 중심노선을 그려내고 자료를 압축하고 증거를 선택적으로 제시할 수밖에 없다. 특히 입문서의 중요한 과제는 대상을 보여 주는 것이라고 할 수 있다.

모든 입문서와 마찬가지로 이 책도 특정한 선호로부터 자유롭지 못하다. 하지만 이 입문서가 짐멜(1858~1918)과 카시러(1874~1945)의 성과를 강조하는 것은 충분한 근거가 있다. 이들의 주도적인 작업은 탁월한 수준에 도달해 있기 때문이다. 물론 다른 사람의 기여를 과소평가하는 것은 아니지만, 이 입문서는 후대의 문화철학 논쟁에 방향을 제시했던 주제어를 최초로 제공한 사람은 짐멜이었다고 주장한다. 그리고 이 입문서는 초창기의 문화철학이 이미 망각된 것처럼 보인 이후에도 독립적인 분과학문으로서 지각될 수 있게끔 문화철학의 특성을 획기적으로 정립시킨 사람은 카시러였다고 주장한다. 카시러는 짐멜이 지녔던 삶의 철학적 사유 전제를 비판하는 것은 물론 사변적인 역사철학과 인식론적으로 정향된 신칸트주의를 비판하면서 문화철학의 특성을 정립했다.

이 책이 주장하는 이러한 서술의 관점은 그리 이상한 것이 아니다. 카시러도 스스로 이러한 관점을 시사한 바 있다. 카시러는 현재까지도 출간되지 않는 텍스트에서 짐멜이 일생에 걸친 철학 작업을 통해 이미 **문화적 전환**(카시러는 이것을 이 말의 본래 의미대로 '문화철학으로의 전환'[55]이라고 했다)을 완수했다고 증명한 바 있다. 그러나 그 사이에 짐멜이 수용되는 많은 과정은 짐멜의 독창적 사유가 어떻게 그 자신이 분석한 화폐유통과 같은 운명에 처하게 되는지를 명백하게 보여 준다. 자신의 정신적 유산은 마치 현찰처럼 많은 상속인에게 분배되고 이로써 특수한 작업에 적용될 것이며 결국 그 원산지는 망각될 것이라고 짐멜은 스스로 예견했었다. 정말 이와 같은 일이 일어났다. 수십 년 동안 후세대는 짐멜의 작품을 소홀히 여겼다. 마찬가지로 카시러의 저술도 소홀히 여겼다. 카시러의 책은 두터운 먼지가 쌓인 채로 통상적으로 '신칸트주의'란 이름이 붙은 도서관 구획에 보관되었다.

---

55 Ernst Cassirer, *Grundprobleme der Philosophie*, Yale University, Beinecke Library, Cassirer papers, box 41, folder 818. 인용은 다음의 책에서 했다. Willfried Geßner, "Das Geld als Paradigma der modernen Kulturphilosophie." in: *Aspekte der Geldkultur. Neue Beiträge zu Georg Simmels Philosophie des Geldes*, hg. v. Willfried Geßner un Rüdiger Kramme, Halberstadt 2002, 11~28쪽, 여기서는 16쪽.

문화철학적 도전이 갖고 있던 어려운 상황을 고려한다면, 이러한 이론정책적 관점에서 비롯된 무관심은 어떤 의미에서는 당연한 것이었다. 그런데 그 사이에 새로운 논의는 이러한 무관심을 사라지게 했다. 이 논의에서 두 사상가는 (누군가 카시러를 빗대어 한 말을 인용해서 말한다면) 바로 "유럽의 현대 철학자"[56]로서 발견되었다. 이러한 관심이 새롭게 일어났음을 보여 주는 증거 중 하나는 그들의 저술을 통합하여 제시하려는 노력이다. 이제 그들의 책은 곧 타당한 판본으로 완전하게 출간될 것이다. 그 동안 현저하게 발전한 출판상황은 개별문제의 인식을 훨씬 쉽게 하는 것은 물론 개인적인 사유의 길을 공개하고 특히 상호간의 비교를 쉽게 한다.

현재 우리가 알 수 있는 것은 『상징형식의 철학Philosophie der symbolischen Formen』의 저자인 카시러는 평생 짐멜을 읽었고 대화의 파트너로 생각했다는 것이다. 이러한 사실은 몇년 전에 출간된 카시러의 유고에 기록되어 있다. 카시러가 끝내 이 스승으로부터 생산적인 거리두기에 이르렀던 것은 카시러가 자신의 강조점을 많이 변경시켰기 때문인 것으로 보인다. 그 거리두기는 비판적인 관점을 다룰 경우 가장 눈에 띄게 나타난다. 짐멜과 마찬가지로 카시러도 비판을 말하고는 있지만 보편적인 행복의 기준을 명백히 포기하고 있을 뿐만 아니라 시대를 초월해 있는 조화를 애원하지도 않는다. 카시러의 입장에서 볼 때 짐멜이 대변한 문화염세

---

[56] Oswald Schwemmer, *Ernst Cassirer. Ein Philosoph der europäischen Moderne*, Berlin 1997.

주의는 과도한 기대가 낳은 경솔함의 산물인 것이다. 카시러는 문화의 위기가 극적인 상태에 있다는 점을 인정한다. 그리고 그도 문화비판의 회의적 시각은 물론이고 문화비판의 권리를 부정하지는 않는다.[57] 그러나 그는 문화철학의 지평을 무한한 궤도에서 끊임없이 새롭게 등장하는 '형식'과 '삶' 사이의 투쟁으로 제한하는 것에는 반대한다. 카시러는 짐멜의 비극형식에 다음과 같이 응답한다. 문화의 위기는 문화의 일반적인 모습이고, 문화가 변화 속에서 자기 자신을 유지하기 위해서 받아들여야만 하는 도전이 문화의 위기라는 것이다.

이러한 생각 속에서 '문화학Kulturwissenschaft'의 부활을 위한 토대가 마련된다. 이제 근대의 특징으로 간주되는 형이상학적 안식처의 상실을 보완해 주는 것으로 문화학의 과제가 주어져 있다. 카시러는 헤르더와 괴테의 표현을 인용하면서 "단지 문화학을 통해서만 문화의 재생과 부활이 가능하다"[58]고 쓰고 있다. 이로써 문

---

57 이러한 카시러의 생각은 리케르트의 과학주의와 구별된다. 리케르트는 인식론적 동기를 지닌 형식화의 전략을 통해 삶의 철학의 도전에 대응했다. 리케르트가 볼 때 삶의 철학의 도전은 화의 근원이었다. 카시러의 유고 속의 메모를 보면, 그가 리케르트의 짐멜 해석을 적절하지 않은 것으로 생각했고 매우 '어리석은' 해석으로 간주했다는 것을 알 수 있다(Ernst Cassirer, "Zur Metaphysik der symbolischen Formen." in: *Nachgelassene Munuskripte und Texte*, hg. v. Klaus Christian Köhnke, John Michael Krois u. Oswald Schwemmer, Hamburg 1995ff., Bd.1, 238쪽).

58 Ernst Cassirer, "Naturbegriffe und Kulturbegriffe." in: ders., *Zur Logik der Kulturwissenschaften. Fünf Studien*, 6.Aufl., Darmstadt 1994, 56~86쪽, 여기서는 77쪽. 이 말은 1775년 5월 괴테의 편지를 암시하고 있다. 괴테는 이 편지에서 헤르더의 역사적 인식형태를 언급했고 이것을 강렬한 언어로 형상화했다. "정련하는 당신의 방식, 즉 결코 쓰레기에서 황금을 가려내는 것이 아니라 쓰레기를 생동하는 식물로 재생시키는 당신의 방식은 항상 나의 마음을 감동시킵니다"(*Briefe, Hamburger Ausgabe*, hg. v. Karl Robert Mandel-

화철학적 실천은 이중적인 의미에서 진정한 활동으로서 나타난다. 말하자면 철학적 활동으로서, 그리고 문화적 활동으로서 나타난다. 문화철학은 특정한 문화를 선동하는 것도 아니고 무당파적인 관찰자의 입장을 취하는 것처럼 가장하지도 않는다. 문화철학은 스스로가 기술하는 현장의 한 부분으로 존재하면서 문화적 형식(카시러는 '상징적' 형식이라고 했다)의 '기능적 통일성'이라는 가설을 시험한다. '기능적 통일성'이라는 방법론은 존재함에 틀림없는 최소한의 동일성Identität을 기술된 현실로부터 분리해내는 것이다. 이로써 비로소 문화의 전개과정 안에서의 전환, 단절, '재생'이 보여 주는 확고한 차이Differenz가 실제로 그러한 것으로 드러날 수 있게 되는 것이다.

문화철학은 아직 시작점에 있고 주제나 작품이나 개념의 규준을 갖고 있지 않다. 이와 같이 오늘날까지 어떠한 규준도 갖고 있지 않다. 이러한 사정은 사실이고 바로 입문서의 맥락에서는 더욱 강조되어야만 할 것이다. 하지만 '기능적 통일성'의 물음은 짧은 문화철학의 역사에서 하나의 중요한 토대가 되었다. 그 이후 이 물음의 새로운 의견이 계속 생겨났던 것이다. 사상가 짐멜과 카시러의 이념형적idealtypisch 상황을 보면, 이들은 이러한 물음

---

kow, Bd.1, München 1988, 183쪽). 얼마 후 헤르더는 인간의 모습을 하고 있고 자기 상승을 위한 인간능력에 뿌리를 두고 있는 문화로의 이행을 '재생'으로 기술한다. 그리고 그는 "혁명이 아니라 우리 안에서 잠자고 있는 우리를 새롭고 젊게 만드는 힘의 행복한 진화"를 말하고 있다(이의 더 많은 자료들은 Hartmut Dörr, "Palingenese" in: *Historisches Wörterbuch der Philosophie*, 같은 책, Bd.7, 40~46쪽 참조).

을 모범적으로 선취했고 각각 고유한 사유 방식 속에서 판단을 내렸다는 점을 알 수 있다. 그들의 사유방식은 오늘날 우리가 이 문제에 보다 쉽게 접근할 수 있게 만든다. 선구적 사상가인 짐멜이 부정적인 관점에서 문화위기에 매혹된 반면에, 이미 카시러는 문화위기를 더 이상 숙명으로만 파악하지 않는다. 그는 문화위기를 새로운 시작을 위한 기회로 생각한다.

제2부
문화철학의 전사前史

문화는 역사를 갖고 있지 않다고 이 책의 서두에서 말했다. 문화는 인간행위에 독립해 있는 어떠한 자립적 운동도 알지 못한다는 점을 이 말은 암시하고 있다. 문화는 복잡한 시공간적 전개과정에서 비판의 척도가 되거나 목적론적 방향제시의 일을 할 수 있는 것도 아니다. 이와 같이 문화는 포괄적인 목표를 세워 방향을 제시할 처지에 있는 것도 아니다.

그렇기 때문에 문화가 무엇이고, 문화가 어디에서 무엇으로 나타나는지에 하는 통상적인 생각은 의문시되어야만 할 것이다. 문화는 어떤 '소유물'이 아니다. 다시 말해 문화는 문화재로서 관리되는 존재가 아니다. 또한 문화는 스스로의 힘으로 행위를 하는 '주체'도 아니다. 문화를 그 안에서 갑자기 드러나는 잠재적 힘의 실현결과로서 생각한다면, 문화가 '성장한다'든지 문화가 발전한다든지 하는 말을 엄밀한 의미에서는 결코 할 수 없다. 문화는 사실성과 타당성의 차이로부터 기인한다. 다시 말해 문화는 안정적인 형식과 유동적인 관계해석 사이의 연합으로 존재한다. 그리고 이러한 연합은 끊임없이 새롭게 실현된다. 문화적인 것의 모습은 변화하고, 이러한 변화의 총체가 문화적인 것의 역사를 만들어낸다고 할 수 있다. 그런데 문화적인 것의 모습변화는 문화 자체로부터 생기는 것이 아니라 인간의 능동적 행위로부터 생긴다. 인간이 자신의 욕구와 목표를 추구함으로써 문화를 만들어내기 때문이다. 이러한 생각은 중요한 의미를 지니고 있다. 왜냐하면 문화세계의 변화는 간접적으로 일어난다는 점을 말하고 있기 때문이다. 문화세계의 변화는 한 문화에게 정체성을 주는 포함과 배제의 실천으로부터, 때때로 전이론前理論 단계에서의 허용과 거절로부터, 문화의 이름으로 일어나는 부담의 완화와 지연으로부터 생겨난다. 문화 자체가 아니라 문화의 표현 형태가 역사를 갖게 되는 것이다.

물론 문화철학도 마찬가지의 상태이다. 그런데 문화철학은 역사를 갖고 있을 뿐만 아니라 더 나아가 전사前史를 갖고 있다. 또한 개념의 역사도 당연히 갖고 있다. 이러한 역사는 앞으로 두 개의 장에서 논의될 것이다. 문화철학이란 말은 1851년 런던의 국제박람회를 방문한 사려 깊은 한 관람객이 고안한 용어이다. 문화철학이 19세기 중반에 이와 같이 자신의 이름을 얻기 이전에는 어떤 것이 이 학문분과가 윤곽을 갖는 데 기여했는지를 파악하려고 한다. 우리는 이를 위해 역사적 연관관계를 설명할 뿐만 아니라 결정적으로 중요한 부분은 강조하게 될 것이다.

우리가 살펴본 바와 같이 문화철학이란 개념이 역사상 최초로 등장한 것은 쳄퍼로부터이다. 이 개념은 이 개념이 생겨날 때의 상황을 넘어 핵심적인 의미를 가리키고 있다. 문화철학이라는 이름의 학문분과는 여러 세대를 지나서야 비로소 등장하게 되지만, 이 학문분과는 기본적으로 이 개념이 형성될 당시 맥락 속에서 전개된 관점을 그대로 공유하고 있다. 물론 공유되는 관점은 젬 퍼가 수용하고 강조했던 문명의 시작이라는 낙관주의가 아니다. 그것은 포괄적인 구상 속에서, 바로 문화의 개념 안에서 인간의 성과물을 실용적으로 통합하는 관점이다.

여기서 우선 첫 번째로 거론해야 하는 것은 카시러의 비판적 문화철학이다. 당시 강단철학의 입장에서 볼 때는 아주 낯선 그러한 결단 속에서 문화의 대상을 사유하려는 태도는, 다시 말해 문화적 사실을 지각하려는 관심은 직접적인 '세력'을 입증할 수는 없지만 (그리고 그러한 입증이 필요치도 않지만) 현저하게 지속적으로 존재했다. 이러한 맥락에서 카시러와 문화사가이자 수집가이자 후원자인 바부르크Aby Moritz Warburg[59]* 사이의 만남은 우연적인 지역적 회합의 의미 보다 훨씬 많은 의미를 갖는 중요한 것이다. 이 만남은 카시러가 함부르크 대학의 교수로 초빙된 1년 후인 1920년에 이루어졌다. 모든 인격적 관계를 배제하고 보면, 이와 같은 서로 다른 학문 및 학문전통의 만남은 신칸트주의 학파에서 성장한 문

---

[59] *(옮긴이주) 바부르크(1866~1929): 독일의 문화사가, 문화학자. 바부르크는 르네상스 시대 도시엘리트의 생활양식 · 미적 실천 · 종교적 습관연구, 이탈리아와 독일에서 회화와 생활양식이 형성되는 데 미친 고대의 힘에 연구, 북부 유럽과 남부 유럽 사이의 예술적 교류연구, 근동으로부터 이탈리아, 스페인, 북부 독일로의 신화적 · 점성술적 · 상징적 형식의 이동연구 등을 했다. 이로부터 그는 문화학적 개념과 관점을 고안했고 이것들은 오늘날에도 문화학 연구에 큰 영향을 미치고 있다. 그의 저작으로는 『뱀의식』 등이 있다.

화철학자 카시러가 다음의 계획을 쉽게 신봉할 수 있도록 만들었다. 이 계획은 바부르크가 높이 평가한 젬퍼가 반 세기 전에 이미 예견했고 과감한 화법으로 윤곽을 그려냈던 것으로서 "사람 손이 만든 단순한 작품"을 지배하는 원칙을 발견하고 "이 작품의 계속되는 형성역사"[60]를 지배하는 법칙을 파악하는 것이다.

---

60 Semper, *Wissenschaft, Industrie und Kunst,* 같은 책, 41쪽. 함부르크 연구소의 기획, 이 연구소 사람들의 관계나 연구방식의 명확한 조망을 위해서는 다음을 참조. Roland Kany, *Die religonsgeschichtliche Forschung an der Kulturwissenschaftlichen Bibliothek Werburg,* Bamberg 1989(특히 카시러를 알려면 55쪽 이하 참조). 카시러는 '바부르크 도서관연구'에서 몇 편의 논문을 썼다. 이 중에서 일부는 매우 광범위한 내용을 다루고 있다. 예컨대 『신화적 사유에서의 개념형식(*Die Begriffsform im mythischen Denken*)』(1922)의 첫 권이 그렇다. 최근에 디디-후버만(Georges Didi-Huberman)은, 작슬스(Fritz Saxls)가 연구소장에 재임한 1918년 1923년의 연구소 작업이 원래 계획된 목표로부터 방향을 전환하기 시작했고 여기에 카시러가 결정적으로 관여했다는 주장을 폈다. 카시러가 시간제약을 받지 않는 상징의 의미를 발굴하려 했다면, 바부르크는 상징과 징후의 분열, 즉 상징과 징후의 '삶'에 사로잡혀 있었다(*L'image survivante. Histoire de l'art et ermps des Fantomes selon Aby Werburg,* Paris 2002 참조). 디디-후버만의 서술은 연구소의 지성적 다양성을 확인해 준다. 그러나 이 서술의 비판은 핵심을 찌르고 있지는 않다. 결국 이 서술은 특히 카시러와 같은 이 연구소에 관여한 사람들의 상투적인 인식결과물일 뿐이다. 이 문화철학자는 사실상 약동하는 '삶'이냐 영원한 '의미'냐 라는 양자택일을 강행하는 것과 거리가 먼 사람이다. 이와 달리 1920년 이전이건 이후이건 카시러의 수많은 연구가 제시한 것은 (요점만 강조하여 말한다면) 의미의 삶이다.

:: 제1장 비코와 민족세계의 발견

물론 문화문제를 철학적으로 다룬 중요한 시점은 젬퍼보다는 조금 이전이다. 그 시점은 어떤 가치판단을 하건 간에 일반적으로 '계몽주의'의 시대이다. 우리의 맥락에서 중요한 점은 계몽주의가 현실을 인간이 창조한 세계로 인정했다는 것이다. 이러한 계몽주의의 인정이 의식적으로 일어났건 무의식적으로 일어났건 간에, 또 이러한 인정이 성공적으로 받아들여졌건 억압적으로 받아들여졌건 간에 이러한 인정 이후 문화는 세계의 인간화로서, 다시 말해 인간의 생산물로서 간주되었다.

이로써 문화철학의 역사적 · 체계적 기본구조가 형성되었다. 그러나 오해를 피하기 위해 여기서 곧바로 강조되어야 할 것이 있다. 문화세계에 대한 철학적 작업은 인간적인 것의 기본상황을 체계적으로 묻는 인간학의 접근방식과는 매우 다르다는 점이다. 문화철학은 인간학과 달리 '인간'을 직접적으로 반성의 중심에 놓지 않는다. 문화철학이 관심을 두는 것은 셸러_{Max Scheler}61*가 인간

61 *(옮긴이주) 셸러(1874~1928): 독일의 철학자. 그는 경험적 · 역사적 조건에 의존하지 않는 실질적 여러 가치와 이 가치 사이의 본질적 질서의 객관성을 현상학적으로 확립하고 실질적 가치윤리학을 제창했다. 그는 가치현실의 주체인 인간존재를 단순히 이성적 주관으로 보는 고전적 인간관을 비판했고 정서적으로 파악할 수 있는 실질적 여러 가치와 이러한 가치 질서를 향해 있는 정신적 작용의 수행자로서의 인격을 인간의 본질로 생각했다. 그는 '철학적 인간학'의 정초자로 간주되고 또한 '지식사회학'의 선구자라고

본질의 이중성을 드러낸 바와 같이 형태적으로 생물학적 영역에 귀속되지만 이에 대해서 형이상학적으로 대립하는[62] 인간본질이 아니다. 오히려 문화철학이 관심을 두는 것은 인간이 자기 존재의 성취를 위해 실천하는 과정 속에서 발전시키고 투입하고 남긴 여러 흔적들·증거들·형식들·형상들이다. 대상을 지각할 때 이러한 차이는 중요한 것이다. 문화철학은 인간학이 아니라 인간학을 갖고 있다. 말하자면 문화철학은 철학의 여러 다른 다양한 분과학문처럼 인간학을 갖고 있는 것이다.

문화철학과 인간학 사이의 틈이 실제로 얼마나 깊게 벌어져 있는가 하는 점은, 주어진 현존세계를 가공하고 극복함으로써 축적시킨 인간의 문화적 노력을 인간의 원죄로서 간주하는 오래 된 역사에서 명백하게 나타난다. 여기서 인간의 원죄는 자신에게 주어진 것에 알맞게 지속적으로 살아가지 않고 이를 거부하기 때문에 생긴다고 보고 있다. 루소에까지 이르는 스토아적·에피쿠로스적 문화비판은 자연적인 관계의 포기, 불을 탈취한 경솔함, 인간의 근본적 사안을 소홀히 하는 거대한 삶의 모습 등을 향하고 있다. 이 때 문화는 인간을 내적으로 분열시키고 점점 더 근원으로부터 멀어지게 하는 거대한 유혹으로 나타난다. 다시 말해 인간은 문화가 없었더라면 결코 근원을 상실하지 않았을 것이라는

도 한다. 그의 저작으로는 『윤리학에 형식주의와 실질적 가치윤리학』, 『가치의 전복』, 『지식의 형식과 사회』, 『우주 안에서의 인간의 위치』, 『철학적 세계관』 등이 있다.
[62] Max Scheler, *Die Stellung des Menschen im Kosmos*, München 1947, 10쪽 이하 참조.

의미이다.

이러한 형태의 문화비판이 강하게 영향을 미침으로써 문화철학도 다음과 같은 결정을 쉽게 내릴 수가 있었다. 문화철학은 '인간'이 삶의 형성 변화상황을 넘어 도대체 본질적으로 무엇인가라는 그 동안 고집스럽게 탐구된 물음을 다룰 수 있게 된 것이다. 물론 문화철학의 경우 인간이 문화를 향하고 있으며 이러한 의미에서 문화적 존재라는 전제 정도이면 충분하다. 인간의 이러한 규정은 부정적이면서도 동시에 긍정적이다. 문화철학은 인간을 다른 생명체와는 달리 자신의 욕구상황과 자연적 환경 사이에서 안정적인 관계를 실질적으로 갖고 있지 못한 존재로서, 따라서 자기 자신 안에 머물러 있지 못하는 존재로서 고찰한다. 이러한 문화철학의 인간관은 이미 플라톤의 대화편에 나오는 프로타고라스가 이미 제안하였고 이어서 헤르더가 발전시켰던 인간생각과 일치한다. 여기서 인간은 자연적으로 "벌거숭이로 단순하게, 약하고 결핍되어 있고, 소심하고 무장되어 있지 않은"[63] 존재이나 동시에 헤르더가 말한 것처럼 바로 이러한 "균열과 결핍" 때문에 자신의 자연적인 근본상황을 넘어서는 가능조건을 발견하는 존재이기도 하다. 결코 과장됨 없이 다음과 같이 말할 수 있다. 자연적 태도가 인간을 문화로 향하게 하는 것이 아니다. 왜냐하면

---

[63] Johann Gottfried Herder, "Abhandlung über den Ursprung der Sprache." in: *Werke*, 같은 책, Bd.5, 1~158쪽, 여기서는 26쪽. 인용된 구절은 『프로타고라스(*Protagoras*)』 320d~322d를 암시하고 있다.

인간은 결코 자연적 태도란 것을 갖고 있지 않기 때문이다. 그 반대로 인간의 '자연성 Natürlichkeit'은 광범위하게 진행된 돌이킬 수 없는 '인위성 Künstlichkeit'의 지평에서 이루어진 자기 상상의 결과물이다. 루소는 근대 초기에 이미 이러한 점을 명확히 파악했다.

문화의 역사는 회고적 관점에서야 비로소 인간의 역사로서 이야기될 수 있을 것이다. 인간은 자신의 세계를 창조함으로써 동시에 자기 자신을 창조한다. 인간의 무규정성 Unbestimmtheit이 그의 규정성 Bestimmtheit이 된다. 이것은 이미 루소나 헤르더에게서 복합적으로 논의된 바 있듯이 부정성이 긍정성으로, 존재가 행위로, 수용성이 생산성으로 전환되는 중요한 측면이다. 인간은 직립하여 걷는 존재[64]로서, 자신을 외화시켜 수많은 현실을 창조하는 존재로서 나타난다. 그리고 인간은 자신이 만든 것과 자신과 다른 것을 고려하면서, 이렇게 객관화된 것을 고려하면서 자신의 정체성을 만들어낸다. 인간이 만든 것이 독립적인 것이 되는 경향 속에서 알 수 있는 사실은, 인간이 만든 세계, 즉 문화세계가 인간에게 고향으로 존재하여 친숙함을 선사할 수도 있고 아니면 인간에게 낯선 것이 되어 불만을 야기할 수도 있다는 점이다.

이탈리아의 철학자 비코는 모호하게 보이는 이러한 연관관계

---

64 이러한 토포스에, 그리고 18세기에 과학과 형이상학 사이에, 자연중심주의와 인간중심주의 사이에 벌어진 부분적으로 놀랍게도 현실적인 인상을 주는 논쟁은 Kurt Bayertz, "Glanz und Elend des aufrechten Ganges. Eine anthropologische Kontroverse des 18. Jahrhunderts und ihre ethischen Implikationen", in: *Jahrbuch für Recht und Ethik* 8, 2000, 345~369쪽 참조. 고생물학적 시각은 André Leroi-Gourhan, *Hand und Wort. Die Evolution von Technik, Sprache und Kunst*, Frankfurt/M. 1980, 35쪽 이하 참조.

를 명확히 드러냈던 최초의 사람이었다. 비코는 1725년에 '새로운 것'으로 예고한 자신의 강령적인 중요 저작에서 방향을 제시하는 원리를 도입했다. "인간이 세계를 창조했기 때문에"[65] (이 근거는 매우 중요하다) 세계를 인식할 수 있을 것이라는 원리가 그것이다. 여기서 비코가 말하는 세계는 인간이 만든 세계이다. 이 세계는 민족세계, 또는 문화를 뜻한다. 비코가 제시하려고 했던 새로운 것은 바로 인간세계로서의 세계로 시야를 전환하는 것이다. 『새로운 학문scienza nouva』은 이러한 전환에 용기를 심어 주었던 것이다.

여기서 유념할 것은, '새로운 학문'이라는 제목은 그 당시 아주 친숙한 것이었으며 유례없는 자부심을 갖게 된 과학적 지식과 자연인식의 요구를 강력하게 강조하고 있었다는 점이다.[66] 비코는 자신의 저술을 통해 이와 같은 자연 인식에의 명령에 응답했다. 그가 '새로운 학문'으로 제목을 단 것은 인용인 동시에 이미 항변인 것이다. 『새로운 학문』은 앞선 세대가 시작한 새로운 방향의 철학적 지식을 교정하는 데 자극제 역할을 하고자 한다. 이 철학적 지식은 비코도 아주 빈번하게 거론했었던 베이컨이 시작한 것

---

65 Vico, *Prinzipien einer Neuen Wissenschaft,* 같은 책, 143쪽, cap.331. 나는 앞으로 이 판본을 따라서 capoversi를 기입하면서 인용한다. 이 판본은 먼저 두 개의 판본(1725/1730)뿐만 아니라 사후 출간된 세 번째 판본(1744)을 포함하고 있다.

66 Karl Löwith, "Vicos Grundsatz: verum et factum convertuntur." in: ders., *Sämtlichen Schriften,* Bd.9, Stuttgart 1990, 195~227쪽, 여기서는 196쪽 이하 참조. 또한 Jens Heise, "Topik und Kritik bei Vico — Materialien zur Kulturphilosophie", in: *Allgemeine Zeitschrift für Philosophie* 27 Heft1, 2002, 41~48쪽 참조.

으로서 책과 전승된 세계로부터 등을 돌리고 오로지 직접적으로 자연세계mondo naturale에만 관심을 갖는다. 베이컨의 『신기관Novum organum』이 표현하고 있는 바와 같이 과학의 에토스는 전통과 다르게 아니 더 나아가 전통과 반대로 '사물 자체'에 익숙하기를 원하고, 모든 선입견과 "인간영혼이 꾸며낸 모든 것"을 제거하려 한다.[67] 베이컨에 따르면 전승된 과학의 명제도 이러한 제거대상에 해당된다. 이 명제는 "전통, 경솔한 믿음, 소홀함에 의해서 타당성을 획득"[68]했기 때문이다.

이러한 입장에서는 민족세계로의 통로가 획득될 수 없음을 쉽게 알 수 있다. 베이컨은 인간의 인식도구를 오류의 원천으로 간주한다. 인간의 인식도구가 "자연과 경험의 빛" 속에서 방법론적으로 교정될 때야 비로소 "사물의 내적 진리"를 통찰할 수 있는 길이 열린다는 것이다.[69] 베이컨도 놀라듯이 인간은 '우상들'에 유혹되어 아주 오랫동안 그러한 통찰을 스스로 차단하고 있었다. 한 마디로 『신기관』은 문화적 존재가 아니라 시간을 초월해 있는 합리적 수단[70]에 권능을 부여하려 했다. 그리고 이 합리적 수단은

---

67 Bacon, *Neues Organon*, 같은 책, Bd.1, 99쪽(Ⅰ,56)과 115쪽(Ⅰ,51).

68 앞의 책, 105쪽(Ⅰ,44).

69 앞의 책, 119쪽(Ⅰ,56)과 131쪽(Ⅰ,63).

70 그렇기 때문에 베이컨은 인간 주체의 잠재력을 찬양하지 않는다. 그 대신에 그는 기술적인 귀납추론의 과정을 신뢰하고 있다. 이 패러다임은 결코 콤파스, 책인쇄, 화약과 같은 새로운 혁신에만 국한되지 않는다. "왜냐하면 단순하게 손으로 직선을 그리거나 완전한 원을 그리는 데는 많은 민첩성과 연습이 필요하나, 자와 콤파스가 거기에 사용될 경우에는 민첩성과 연습이 별로 필요 없거나 전혀 필요 없기 때문이다. 나의 방법이 지닌 상황은 이와 유사하다(같은 책, 127쪽(Ⅰ,61))."

바로 세계의 지배를 위해서 주어진 것이다.

세밀히 관찰해 보면, 비코의 항변은 이중의 의도를 갖고 있음을 알 수 있다. 그리고 나중에 이러한 사유노선의 수정(이것은 비코의 정신적 작업 자체를 의미했다)을 받아들이는 문화철학이 왜 철학적 도전으로서 간주될 수 있었는지도 알 수 있다. 이미 스토아는 물론이고 심지어 베이컨마저도 지배할 수 있는 것과 지배할 수 없는 것을 혼합하는 것, 다시 말해 인간적인 것과 신적인 것을 혼합하는 것을 경고했었다.[71] 이제 비코도 신의 창조물이기 때문에 인간에 의해 인식될 수 없는 자연이라는 대상에서 문화라는 대상으로 철학적 인식의 관심을 전환하려고 한다. 문화는 인간이 만들었기 때문에 인간은 이 문화를 알 수 있고 문화의 지식을 쌓을 수 있다는 것이다.

이때 비코가 중요하게 생각하는 것은 인식대상의 영역뿐만이 아니라 근대과학이 파괴했던 연관관계의 복원이다. 근대과학은 전통적인 권위와 날카롭게 대립했고 새로운 시작과 '감각적 확실성'(갈릴레이)[72]을 격정적으로 강조했다. 또한 근대과학은 그리스와 기독교의 고대antiquitas 정전Kanon이 이제 모범적 역할을 영원히 상실했다고 설명했다. 해방된 근대라는 자부심은 베이컨에서 갈

---

71 같은 책, 135쪽(Ⅰ,65) 참조. 에픽테토스는 이미 자신의 『편람(Encheiridion)』의 첫 문장에서부터 이러한 구별을 도입한다. 그것은 윤리형성 과정의 차원을 요약 기술하고 그 성과요구의 영역을 제한하기 위해서이다. "우리는 한 영역은 지배할 수 있지만 다른 영역은 지배할 수 없다."(Die Ausgabe von Kurt Steinmann, Stuttgart 1992, 5쪽 참조).

72 Galileo Galilei, "Astronomische Mitteilung", in: Kritik des Sehens, hg. v. Ralf Konersmann, 2.Aufl., Leipzig 1999, 116~130쪽, 여기서는 116쪽 참조.

릴레이_{Galileo Galilei}[73]*와 데카르트를 거쳐 홉스_{Thomas Hobbes}와 말브랑슈_{Nicolas de Malebranche}[74]*에 이르는 초기 계몽주의 주역을 통합시켰다. 이 해방된 근대는 지식획득의 고유수단을 자유자재로 다룬다. 그리고 이 수단의 탁월성은 전승된 세계상으로부터 이별할 것을 강요했고 이제부터 근대의 새롭고도 진정한 시작을 허락했던 것이다.

이와 같은 자기 긍정적 시대진단은 널리 확산되어 있었지만, 비코는 이러한 내용의 시대진단에 맞서 있다. 근대가 아주 단호한 결단 속에서 전통과의 단절을 주장할 때 그는 문화개념에 뿌리를 두면서 역사시대의 재통합을 시도한다. 이러한 시도는 얼마 후 헤르더가 수용하게 되고 또한 이미 언급한 바부르크 서클을 고무시키게 된다. 바부르크는 자신의 모토처럼 "현대 안에서 고대 삶의 흔적"을 탐구하게 된다.[75] 인류발전의 모든 단계를 포괄

---

73 *(옮긴이주) 갈릴레이(1564~1642): 이탈리아의 과학자. 그의 가장 중요한 업적 중 하나는 역학을 과학의 차원으로 승격시킨 것이다. 그는 처음으로 힘을 역학적 양으로서 도입했다. 그는 낙하법칙, 물체의 평형과 경사면에서의 운동, 포물체 운동 등을 연구했고, 나중에 뉴턴이 기술할 운동법칙의 지식을 선취했다. 그는 물리학의 문제에 수학적인 해석방법을 적용했고 그 동안 따로 분리되어 있었던 수학과 물리학이 통합될 것이라는 점을 파악한 첫 번째의 사람이었다. 그의 저술로는 『두 개의 신과학의 수학적 논증과 증명』 등이 있다.

74 *(옮긴이주) 말브랑슈(1638~1715): 프랑스의 철학자, 수도사. 그의 주요 관심은 신앙의 진리와 이성적 진리를 조화시키는 문제였다. 이 목적을 위해 아우구스티누스의 신학과 데카르트의 철학을 결합시켰고 데카르트적 이원론에서 생기는 난제를 해결하기 위해 기회원인론을 제창하였다. 두 개의 실체로 명백히 구분되는 정신과 물체 사이에 인식이 가능하기 위해서는 매개자가 필요한데, 그 매개자가 관념이라고 한다. 그는 참된 인식은 신의 이성의 도움으로, 신 안에 있는 '관념'을 통해서만 얻을 수 있다고 주장했다. 그의 저술로는 『진리의 탐구』, 『자연과 은혜에 관하여』, 『형이상학과 종교대화』 등이 있다.

75 Ernst Gombrich, *Aby Warburg. Eine intellektuelle Biographie*, Frankfurt/M. 1984, 44쪽.

하면서 시대의 지속성을 보장하는 개념은 이미 거론된 비코의 '원리' 장에서 제안되어 개진되었다. 그것은 '변형Modifikation'이라는 개념이다. 인간이 성사시켰던 것이건 어느 시점에서 일어났던 것이건 간에, 모든 것은 "우리 인간의 고유한 정신변형 안에서"[76] 일어난다고 비코는 자신의 독자를 향해 확신 있게 말하고 있다. 비코는 이러한 원리(이 원리는 나중에 독일에서는 헤르더에 의해, 프랑스에서는 스탤 부인Mme de Stael[77]*이 수용하였다[78])를 따랐기 때문에 인류의 발전을 시간상 일관된 맥락의 발전으로 간결하게 열거할 수 있었다.[79] 이에 따르면 먼저 숲이, 그러고 나서 오두막이, 그러고 나서 마을이, 나중에는 도시가, 끝으로 대학이 존재했다는 것이다.

외면적으로 보이는 첫 인상과는 달리 이러한 관찰방식으로부터 진정한 의미에서의 역사철학이 태어나지는 않았다(역사철학이란 말은 대략 100년 이후 헤겔과 그의 제자들이 발전시켰다). 왜냐하면

---

76 Vico, *Prinzipien einer Neuen Wissenschaft,* 같은 책, 142쪽 이하, cap.331.

77 *(옮긴이주) 스탤 부인(Anne Louise Germaine de Stael, 1766~1817): 프랑스의 작가. 『독일론』 등의 작품이 있다.

78 스티얼레(Karlheinz Stierle)는 스탤 부인의 『사회적 관습과 관련해서 고찰된 문학에 관하여(De la littérature considérée dans ses rapports avec les institutions sociales)』(1800)로부터 다음과 같은 지속성의 표현을 인용한다. "인간정신의 정신적인 행보는 중단되지 않았다"(Karlheinz Stierle, "Renaissance. Die Entstehung eines Epochenbegriffs aus dem Geist des 19. Jahrhunderts." in: *Epochenschwelle und Epochenbewußtsein,* hg. v. Reinhart Herzog u. Reinhart Koselleck, München 1987, 453~492쪽, 여기서는 463쪽). 비코에서 비롯된 지각의 변화는 이로써 인정되었다. 말하자면 계속해 지속되어 나가는 순간에도 계몽주의는 스스로가 기획한 낡은 것과 새로운 것의 대립으로부터 성장했던 배타의식을 포기하고 자기 자신을 역사적으로 개념화하는 것을 배움으로써 문화발전의 과정에 동참하게 된다.

79 Vico, *Prinzipien einer Neuen Wissenschaft,* 같은 책, 116쪽, cap.239 참조.

비코에게는 무엇보다도 역사 과정 내의 진보라는 생각이 없었기 때문이다. 그는 역사적 인식에 지위를 부여했고 역사인식이 자연과학에 필적할 만한 것이 되도록 만들었다. 그러나 그는 자기 삶의 조건을 고려하면서 행위하는 인간활동과 의식적 실천이 역사과정의 근거라고 생각하지 않는다. 그 반대로 역사를 만드는 자는 인간이 아니라고 그는 확신한다. 그는 다음과 같이 말한다. 모든 경험에 따르면 이 세계는 "인간 스스로가 제정한 특수한 목적에 대체로는 상이하게 가끔은 완전히 대립해 있고 이러한 목적에 비해서는 언제나 탁월하게 존재"[80]하는 어떤 정신Geist으로부터 발원한다고 한다. 이와 같은 회의는 인간실천의 한계를 고려하고 있다. 이미 셰익스피어는 자신의 『햄릿Hamlet』에서 이러한 회의를 표현한 바 있는데,[81] 이 회의는 나중에 등장하게 될 역사철학의 강조점과 양립할 수 없을뿐더러 역사철학이 만든 '역사의 주체'라는 요구와도 양립할 수 없다. 비코의 민족세계는 결코 지배가능한 세계의 총체로서 간주되어서는 안 된다. 그의 민족세계는 생기生起무대를 가리키고 있다. 이 생기는 언제나 행위자의 지향성으로부터 벗어나 있다. 미래의 문화철학자들이 강조하게 되는 것처럼

---

80 앞의 책, 606쪽, cap.1108.

81 배우—왕이 『햄릿』(Ⅲ,2)에서 말한 것, 즉 "의지와 운명은 항상 갈등 속에 있다./ 우리가 생각해 낸 것은 우연의 놀이이다./ 단지 계획만이 우리의 것이지, 목표는 우리의 것이 아니다"를 어느 누구도 그 당시의 인생무상을 표현하는 말로 경시하지 않을 것이다. 햄릿은 이러한 동기를 호레이쇼(Haratio)와의 대화 속에서 다시 한번 받아들인다. "(...) 그리고 그것은 우리를 가르친다./ 하나의 신성이 우리의 목적을 형성시키는 것을,/ 우리가 목적을 고안하는 것처럼"(V,2; Übers. A. W. Schlegel).

이 생기는 무의식적으로 실행되는 것이다. 자주 인용되는 짐멜의 말에 따르면, "어떤 수직공手織工, Weber도 자신이 짜는 것을 알지 못한다."[82]

우리가 앞으로 살펴보게 되겠지만 '역사'와 '문화'라는 이 두 개의 개념은 『새로운 학문』이 제기한 문제, 다시 말해 무엇이 인간 운명의 발전과정 전체에 방향을 제시하고 형태를 부여하는지 하는 문제(비록 체계상으로는 다양한 결론으로 나타날지라도)에 대답하고 있다. 이 대답은 이미 오래 전부터 존재하는 것이고 정확히 말하면 언제나 자명한 것이기 때문에 그 대답을 위해 어떤 과장된 표현도 필요치 않다고 비코는 보고 있다. 비코가 몇 번이고 강조한 바와 같이, 인간의욕과 추구에 방향을 제시하는 것, 말하자면 유한한 우연적 세계의 확고한 기반이 되는 것은 절대적인 신의 섭리이다. 이러한 사정을 감안할 때, 『새로운 학문』이 기존의 생각을 비판적으로 보완하는 관점에서 설정한 다음과 같은 기본원칙과

---

[82] Georg Simmel, "Der Begriff und die Tragödie der Kultur." in: *Kulturphilosophie*, 25~57 쪽, 여기서는 49쪽. 마찬가지로 그의 "Die Probleme der Geschichtsphilosophie." in: *Gesammtausgabe*, hg. v. Otthein Rammstedt, Frankfurt/M. 1989ff. Bd.2, 279~421쪽, 여기서는 316쪽. 또한 Cassirer, *Zur Metaphysik der symbolischen Formen*, 같은 책, 125쪽 참조. 여기에는 다음과 같이 씌어 있다. "작품은 고유한 (...) 형식을 갖고 있다. 이 형식은 지속적으로 고수된다. 그리고 이것이 그 작품의 영원성이다. 작품은 이러한 형식을 통해 창조적인 개인이 (...) 전혀 알 수 없는 방식 속에서 지속적으로 영향을 미치게 된다. 이러한 의미에서 '어떤 수직공도 자신이 짜는 것을 알지 못한다'란 말은 타당하다." 이 맥락은 Klaus Lichtblau, "Das Verstehen des Verstehens. Georg Simmel und die Tradition einer hermeneutischen Kultur- und Sozialwissenschaft", in: *'Wirklichkeit' im Deutungsprozeß. Verstehen und Methoden in den Kultur- und Sozialwissenschaften*, hg. v. Thomas Jung u. Stefan Müller-Doohm, Frankfurt/M. 1993, 27~56쪽, 특히 34쪽 이하 참조.

과제가 이해될 수 있을 것이다. "민족을 세계에 등장시켰고 스스로를 보존할 수 있게 만들었던" "공공의 도덕적인 관계"와 "정치적인 관습"[83] 속에서 신의 활동을 증명하려는 것이 그것이다. 『새로운 학문』은 헤르더와 계몽주의 이후 헤겔의 시대에 이르기까지의 다른 체계적인 많은 철학적 사유의 기획처럼 하나의 변신론 Theodizee으로 이해된다. 다시 말해 『새로운 학문』은 변신론이란 말이 말하는 바와 같이 "신의 섭리의 합리적인 정치신학"[84]으로 이해된다.

비코는 이와 같이 말하면서 바로 처음부터 인류 전체의 발전이라는 관점에서 자신의 생각을 제시했다. 비코의 책은 이러한 발전의 최초 출발점을 회고적으로 발굴하는 것은 물론 많은 노력을 기울여 이것을 묘사하고 있다. 이 서술은 노아의 후손으로 거슬러 올라간다. 어느 날 악천후가 메마른 땅위를 휩쓸고 지나가고 최초의 번개가 실존의 조야함으로 인해 거인으로 성장했지만 이리저리 방황하고 있는 인간을 깜짝 놀라게 할 때까지, 노아의 후손은 거칠고 부도덕한 생활을 했다는 것이다. 그들은 하늘을 쳐다보면서 자신의 방식에 따라 외부상황을 추론하고 천계天界현상의 원인을 추측하고 하늘을 하나의 살아 있는 몸으로서 생각했다. 그리고 그들은 이것을 제우스라고 했다. 이 제우스는 신 중에서 최고의 신으로서 이러한 매우 혼란스러운 순간에 번개와 천둥

---

83 Vico, *Prinzipien einer Neuen Wissenschaft*, 같은 책, 7쪽, cap.5.
84 앞의 책, 4쪽, cap.2 참조.

을 통해 그들에게 이야기했던 것이다.[85]

비코는 이 극적인 사건을 근원적인 각성행위가 나타나는 순간으로서 생생하게 표현하고 있다. 그리고 더 나아가 문화생성에서 핵심적인 사건으로 그려내고 있다. 이와 같이 비코는 문화를 '번개처럼' 획득된 통찰의 전통과 연관짓는다. 다시 말해 문화는 사실Faktizität('번개'라는 감각자료)과 의미Sinn(이 감각자료가 지닌 의미)가 구분됨으로써 생겨난다는 것이다. 비코의 근원 이야기에 따르면 사실상 번개가 치는 순간 예컨대 목소리와 천둥, 인간성과 신성, 자연적 사건과 신의 언어, 언어성과 종교성과 같은 많은 유비추리有比推理가 탄생한다는 것이다. 이로써 인간은 놀라 갑자기 둔감한 실존에서 벗어나게 되고 또한 신이 창조한 자신의 피조물적인 지위를 주변세계 안에서 순식간에 알 게 된다.[86] 세계는 조야한 실존의 부장품에 불과했었으나 이제부터는 유의미성의 집합체가 된다.

이렇게 새롭게 정립된 세계관계의 숨겨진 법칙은 인간화Anthropomorphismus의 결과로서 이와 같이 특징적인 한 순간에 의식되어 갑자기 뚜렷한 모습을 띠게 된다. 번개의 '빛'을 본 목격자들은

---

85 앞의 책, 173쪽 이하, cap.377 참조. 또한 174쪽 이하, cap.5 참조
86 번개가 이러한 갑작스러운 이행을 이해하기 위한 중요한 은유임이 명백하다. 플레스너 (Helmuth Plessner)도 이것을 활용한다고 할 수 있다. 그는 의식화의 과정을 기술하면서 다음과 같이 설명한다. 사람들은 "결코 육체적인 것으로부터는 진정 정신적인 것을 도출할 수 없고 정신적인 것의 생성을 파악할 수 없다. 여기에 바로 완전히 새로운 것, 즉 정신적인 본질이 추가적으로 나타난다. 이러한 정신적 본질은 말하자면 마치 번개처럼 여기서 갑자기 등장한다"(*Elemente der Metaphysik. Eine Vorlesung aus dem Wintersemester 1931/32*, hg. v. Hans-Ulrich Lessing, Berlin 2002, 182쪽).

자신들과 유사한 것을 이 현상의 원인으로 인식했기 때문에 이러한 세계는 명확히 이해하자면 인간적이다. 하지만 이러한 새로움의 진정한 특징은 다음과 같은 사실을 인식할 수 있도록 한 데 있다. 인간세계에서 사물이 갖고 있는 언어, 자기의식, 의미 등은 갑작스런 놀라움의 순간에 생겨난다는 사실이 그것이다. 비코의 이야기에 따르면, 놀라움에 신적인 근원이 있고 신적인 근원의 본질은 인간과 유사하며 그렇기 때문에 어느 정도는 인간에게 친숙한 것이라고 가정될 때에만, 그 놀라움은 극복된다는 것이다. 인간은 자신을 작은 신으로[87] 생각했다. 또 이들은 자신의 최초의 신을 자신 중 다른 한 사람으로 생각했다. 비코는 이러한 논의를 통해 예전부터 존재했던 생각을 수용하고 있다.

비코는 적어도 이단적으로 생각하거나 종교 비판적으로 생각하지 않는다. 비코는 현실세계와 초월세계의 구분을 없애는 일도 전혀 생각하지 않는다. 하지만 비코의 경우에는 관계의 놀이와 상징형성의 실용주의가 있고 그리고 이러한 것의 실천 속에서 인간적인 것이 드러나게 된다. 그의 신화는 번개가 갑자기 번뜩이는 순간을 이야기한다. 이 순간에 세계는 유의미성을 획득하고 현실의 객체는 신적인 기호언어의 양식에서 드러난다. 세계는 은

---

[87] 이와 같이 뢰비트는 비코가 '만듦'과 '만들었음'을 격정적으로 구분함으로써 복제된 인간상의 플라톤—기독교적인 생각을 수용하고 있다고 강조한다. 인간상은 신적인 생산성을 모방하는 가운데 현실화된다고 한다. Löwith, Vicos Grundsatz, 같은 책, 200쪽과 218쪽 이하 참조. 또한 Vinzenz Rüfner, "Homo secundus Deus. Eine geistgeschichtliche Studie zum menschlichen Schöpfertum." in: *Philosophisches Jahrbuch* 63, 1955, 248~291 쪽. 비코에 관해서는 같은 책, 275쪽 이하 참조.

유적으로 되는 것이다. 인간은 이 세계의 거주자로서 천둥과 번개를 통해 자기 자신을 의식하게 된다. 이 때 인간은 은유를 만들고 상징을 만들며 기호를 해석하는 동물로서 자기 자신을 인식하게 된다. 그리고 사물은 단번에 모습을 띠게 된다. 소리는 음성과 음향이 되고 희미한 윤곽은 그림자와 형상이 된다. 객체의 세계는 자기 자신을 넘어서 무엇인가를 의미하기 시작했고, 이로써 이전과 다른 어떤 것을 생각하고 해석하게 만든다.

비코는 세계를 이해하도록 만든 이와 같은 첫 번째 자극으로부터 언어가 생겨났고 또 마찬가지로 시간이 생겨났다고 보고 있다. 그가 덧붙여 말한 것처럼, 시간은 총체적으로 볼 때 순환의 형태를 띠면서 진행되어 간다. 우선 민족의 본성은 거칠고, 그리고 나서 냉혹하고, 그러고 나서 온화하고, 나중에는 여리고, 결국에는 무절제해진다고 그는 말한다.[88] 발전과정은 '감각의 야만'에서 시작해서 마침내 '반성의 야만'으로 끝난다.[89] 인간이 우선 숲을 개간하고 정주할 곳을 만드는 것과 같은 이러한 매우 상징적인 행위 속에서 자연을 문화로 대체하고 극복하지만, 끝에 가서는 도시는 "아주 격렬한 당파투쟁과 절망적인 내전"[90]에 휩싸이게 되고, 결국은 다시 숲으로 전환된다는 것이다. 비코는 마치 같은 이탈리아 사람인 피라네시 Giovanni Battista Piranesi[91]*의 풍경화를 눈앞

---

88 Vico, *Prinzipien einer Neuen Wissenschaft*, 같은 책, 117쪽, cap.242.
89 같은 책, 604쪽, cap.1106.
90 같은 책, 605쪽, cap.1106.
91 *(옮긴이주) 피라네시(1720~1778): 이탈리아의 판화가, 건축가, 고고학자. 그는 고대

에 두고 보고 있는 것처럼 상승과 하강의 장대한 원호형 아치를 기술하고 있다. 이 철학자의 직관은 피라네시에게 실제로 친숙한 것이었다.[92] 결론적으로 말한다면, 인간제도의 몰락을 저지할 수 있는 유일한 것은 신의 섭리이다. 비코는 신의 섭리를 찬양하면서 자신의 서술을 엄숙하게 끝맺고 있다. 사실상『새로운 학문』은 진지한 숙고의 작품이다.『새로운 학문』은 스스로의 힘으로 발전해 왔던 문명이 몰락에 임박해 있음을 파악하고, 인간에게 자신의 본질적 욕구와 진정한 삶의 토대에 대해 회상하게 하려고 한다. 이를 통해 인간들이 "민족의 첫 번째 세계에서 나타났던 최초의 단순함"[93]으로 적시에 되돌아갈 수 있도록 한다는 것이다. 이것이 항상 이 책의 의도이자 희망이었을 것이다.

로마의 유적에 정열을 쏟아 명암을 대비시킨 극적인 효과를 동판에 새겼고, 자유분방한 구상력에 따른 건축물은 신비한 몽환적인 세계를 재현하였다. 그의 작품은 고대 로마예술로의 단순한 복귀가 아니라 독창적인 상상력에 의한 풍부한 해석에 기초를 두고 있다. 그는 유럽 신고전주의의 건축과 장식예술, 그리고 낭만주의문학에까지도 깊은 영향을 미쳤다. 그의 작품으로는『카르체리』,『로마의 경관』등이 있다.

92 이것을 더 알려면 Norbert Miller, *Archäologie des Traums. Versuch über Giovanni Battista Piranesi*, München/Wien 1978, 68쪽 이하와 413쪽 이하 참조.

93 Vico, *Prinzipien einer Neuen Wissenschaft*, 같은 책, 605쪽, cap.1106.

:: 제2장 루소와 인간의 자기 창조

　인간의 보편적 조건conditio humana을 앎의 중심에 놓는 것과 같은 이러한 비코의 근본적인 성과는 자주 그리고 정당하게 평가되었다. 세계 안에서 신의 활동을 증명하려는 노력은 인간의 사안을 지시관계와 유의미성 속에서 보려는 관심을 불러일으켰다. 바로 "민족이 세계에 등장하고 스스로를 보존할 때 토대가 되었던 도덕적 관습"에 대한 관심이 생겨났던 것이다. 그렇기 때문에 나중에 칸트[94]는 물론 카시러가 문화학Kulturwissenschaft의 논리계획 속에서 이 이탈리아 사상가를 논의하고 이 사상가가 강화한 인간지혜sapientia humana의 해방에 주목한 것은 우연이 아니다.[95] 비코는 자연적으로 주어진 것으로부터 인간이 창조한 것으로 관심을 전환시켰는데, 이것은 세계의 인간화과정에 주목하게 만들었고 이 과정을 재평가했다. 이뿐만 아니라 그는 인간이 현실의 모습과 현실

---

[94] Kant am 1. Juli 1794 an Jacob Sigismund Beck, in: *Akademie-Ausgabe,* 같은 책, Bd.11, 514~516쪽, 여기서는 515쪽 참조: "우리는 우리 스스로가 만들 수 있는 것만을 이해할 수 있고 다른 사람에게 전달할 수 있다." 물론 이 선험철학자는 "이것저것을 표상하면서 어떤 것을 직관할 수 있는 방법이 모두에게 동일하게 주어져 있다는 사실이 전제된다면"을 덧붙이고 있다.

[95] Ernst Cassirer, "Der Gegenstand der Kulturwissenschaften." in: ders., *Zur Logik der Kulturwissenschaften,* 같은 책, 1~34쪽, 여기서는 9쪽 참조. 또한 Johann Kreuzer, "Ästhetik der Kultur: Vicos Neue Wissenschaft." in: *Komparative Ästhetik. Künste und ästhetische Erfahrungen zwischen Asien und Europa,* hg. v. Rolf Elberfeld u. Günter Wohlfart, Köln 2000, 339~356쪽 참조.

의 진리에 어느 정도까지 관여할 수 있는지 하는 물음에 최초로 길을 열어 주었다.

비코의 이러한 관심의 방향전환은 완전히 근대적인 것이라고 할 수 있다(그는 가끔 다른 평가도 있었지만 대체로 '반계몽주의자'로 간주되었다). 세계의 의미구조는 세계의 어떤 절대적인 근원으로부터 유래한다는 생각이 더 이상 받아들여지지 않게 되었다. 이제 세계의 의미구조는 오직 인간이 자신의 삶을 영위하기 위해 스스로 만든 기획들·추측들·기대들로부터만 생겨난다고 여겨지게 되었다. 세계의 인간화란 표현은 다름이 아니라 바로 이러한 행위와 노력의 종합을 가리킨다. 물론 우리는 비코가 자신의 고유한 사상을 위해 이중의 시대착오를 범할 수밖에 없었다는 점을 알아야만 할 것이다. 한편으로 그는 자연과학의 새로운 힘과 근대로의 큰 흐름 속에서 나타난 과거시대와의 단절을 아무런 말없이 무시하고 있다. 그리고 다른 한편으로 확고하게 복원Restitution을 기대하면서 이전상태Status quo ante를 다시 회복하겠다는 생각을 고수하고 있다. 비코의 근본적인 태도는 매우 '신앙심이 깊은 학문' (뢰비트)에서 생겨난 것이다. 다시 말해 그의 태도는 대략 100년 전의 베이컨처럼 새로운 목표를 향해 떠나는 노력에서 생겨난 것도 아니고, 그 얼마 후 루소의 경우처럼 새로운 사회적·정치적 질서를 요구하는 비판의 자세에서 생겨난 것도 아니다.

사람들은 비코와 루소가 거의 동시대를 살았음이 명백함에도 불구하고 이들을 동시대인으로 간주하는 것에 주저한다. 비코가 유럽의 주변부에 있는 까다로운 학자유형을 대표했다면, 루소는 중심부에서 활동했으며 학문과 예술논문(이것은 대략 50쪽이 넘지 않는 그의 첫 번째 저술이다)을 통해 프랑스 언어권을 넘어서도 널리 알려진 유명한 인물이었다.[96] 비코는 매우 서서히 수용되었고 또 수용되었다 해도 항상 산발적이고 일면적인 모습을 띠었던 반면에, 루소는 오늘날까지 그의 시대와 더불어 유럽의 정신사에 가장 많은 영향을 미치고 가장 많은 논란을 일으킨(많은 영향을 미친 경우에는 논란의 여지도 많다) 위대한 사상가 중 하나로 꼽힌다.

그는 대개 1750~1780년에 출간된 일련의 놀라운 에세이와 논문을 통해 스스로에게 저항의 화신의 역할을 부여했다. 이 점이 이 스위스의 지성이 모호한 외관을 갖게 된 것에 한몫하고 있다. 루소는 저항을 회피하지 않고 오히려 저항을 추구하는 지성 형식을 최초로 실현했던 유럽 사상가라고 할 수 있다. 루소 시대의 합리주의적으로 생각하는 사상가들은 사실을 확인하고 일관되게 논증하는 것을 원했다. 그러나 그 대신에 루소는 불합리와의 외설스런 유희를 추구했다. 여하튼 그들에게는 루소가 그렇게 보였을 것이다. 당시에 이미 루소의 독자들은 왜 루소가 이와 같은 의심을 받게 되는지의 이유를 알고 있었고 오늘날에도 알고

---

96 Jean—Jacques Rousseau, *Abhandlung {über die Frage}, ob die Wiederherstellung der Wissenschaften und Künste etwas zur Läuterung der Sitten beygetragen hat?* Hg. v. Ralf Konermann u. Gesine Märtens, St. Ingbert 1997 참조. 이 텍스트는 티츠(Johann Daniel Tietz)가 번역하여 이미 1752년 라이프니츠에서 출간된 최초의 독일어 번역본이다. 그 영향은 *Rousseau in Deuschland. Neue Beiträge zur Erfassung seiner Rezeption*, hg. v. Herbert Jaumann, Berlin/New York 1995 참조.

있다. 예를 들어 루소는 베스트셀러 작가이자 소설가였지만 동시에 자신의 독자들에게 소설 읽기의 위험성을 경고했던 사람이다. 그는 영향력 있는 교육자였지만 자신의 친자식들이 교육받는 것을 허락하지 않았던 점은 별로 괴로워하지 않았다. 이것은 너무나도 풍부한 그의 감수성을 고려해 볼 때 놀라운 일이다. 그리고 또 그는 사상가이자 격정적인 문화비판가였지만 자신이 철학자로 불리는 것을 거부했다.

　루소는 패러독스의 대가로서 노여움의 대상이 되었다. 그의 철학이 자극적이고 과격하다는 사실은 그의 철학 중에서 적지 않은 것들이 오늘날까지도 선동적이라는 점에서 알 수 있다. 두 개의 반응방식이 특히 눈에 띈다. 하나의 방식은 '루소주의'라는 경멸적인 말을 도입(이 구호는 19세기 말의 세기말적Fin-de-siècle 분위기의 공격으로서 생겨났다)함으로써 이 사상가를 무시해도 좋다는 분위기를 만들었고 이러한 경향은 지속적인 영향력을 행사했다. 따라서 루소를 진지하게 다루는 일은 거의 19세기 내내 수십 년 동안 거부되었다. 다른 방식은 특히 전문적인 철학자들에 의해서 일어났는데, 이제 '문제Problem'를 말하기 시작했고 이 '문제'란 말이 지닌 진정한 의미에 가치를 두게 되었다. 루소는 문제가 되었고 말하자면 그는 특히 철학문제가 되었던 것이다.

　이 때 의미하는 것이 특수한 물음을 제기하는 것과 같은 종류의 것은 아니다. 그것은 루소에 의해 창안되고 체화된 지성적 입장이 지닌 징후의 전체적 연관과 복합적인 선동의 잠재력을 말한다. 루소라는 문제는 그의 저술들이 아무 거리낌 없이 담론의 한계를 넘어서고, 그가 사람들이 옷을 갈아입듯이 자신의 개념과 공식을 재빨리 표피적·임의적으로 바꾸고, 주저 없이 사유를 감정과 연관시키고, 이성과 도덕을 쉽게 섞고, 투명성의 선동자임에도 불구하고 주저 없이 가장과 은폐의 수단을 사용하며, 개인의 자유를 간절히 원하지만 동시에 개인을 덕의 독재에 종속시키는 데 있다. 한 마디로 루소라는 문제는 그가 혼란스러운 테제와 이론을 주창했다는 데 있다. 그렇다고 이러한 점이 그가 대중적으로 성공하는 데 별다른 지장을 주지는 않았다. 오히려 그 반대 상황이 공공연하게 일어났다. 독자들이 이 격정적인 사람의 거친 사유에 열광했고, 그것은 그의 고의적인 태도, 극도로 날카로운 언어, 자신감 있는 반항적 태도 때문이었다.

변덕스럽지만 매우 유혹적으로 말하는 이 지성이 남긴 작품의 주석 중에서 오늘날까지도 가장 독창적인 주석 중 하나로 손꼽히는 것은 카시러의 주석이다. 카시러는 함부르크 대학의 철학교수로서 1931년 2월 27일 파리의 프랑스 철학학술원Société Française de Philosophie에서 강연했는데, 이 강연문은 그가 다룬 루소 해석의 정점을 이루고 있다. 카시러는 후설이 2년 전 『데카르트적 성찰 Cartesianische Meditationen』의 초안을 강연했던 바로 그 자리에서 연설했던 것이다. 카시러도 후설과 마찬가지로 프랑스 정신사에서 한 인물을 선택했으며, 강연의 제목이 말해 주고 있는 것처럼 「장자크 루소 작품의 통일성L'unité dans l'oeuvre de Jean-Jacques Rousseau」[97]을 연설했다. 여기서 카시러는 디드로_{Denis Diderot}[98]*에 동감을 표시하면서 디드로를 인용한다. 디드로는 독자들이 이 인물에 기분이 상했다고 해서 이 저자에게 합당한 존경을 표하지 않는 실수를 범해서는 안 된다고 말하면서 1759년 루소의 논쟁적 저서를 전파시켰던 사람이다.

카시러도 루소를 정신의 혁신자이자 정신의 혁명가로 표현하고 있기 때문에 이러한 해석학적 공정성의 기본원칙을 따르고 있다고 할 수 있다. 루소는 18세기에 특징적으로 나타난 기대, 즉 지식은 행복을 가져온다는 기대를 의심했을 뿐만 아니라 망상적인 것으로 비난함으로써 이러한 기대를 근본적으로 깨뜨린 인물이라고 한다. 일반적으로 합의된 시대정신의 이와 같은 이의제기는 이방인적 기질을 가진 지성의 행위로서나 가능한 일이었다. 그런데 이방인적 지성은 자신의 입장을 자신의 고유한 방식 속에서 입증해야만 했다. 외적 권위에 의지하는 것이 허용되지 않았기 때문에 자신의 인격을 토대로 자신의 진술을 증명해야만 했

---

97 이 강연은 최근에 독일어 번역본으로 나왔다. *Ernst Kassirer, Die Einheit des Werkes von Jean-Jacques Rousseau,* hg. v. Rainer A. Bast, Köln 1998. 이 텍스트의 편집자 서문은 루소를 다룬 카시러의 다른 저술과 언급에 대해서 광범위한 정보를 제공하고 있다.
98 *(옮긴이주) 디드로(1713~1784): 프랑스의 철학자, 문학자. 그는 새로운 『백과전서 Encyclopédie』를 출판할 것을 제안하고 과학아카데미의 달랑베르를 감수자로 하여 볼테르, 몽테스키외, 루소 등 당시의 계몽주의 사상가를 총동원해 1751년에 1권을 내놓았고, 21년이 지난 1772년에 본문 17권, 도판 11권의 전서를 완성했다. 이 『백과전서』의 내용은 종교와 교회의 비판, 중세적 편견의 타파, 전제정치의 비판 등을 기술했기 때문에 도중에 수많은 탄압과 발행정지 명령을 받기도 했다. 그는 생애의 대부분을 이 사업에 바쳤다. 그의 다른 저작으로는 『달랑베르의 꿈』, 『부갱빌 여행기 보유』, 『라모의 조카』, 『운명론 자크』 등이 있다.

다. 루소는 자신도 마찬가지의 상황에 처해 있다고 생각했다. 실제로 그는 이러한 방식으로 근대의 지평에서 진리의 소리에 진정성을 선사하는 일을 다시 한번 성공적으로 해냈던 것이다.

루소의 진리는 극단성과 단호함에서 보면 비코의 진리를 훨씬 넘어서 있다. 확실히 1750년의 『학문과 예술론Discours sur les sciences et les arts』과 1755년의 『인간불평등기원론Discours sur l'origine de l'inégalité parmi les hommes』이란 두 개의 담론을 쓴 저자는 『새로운 학문』이 담고 있는 타락의 시나리오에 즉각 동의했을 것이다. 『새로운 학문』은 처음에는 자신의 기본적인 욕구의 충족에만 관심을 국한시켰던 인간이 어떻게 편안함을 발견하고 또 곧 안락함을 발견하게 되는지, 그리고 어떻게 곧이어 사치에 빠져 향유하면서 자신의 재원을 남용하게 되는지를 서술하고 있다. 루소도 신의 길과 인간의 길은 서로 다르다고 생각한다. 그리고 그는 『에밀 Emile』의 맨 처음에 기술되어 있는 것처럼 모든 것은 창조자의 손에서 비롯된 것이기 때문에 선한 것이지만 인간이 그것에 손을 대자마자 퇴폐한 것이 된다는 점을 상기시킨다. 루소는 첫 번째 담론인 『학문과 예술론』의 첫째 장 마지막 부분에서 이미 총사령관 파브리키우스Fabricius의 모습을 띠면서 무절제와 사치 때문에 퇴폐했다고 여겨진 문화세계에 대해서 선한 야만인이라는 매우 역설적인 이상적 형상을 대립시키고 있다. 선한 야만인이란 유형은 혁명가 마라트Marat가 찬양하는 것처럼 가난한 자, 즉 "거래나 예술이나 산업과 무관하여 조야하지만 자유로운 자"[99]를 말한다.

그렇지만 루소가 비코를 차용하고 지시한다 해도 이 차용이 루소가 문화와 관련된 주제를 서술할 때 (이미 첫 번째 담론을 통해서) 야기한 과거와의 단절을 회복시킬 수는 없는 것이다. 비코의 철학체계에서는 신적인 섭리와 이를 통한 현존재에 대한 신뢰가 가능하고 다시 말해 변신론을 위한 자리가 있다. 그러나 루소에게 그런 자리란 없다. 그리고 더 나아가 루소에게는 기본적으로 복원Restitution에 관한 생각이 없다. 비코가 도시를 문화의 상징으로 파악했고 또 문화를 인간이 황폐한 숲으로부터 애써 획득한 것으로 파악했던 반면에, 루소는 '도시의 철학자들philosophes des villes'을 비웃는다. 루소가 주장한 바에 따르면 도시의 철학자들이 갖고 있는 (특히 그의 옛 친구인 디드로의) 덕이란 자기를 "악"[100]하다고 공격하고 대중의 조롱거리로 만들어 놓고는 다시 이것을 쉽게 잊게 만드는 것이기 때문에 잘못된 덕이라는 것이다.

루소의 항변, 저항, 비난은 이제 더 이상 복원을 목표로 삼고 있지 않다. 사람들이 그에 대해 말할 때 떠올리는 '자연으로의 회귀'는 실제로는 그의 사유에 낯선 것이다. 그 대신에 루소는 특히 『사회계약론Contrat Social』과 『덕에 관한 편지Brief über die Tugend』의 저자로서 시민사회를 형성하는 능력과 또 그 질서를 형성하는 능력에 새로운 기대를 걸고 있다. 그에 따르면 이러한 사회질서를

---

99 Michel Foucault, *In Verteidigung der Gesellschaft. Vorlesungen am Collège de France*(1975~1976), Frankfurt/M 1999, 227쪽 이하 참조. 여기서는 228쪽.

100 Rousseau, "Brief vom 13. März 1757 am Mme d'Epinaz." in: ders., *Correspondance complète*, hg. v. R. A. Leigh, Bd.4, Genf 1967, 171쪽.

형성하는 데에는 "모두가 책임이 있다."[101] 루소는 새로운 사회개념을 구성하기 위해 순수비판의 입장을 포기하고 있는데, 이 때 그가 제시하는 방향은 신이 우리를 구원할 수 없다는 근대의 독특한 특성을 함축하고 있다. 카시러가 이러한 생각의 최종결론을 잘 표현하고 있듯이, 이제 인간 스스로가 혼자서 "자신의 구원자가" 되어야만 하고, "윤리적인 의미에서는 자신의 창조자가"[102] 되어야만 한다는 것이다.

카시러가 어떻게 루소의 기본의도를 요약하고 있으며 어떻게 이것을 문화철학적 관점과 연관짓는지를 살펴보는 일은 유익하다. 바슈Victor Basch는 오늘날에는 잊혀졌으나 20세기 초 독일과 프랑스 간의 정신교류를 살핌으로써 그 역사적 연관과 단절을 탐구한 사람인데, 그의 생각은 카시러에게 자극을 주었다. 바슈는 카시러가 강연했던 2월 27일 파리의 청중 속에 앉아 있었다. 그는 이어지는 토론시간에 다음과 같은 주장을 펼친다. 루소는 기본적으로 자기 연출가로서 "예술가 정신"이자 "사유의 음악가"[103]로 존재했다는 것이고 그렇기 때문에 루소의 표현세계에서 전통적인 철학내용은 별로 중요한 것이 아니었고 중요할 필요도 없었다는

---

101 Jean—Jacques Rousseau, "Brief über die Tugend." in: *Kulturkritik*, 44~51쪽, 여기서는 47쪽. 루소는 계속하여 다음과 같이 쓰고 있다. "그러므로 우리는 우리 안에 귀를 기울이고 우리의 마음에 묻는다." 그러고 나서 초기의 혁명적 루소와 개인주의 도덕과 일반의지(volonté de tous) 사이를 왔다갔다 하는 후기 루소 간의 간격을 파악할 수 있게 하는 문장이 뒤따른다. "행복은 결코 자신 안에 있는 것이 아니라 자신을 둘러싸고 있는 모든 것에 달려 있다는 것을 어느 누구나 알아차리고 있다"(같은 책, 50쪽).
102 Cassirer, *Die Einehit des Werkes*, 같은 책, 33쪽.
103 앞의 책, 53쪽.

것이다. 바슈는 자신의 이러한 판단을 칸트에 의거해 내린 것이라고 자극적으로 말했다. 칸트는 루소를 높이 평가했으며 루소의 저술이 지닌 신비를 벗기려는 신중한 결정을 내렸다는 것이다. 이러한 칸트의 자기 경고에 따르면, 칸트는 루소의 "표현의 아름다움"이 자신을 방해하지 않을 때까지만 루소를 읽었고, "그러고 나서야 비로소 나는 이성을 갖고 루소를 파악Übersehen할 수"[104] 있었다고 한다.

카시러는 발표자이자 루소의 해석자로서 바슈의 의견에 반대하지는 않는다. 그러나 그는 바슈의 설명이 어려운 단어를 선택하고 있는 점에 반대했고 특히 바슈로부터 추론된 결론에는 반대했다. 유고 속의 메모가 암시하는 바와 같이 칸트는 루소를 이해하려 했던 것이 아니라 자신의 개념세계에 편입시켜서 자신의 개념세계를 건축하는 데 활용하려 했다는 것이다. 앞선 인용의 끝부분에서 보듯이 '파악하다'(이 말에는 '간과하다'란 또 다른 뜻이 있다)란 단어를 사용한 것은 신비스러운 이중성을 가진다. 루소의 유산 중 통합되고 난 후 남아 있는 것은 개념의 명료한 지시관계와 진리의 독특한 서술방식을 위해서 단호하게 파기되었다는 것이다. 다른

---

104 Immanuel Kant, "Nachlaß", in: *Sämtliche Werke*, hg. v. G. Hartenstein, Bd.8, Leipzig 1868, 618쪽. 다른 판본은 Akademie-Ausgabe: *Fragmente*, 같은 책, Bd.20, 30쪽. 카시러는 칸트와 루소를 다룬 자신의 저술에서 하르텐슈타인의 판본을 인용한다. Cassirer, *Rousseau, Kant, Goethe*, hg. v. Rainer A. Bast, Hamburg 1991, 3~61쪽, 여기서는 8쪽. 이 사안은 Reinhard Barndt, "Rousseau und Kant." in: *Wechselseitige Beeinflussungen und Rezeptionen von Recht und Philosophie in Deutschland und Frankreich*, hg. v. Jean-Francois Kervégan u. Heinz Mohnhaupt, Frankfurt/M. 2001, 91~118쪽 참조.

경우라면 달리 논의가 될 수 있을지 모르지만, 칸트의 경우 진리는 언어적 기교나 완성에 의존하는 것이 아니기 때문이다.

신중한 용어사용의 경향은 칸트와 이후 칸트주의에 의해 늘 일관되게 강조되었다. 그렇지만 카시러는 철학적 독자로서도 이러한 경향에 거리를 두었고 조심스럽게(이것은 그의 사유양식을 특징짓는다) 이러한 경향에 제한을 두려 했다. 이를 통해 결과적으로 일어난 변화는 아무리 높이 평가해도 부족하다. 루소의 언어세계는 쓸데없는 부속물로서 거절되지 않는 것은 물론 루소의 과잉된 수사학은 실천적 철학비판으로 간주되고 다시 한번 더 역설의 형태로 등장하게 된다. 철학자 루소는 계몽주의의 실용주의와 대중주의에서 비롯된 철학적 사유의 통속화경향에 대항해서 철학적 세계관찰의 전체 범위를 다시 새롭게 하고 이것에 권리를 부여하기 위해 비철학적 수단을 사용했다는 것이다.

카시러는 이 의미 깊은 파리의 강연에서 청중에게 자신을 다음과 같이 소개했다. 자신은 루소의 한 독자로서 이미 전개되고 있는 "인식의 분석"에서 "의미의 분석"[105]으로의 전환을 완성하려 했고 이 작업의 정신사적 근원을 확인하는 데 동참했던 사람이라는 것이다. 이러한 관점전환을 통해 루소의 형상은 변화된다. 루소는 통상 알려진 대로 교조적 이성신앙의 적대자로서 등장하는 것

---

[105] 이 표현은 『상징형식의 철학』 2권의 이와 일치하는 구절을 암시하고 있다(Ernst Cassirer, *Gesammelte Werke*, Hamburger Ausgabe, hg. v. Birigt Recki, Hamburg 1998ff. Bd.12, 10쪽 이하).

이외에도 철학적 언어세계의 발견자로서 등장하게 된다. 이러한 독해방식의 설명을 따른다면, 루소는 세밀히 캐묻는 경향 속에서 철학용어의 핵심 내용을 분해하고 일련의 개념적 이중성을 만들어냈다고 볼 수 있다(현대의 사유는 오늘날까지 이러한 상황 속에서 혼란스러워하고 있다). 이와 같이 그는 '감수성'을 자연의 직접적인 수용 관계와 연관짓는 것은 물론 주관적 자기 확신의 과정이나 순수한 자발성과도 연관 짓는다. 루소의 '자연'은 이미 오래 전에 몰락한 인류의 근원을 보존하고 있는 원초적 상황을 의미하는 동시에 사회의 상황과 문명의 결과를 엄격하게 비판할 때 토대가 되는 기능적 가설을 의미한다. 마침내 '사회Gesellschaft'라는 개념은 구질서Ancien régime의 사실성Fakizität을 대변할 뿐만 아니라 현재 상태의 극복을 위한 이상적인 상태를 대변하게 된다. 이와 같이 개념세계를 재구성하는 일은 새로운 내용을 숙고하게 하는 것은 물론이고 새로운 사유구조를 만들어낸다. 이 때 사유는 최종결론이나 완성된 교리로 전달되는 것이 아니고 운동 속에 있는 사유의 모습을 띠게 된다.

이러한 반성은 문화의 문제를 핵심적인 도전으로 파악한다. 다시 말해 순수사유의 생동하는 실존의 도전으로 파악되는 것이다. 카시러는 바로 루소가 철학의 교조적 형식과 단절하고 새로운 언어를 통해 철학적 사유에 새로운 문제의 지평을 연 사람이라고 설명한다. 이 때 철학적 사유의 새로운 문제지평은 지식이 삶에 봉사하는지를 검토하면서 "진정 인간적인 세계의 건설"[106]에 기여하는 것이다. 루소가 『불평등기원론』에서 했던 자연상태의 해석은 획기적인 전환을 가져온다. 근원적인 안전을 보장하는 이러한 세계로부터의 이탈과 문명발전의 시작은 인간이 새롭게 해석될 수 있는 계기가 되었기 때문이다. 이제 인간은 자신의 '허약함 faiblesse' 때문에 자신의 삶의 환경이 안전한지 언제나 근심해야만 하는 불안정한 존재, 말하자면 문화를 형성해 살아가야만 하는 존재로 해석되었다. 그러나 이러한 인간존재의 결핍은 인간존재의 강점이다. 칸트가 이런 사유의 동기를 설명하고 있는 바와 같이, 인간은 자신의 근본적인 불안전성 때문에 "자기 자신이 선택한 목적에 따라 자신을 완성하는 것"[107]을 허락받게 된다. 칸트는 루소와 뉴턴을 비교했으며 동시에 비코가 세운 원리의 지속적인 영향을 설명한 바 있다.[108] 즉 뉴턴이 자연현상의 다양성 속에서 물리적 질서의 규칙성을 발견했던 것처럼, 루소는 문화세계의 다양성 속에서 인간의 숨겨진 본성을 발견했다는 것이다. 카시러는 이러한 칸트의 입장을 따르고 있다.

106 Cassirer, *Die Einehit des Werkes,* 같은 책, 77쪽.

107 Immanuel Kant, "Anthropologie in pragmatischer Hinsicht", in: *Akademie —Ausgabe,* 같은 책, Bd.7, 117~333쪽, 여기서는 321쪽. 칸트는 루소를 변형시킴으로써 자연을 "불화의 씨앗"의 원인으로서 간주할 수 있다고 믿었다. 자연은 "진보하는 문화를 통한 인간의 완성"이라는 기본동기를 제공한다(같은 책, 322쪽). 이러한 맥락은 Reinhard Brandt, *Kommentar zu Kants Anthropologie in pragmatischer Hinsicht,* Hamburg 1999, 468쪽 이하 참조.

108 Kant, *Fragmente,* 같은 책, 58쪽 이하.

:: 제3장 실러와 야만으로부터의 구원

18세기 중반 이후 철학의 풍경은 루소의 등장과 특히 칸트의
반응에 의해 지속적으로 변화된다. 루소는 비코보다 훨씬 강력하
게 철학적 사유가 시대를 진단하고 비판하는 특성을 갖게 했다.
이 때 특히 문화가 고찰의 대상이 된다. 한편으로는 시사하는 바
가 많았고 당시 독자들로부터 많은 사랑을 받았던 여러 가지의
허구적인 외부시각[109] 속에서 자기 문화가 고찰되었고, 다른 한편
으로는 다른 먼 곳에서 자기 선사先史의 흔적을 만날 수 있다는
기대 속에서 낯선 문화가 고찰되었다. 이와 같이 루소에서 시작해
헤르더와 여러 명의 역사학자, 민족학자, 진화론자, 고생물학자,
민속학자를 거쳐 사회인류학과 마침내 현대민속학에 이르는 길은
서로 연관되어 있다.[110] 이런 영역에서 루소의 선구자적 위치를
인상 깊게 강조한 말 중 1955년 레비스트로스 Claude Lévi-Strauss[111]*

---

109 Winfried Weishaupt, *Europa sieht sich im fremden Blick. Werke nach dem Schema der 'Lettres
persanes' in der europäischen, insbesondere der deutschen Literatur des 18. Jahrhunderts*, 3Bde.,
Frankfurt/M. u.a. 1979.

110 Wilhelm E. Mühlmann, *Geschichte der Anthropologie*, 2. Aufl., Frankfurt/M./ Bonn 1968
참조.

111 *(옮긴이주) 레비스트로스(1908~) 프랑스의 인류학자. 그는 문화체계를 이루는 요소
의 구조적 관계의 관점에서 문화체계를 분석하는 구조주의의 선구자이다. 그는 집단
간의 혼인 시스템이나 신화의 구조를 해명하여 문화연구에 새로운 시각을 열었다. 그의
저작으로는 『친족의 기본구조』, 『슬픈 열대』, 『구조인류학』 등이 있다.

가 루소를 '선생'이자 '친구'로 회상하면서 표현했던 말보다 더 감동적인 말은 결코 없을 것이다. 레비스트로스는 "우리는 그에게 배은망덕한 태도를 보여 주었다. 위대한 대가에게 이렇게 경의를 표하는 것이 그의 위엄을 손상시키지 않는다면 이 책(『슬픈 열대 *Traurige Tropen*』를 의미한다)의 모든 페이지를 그에게 바칠 것이다"[112] 라고 말했다.

이와 같은 수용의 역사에서 지배적이었던 경향은 서술적이고 평등한 문화개념이다. 말하자면 헤르더가 선구적으로 제안했던 것과 같이 야생적인 민족들을 "단순히 호기심에 찬 눈으로 바라보거나 고집스럽게 경멸하는 태도를 취하지 않고 그 민족들의 선함과 악함을 알려는"[113] 문화개념을 뜻한다. 다른 한편, 18세기 말경에는 루소가 마찬가지로 제안했던 시대진단적인 관심이 사람들의 눈길을 강하게 끌게 되었다. 이 관심은 문명발전의 현재적 위치를 밝히려는 것이다. 실러Friedrich Schiller의 『인간의 미적 교육에 관하여 *Ueber die ästhetische Erziehung des Menschen*』는 1795년 편지

---

112 Claude Lévi-Strauss, *Traurige Tropen*, 2.Aufl., Frankfurt/M. 1989, 386쪽. 또한 Clifford Geertz, *Die künstlichen Wilden. Der Anthropologie als Schriftsteller*, München 1990, 43쪽 이하와, Dieter Sturma, "Rousseaus Kulturphilosophie", in: *Republik der Tugend. Jean-Jacques Rousseaus Staatsverständnis*, hg. v. Wolfgang Kersting, Baden-Baden 2003, 27~54 쪽 참조.

113 Johann Gottfried Herder, "Exemplare der Menschheit in Vorstellungsarten, Sitten und Gebräuchen." in: *Werke*, 같은 책, Bd.15, 137~144쪽, 여기서는 138쪽. 헤르더의 평등주의적 문화이해는 Fritz Wefelmeyer, "Glück und Aporie des Kulturtheoretikers. Zu Johann Gottfried Herder und seiner Konzeption der Kultur." in: *Naturplan und Verfallskritik. Zu Begriff und Geschichte der Kultur*, hg. v. Helmut Brackert u. Fritz Wefelmeyer, Frankfurt/M. 1984, 94~121쪽 참조.

들의 묶음으로 출간되었는데, 이 책은 바로 이러한 의미에서 시대의 철학적 검열이라 할 수 있다.

편지의 저자는 관찰자의 입장을 취하고 있다. 이것은 당대의 회의적인 동료들의 입장에서 벗어나 시대 전체를 파악하기 위해서이다. 실러는 직접적으로 참여하는 것이 아니라 침착하게 정신적으로 숙고하면서 다시 한번 거리를 두는 태도를 취한다(이것이 그의 시대진단 중 하나이기도 하다). 실러는 추구된 것과 도달된 것을 비교했고 가능성으로 존재한 것과 현실적으로 실현된 것을 비교했다. 그런데 그의 최종 결론은 놀라운 것이었다. 실러는 마침내 여덟 번째 편지에서 문화의 난처한 질문을 던진다. 그는 시대가 계몽되었고 "적어도 우리의 실천적 원칙을 말하는 데 충분한" 지식이 발견되었고 공개적으로 알려져 있다고 쓰고 있다. 그러고 나서 그는 다음과 같이 말한다. "이성은 감각의 미혹이나 기만적인 궤변으로부터 자신을 정화했다. 그리고 처음에는 우리를 배반했던 철학조차도 확실히 우리를 자연의 품으로 불러들였다. 그렇다면 우리가 여전히 야만으로 존재하는 이유는 어디에 있는가?"[114]

이 질문이 향하고 있는 것은 바로 계몽주의가 가져온 수확물이다. 실러는 오류론 속에서 속박하는 사유형식으로부터 정신의 해방을 가능하게 했던 초기계몽주의자들의 성과를 높이 평가한다.

---

114 Friedrich Schiller, "Ueber die aesthetische Erziehung", in: *Kulturkritik*, 56~66쪽, 여기서는 59쪽 이하 참조

마찬가지로 그는 인식의 조건을 반성하여 철학적으로 개념화했던 합리주의자들의 성과도 높이 평가한다. 그리고 끝으로 그는 루소의 여러 성과들과, 루소가 감수성과 자유로움을 복권시킨 것도 높이 평가한다. 이러한 단어의 선택을 볼 때 비코의 경우에서처럼 실러가 반계몽주의자가 아니라는 점을 쉽게 알 수 있다. 계몽주의에 가담하느냐 아니면 계몽주의를 거절하느냐가 여기서 중요한 문제가 아니다. 중요한 것은 다음과 같다. 계몽주의의 역설적 측면과 계몽주의의 관철에서 비롯된 잘못된 성과물을 살펴보지 않고 계몽주의를 전폭적으로 인정하는 태도는 관찰자의 눈에 비친 시대의 극적 긴장감을 더 증폭시킬 뿐이라는 점이다. 실러는 계몽주의의 성공이 희망을 완수했다고 보지는 않는다. 따라서 계몽주의의 기획은 모호해졌다는 것이다. 그는 자신의 저술에서 계몽주의자들이 스스로를 어떻게 이해하고 있는지 설명했다. 계몽주의자들은 자기 자신만을 위해서나 한쪽 편을 들면서 말하기를 결코 원치 않고 보편주의자로서, 즉 인류의 정신적 대변자로서 말하기를 원한다는 것이다. 계몽주의자들이 요구했고 계몽주의자들로 거슬러 올라가는 이러한 규범은 실러가 비판하려는 근본내용이다. 실러의 비판은 유례없이 합리주의적인 세계설명의 원칙을 고집하는 시대의 경향만을 향하고 있지 않다. 그의 비판의 주요 대상은 계몽주의가 획득한 세계지식과 유럽 문화의 총체이다(계몽주의는 유럽 문화의 이성적 유산을 수집하고 이해가능하게 질서짓고 '대중화'시키기를 원했었다).

계몽주의의 친구와 계몽주의의 적을 구분하는 천박한 도식화는 지성적인 입장을 질서짓기 위한 수단으로서 오늘날까지 존재하고 있다. 그런데 실러의 생각은 이러한 도식화를 무력하게 만든다. 예나 Jena의 사상가이자 아직 설익은 avant la lettre 문화이론가 실러는 18세기 말 프랑스 혁명의 결과로서 나타난 공포정치를 경험하고 난 후 여러 글을 썼다. 그는 자유분방한 계몽주의자들의 지성주의를 보았을 뿐만 아니라 자제력을 상실한 자코뱅 당원들의 살인행위도 목격했다. 자코뱅 당원들은 철학의 원리, 즉 덕, 평등, 자유를 정치적 구호로 전환시켜 이용한 사람들이었다. 실러는 파리의 사건을 어떤 징후를 나타내는 것으로, 다시 말해 시대의 징표로 받아들인다. 그리고 그는 철학적 계획과 이러한 계획의 현실화를 대조시킨다. 그리고 나서 그는 근본적인 차원에서 유보적인 태도를 취한다. 그는 문화의 딜레마를 인식한 것이다. 문화 안에서 지식의 증가는 어떤 문화적인 것을 만들어 내기는커녕 문화의 전제를 파괴한다는 것이다. 지식과 이성은 행복을 보장하지 않을 뿐만 아니라 문화를 보장하지도 않는다. 지식과 이성은 공포를 증폭시키는 일에 기여하고 있기 때문에 실제로는 계몽주의자의 기대에 완전히 역행하고 있다는 것이다. 실러만이 이러한 진단을 내린 것은 결코 아니다. 고야 Francisco de Goya [115]*의 「로

115 *(옮긴이주) 고야(1746~1828): 스페인의 화가. 그는 후기 로코코의 작품으로 시작했지만 그의 작품은 그가 살던 시대의 정치적·사회적 상황을 강하게 재현하고 있다. 그 이유는 청각을 잃을 정도의 중병을 앓은 체험과 나폴레옹군의 스페인 침입으로 일어난 민족의식 때문이었다. 그의 연작판화『전쟁의 참화』에는 82장의 흑백 에칭에 살육, 광

스 카프리초스(Caprichos)」와 「전쟁의 참화(Desastres de la Guerra)」도 마찬가지로 이러한 예기치 않은 놀라움을 형상화한다. 근대는 해방의 기획으로서 제안되었고 최고 두뇌들의 지지도 얻었다. 그렇지만 이제 근대는 문명과 테러, 문화와 야만을 내부에 함께 지니는 문제에 직면하게 된다.

물론 실러는 다른 사람과 다르게, 예컨대 짧지만 암담한 내용을 담고 있는 『세계과정에 대한 관찰(Betrachtungen über den Weltlauf)』을 쓴 클라이스트(Heinrich von Kleist)[116]*와 다르게 자신의 시대가 매우 위험한 상황에 처해 있다는 진단을 내렸을지라도 이에 대항해 싸웠고 문화와 야만 간의 절대적인 구분가능성을 재차 분명히 강조했다. 그는 앞서 드러난 딜레마를 교양이념(Idee der Bildung)을 기반으로 해서 개별적으로 분석하고 문화의 목표를 인격도야(Persönlichkeitsentwicklung) 차원에서 새롭게 설정함으로써 해결책을 발견한다. '미적' 문화와 '실천적' 문화는 지식의 폐쇄성을 보완하는 역할을 해야만 한다는 것이다. 각각의 시민은 모두가 전문적인 지도에 의해 이러한 미적·실천적인 문화를 획득하고 소유해야만 한다는

기, 허무, 폭행이 철저하게 재현되어 있다. 한편, 다른 대표적 연작판화인 『로스 카프리초스』를 보면 고야 작품 특유의 암담한 느낌이 스페인의 독특한 니힐리즘에 깊이 뿌리박고 있다는 것을 알 수 있다.

116 *(옮긴이주) 클라이스트(1777~1811): 독일의 작가. 그는 동시대인들과 소통하지 못한 채 자살로 생을 마감했는데, 사후 100여 년이 지난 20세기에 들어서야 천재성을 인정받았다. 그는 인간본성의 탐구, 진실의 절대성 문제제기, 공권력의 개인 항거 등 이미 현대적인 주제를 다루었고 반전과 긴박감을 조성하는 서술기법을 구사하고 있다. 주요 작품으로는 단편 「버려진 아이」, 「미하엘 콜하스」, 「O...후작 부인」 등과 희곡 『슈로펜슈타인 가족』, 『깨진 항아리』, 『헤르만 전투』 등이 있다.

것이다. 열세 번째 편지는 다음과 같이 주장하고 있다. "수용력을 통해 세계와 아주 다양한 교류를 할 수 있게 되고" "이성의 입장에서 최선을 다해 활동하게" 된다면, "인간은 최고의 자주성과 자유를 지닌 최상의 현존재가" 될 것이고 세계는 "그 전체의 무한한 현상이 내적으로 연결되어 이성의 통일성에 종속"[117]될 것이라고 한다. 실러는 루소의 독자로서 그로부터 영향을 받아 문화비판의 계기를 갖게 되었다고 생각했는데, 실러의 문화비판으로부터는 문화의 구원책이 뒤따라 나온다. 실러는 이념사적으로 보면 위기에 직면한 계몽주의의 이상을 계속해 보존하기 위해서, 현실 역사적으로 보면 계몽주의를 실현하는 과정에서 생겨난 정치적·실천적 문제점에 혁명시대 이후의 차선적 해결책을 모색하기 위해서 글을 썼다고 할 수 있다. 테러의 혁명적 실천 속에서 이미 명백해진 문화와 야만 간의 위험한 수렴현상은 미학, 교양, 문화 간의 새로운 통합에 의해서 저지·해체될 것이라고 보았다. 이러한 생각이 많은 것을 약속하고 있지만 논란의 여지가 있는 것도 물론이다.

---

117 Friedrich Schiller, "Ueber die aesthetische Erziehung des Menschen in einer Reihe von Briefen." in: *Werke*, Nationalausgabe, Weimar 1943ff., Bd.22, 309~412쪽, 여기서는 349쪽 참조.

제3부
문화철학의 역사

실러가 혁명적인 테러사건을 어떻게 보고 있는지 하는 점은 간과되어서는 안 된다. 실러는 그 테러사건이 문화가 심각한 혼란 속에 빠져 있고 따라서 문화가 위기에 처해 있음을 나타내는 것으로 해석한다. 그의 교양Bildung개념은 후기 저작 속에서 발전되었고 후대에 상당한 영향을 미쳤는데, 이 교양개념은 바로 이런 시대진단의 반작용의 결과물이다. 교양개념은 계몽주의가 요구한 이상을 보존하는 동시에 이 이상을 변화된 상황에 적용하고 보다 적합한 과정 속에서 실현시키려 하고 있다.

교양개념의 실천적 핵심은 세계의 완성Vollendung der Welt에서 인간의 자기 완성Selbstvollendung des Menschen으로 방향을 전환하는 데 있다. 사람들은 이러한 방향전환이 일어난 기본적인 이유를 이해할 수 있을 것이지만 곧바로 이에 대해서 회의적인 생각도 갖게 될 것이다. 실러는 '일상의 세계'의 대단히 강렬한 인상과 관련해서는 사실상 거부와 탈주이외에 더 나은 대안을 알고 있지 않다. 그가 편지를 교환했던 헤르더에게 설명한 바와 같이, 천재적 시인은 "현실세계의 영역에서" 물러나 있도록 강요되기 때문에 "엄격한 분리"를 추구한다는 것이다. "멀리 낯선 이상적인 시대"와

"그리스 신화"의 정신적 친족인 천재적 시인은 이와 같이 자신의 고유한 세계로 물러나 있어야만 한다. "왜냐하면 현실은 단지 그를 더럽히기만 할 뿐이기 때문이다."[118]

"탈신화脫神化된 자연"[119]을 시적으로 다시 신비화해야 한다는 생각은 실러뿐만 아니라 콜러리지Samuel T. Coleridge[120*]나 반 세기 이후 아놀드Matthew Arnold[121*]와 러스킨John Ruskin[122*]이 영국에서도 제안한 바 있다. 이와 같이 "미적 문화ästhetische Kultur"[123]의 기획은 시대에 대한 암묵적인 공격으로부터 시작되었다. 미적 문화의 기획

---

118 "Schiller am 4. November 1795 am Herder." in: *Nationalausgabe,* 같은 책, Bd.28, 98쪽.

119 Schiller, "Die Götter Griechenlandes", in: *Natioanlausgabe,* 같은 책, Bd.1, 194쪽. 이 표현은 '세계의 탈신비화Entzauberung der Welt'란 베버의 유명한 말을 선취하고 있다. 더 상세한 것은 Johannes Weiß, *Vernunft und Vernichtung. Zur Philosophie und Soziologie der Moderne,* Opladen 1993, 16쪽 이하와 96쪽 이하 참조.

120 *(옮긴이주) 콜러리지(1772~1834): 영국의 시인, 평론가. 그는 가장 낭만주의적인 작품을 쓴 시인, 사회비평가, 문학평론가, 신학자, 심리학자로서 인간존재와 전우주의 본질적인 창조적 원리를 해명하고자 노력했다. 주요 작품으로는『늙은 선원의 노래』,『쿠빌라이 칸』,『크리스타벨』등 환상적·상징적인 설정 속에서 인간의식의 심연을 탐구한 것이 있고 또한『심야의 서리』,『실의의 노래』등이 있다.

121 *(옮긴이주) 아놀드(1822~1888): 영국의 시인, 문화비평가. 그는『교양과 무질서』,『비평의 기능』,『하인리히 하이네』등의 작품에서 빅토리아시대 영국의 독선과 속물근성, 금전숭배를 공격했다. 그는 영국은 정신적으로 프랑스와 독일에 뒤처졌으며 영국인들은 지방성과 자기 만족에 빠진 후진국가로 남아 있다고 생각했고 따라서 이러한 '속물'을 교육시켜 인간으로 만들어야 한다고 주장했다.

122 *(옮긴이주) 러스킨(1819~1900): 영국의 비평가, 사회사상가. 그는 인도주의적 경제학을 주장했고『예술의 경제학』,『최후의 사람에게』,『무네라 풀베리스』등에서 사회개혁의 필요성과 인간개조를 통한 사회개혁의 실현을 역설했다. 그 밖의 작품으로는『근대화가론』,『베니스의 돌』,『지나간 일마저』등이 있다.

123 Schiller, "Ueber die aesthetische Erziehung." in: *Kulturkritik,* 66쪽. 당시의 비판은 Georg Bollenbeck, *Bildung und Kultur. Glanz und Elend eines deutschen Deutungsmusters,* Frankfurt/M. 1994, 특히 136쪽 이하 참조.

은 '문명'의 현상뿐만 아니라 산업혁명으로 변화된 삶의 방식을
단호하게 거부했다. 따라서 문화개념은 예술, 교양, 학문만을 포
함하는 고급문화로 좁아졌다. 그리고 문화개념의 협소화는 많은
새로운 결과를 가져왔다. 문화개념의 협소화는 일상세계로부터
이탈함으로써 문화적 사실의 지시기능을 없애 버리고 그 대신에
문화적 사실을 특수한 영역 안으로 고립시키는 것과 같은 치명적
인 결과를 초래했다. 문화세계가 이러한 방식으로 분리된다면,
문화세계는 박물관 안으로 고립되기 때문에 쓸모없는 것으로서
의심받을 대상만을 수집한다는 인상을 주게 될 것이다. 이러한
그야말로 의미를 잃은 문화는 스스로의 정체성을 주장하지 못할
정도로 결국은 약화될 것이다. 이러한 상황을 보여 주는 징후를
하나 거론해 보면, 그것은 기념일이나 추념일과 같은 기념의 순
간이다. 기념일의 특성은 문화적으로 별로 중요치 않은 시간계산
방식 속에서 어떤 특정한 매혹적인 숫자로 표시된 지점을 강조한
다는 데 있다. 사실상 이렇게 의미를 제정하는 방식보다 내용이
없고 임의적인 방식도 아마 없을 것이다. 이러한 종류의 의미제
정은 사태의 판단기준이나 분별의 중요성과 상관없이 다만 지속
적으로 확장되는 과거의 영역을 인용할 뿐이다. 그것은 사건발생
일, 이력사항, 출간일 등과 같은 개별적인 것을 자의적으로 선택
하여 혼란스런 대중에게 제시할 뿐이다. 문화는 결국에 가서는
사소한 것이 되고 '경영'의 관점 속에서 변형되어 나타날 것이다.
　1800년경에는 이러한 형태의 결과들이 아직 나타나지 않았다

(그것들은 19세기에 널리 퍼진 역사주의의 특성 속에서야 비로소 명백해진다). 그렇지 않고 '사회', '문명', '산업'과 같은 개념이 등장함으로써 여러 형태의 다양한 문화개념이 존재할 수 있는 가능성이 아직 열려 있었고 이와 같이 문화개념은 서로 이질적으로 존재했다. 이러한 현상은 실러의 해결책을 둘러싼 논쟁에서도 나타난다. 이미 '미적 문화'의 구상은 헤르더의 노선, 다시 말해 그의 인문주의적 문화비교학과 근본적으로 다른 노선을 취하고 있다. 문화가 자기 자신과 위기적인 불화에 있고 자기 분열 속에 있다는 시대의 진단은 헤르더의 문화 이해에서는 기본적으로 낯선 것이다. 헤르더는 실러가 인용한 바 있는 루소적인 형태의 문화비판에서 어떤 의미도 찾지 못한다. 마찬가지로 실러의 보완의 역할을 하는 고급문화의 이념은 젬퍼로 이어지지 않았다. 반 세기 후에 고안되었던, 과거와 현재, 예술과 과학을 통합하는 포괄적인 문화철학으로 나아가려는 젬퍼의 비전은 실러와는 거의 무관한 것이다.

:: 제1장 **과학적 세계관의 대승리**

    1800년경에 문화의 다양한 구상이 존재했다는 사실은 문화개념이 발전해 가는 과정에서 어떤 노선도 확고한 중심노선으로 자리잡을 수 없다는 점을 이미 추측하게 한다. 출발상황에서 보면, 문화철학은 다양한 형태를 띠고 있다. 그렇다고 해서 그 출발점이 완전히 이질적인 것은 아니다. 서로 다르게 예견·예고·선취하고 있다 하더라도 문화철학이 스스로를 뚜렷해진 위기의 현상에 대한 반작용으로, 다시 말해 문화위기에 대한 반작용으로 파악하는 데서는 서로 일치된 의견을 갖고 있기 때문이다.

    그런데 역사를 비교관찰하면 문화철학이 위기를 지각하는 가운데 하나의 새로운 요소를 갖게 된다는 점을 알 수 있다. 그것은 위기와 그 위기의 징후를 메타역사의 이야기 구조에 편입시키는 방식을 통해 위기의 극적 요소를 제거할 수 있다는 기대이다. 이 기대는 아주 근대적인 것이다. 물론 위기는 아주 고통스러운 것으로 여겨졌다. 하지만 위기는 긴박하게 실존을 위협하는 것이라기보다는 감당할 능력이 있는지 없는지를 시험하는 것으로서 이해되었다. 18세기에 지대한 관심을 끌었던 '역사'조차도 위기에 대한 하나의 대답이었다. 아니 바로 이 역사가 위기에 대한 하나의 대답이었던 것이다. 역사는 위기로 보이는 사건의 지배를 확신했다.[124] 근대 역사신론Historiodizee의 통합능력은 역사진보의 믿음에서 생겨났다. 돌이킬 수 없는 직선운동으로서의 역사는 단기간의 관점에서 보면 더욱더 커지고 있는 명백한 난국으로 보일 수도 있지만 이러한 위기를 지배할 수 있고 문화비판적 저항을 무력하게 만들 수 있으며 사회의 지속적인 발전가능성의 우려를 불식시킬 수 있는 힘을 갖고 있다고 여겨졌다.

이러한 맥락에서 중요한 것은 사회물리학physique sociale 주위의 최초 사회학자들이 19세기 초에 다시 이와 같은 해석틀을 사용했다는 점이다. 생시몽Claude-Henri de Saint-Simon[125]*과 그의 그룹은 이 해석의 틀을 토대로 해서 혁명의 시대가 막 종결되었다고 서술했다. 그리고 혁명의 시대는 비판적인 혼란의 시대였고 이제 급속히 발전된 사회학적 인간 삶의 구성기술에게 새로운 길을 열어주는 역사의 한 단계였다고 생시몽주의자들은 설명했다. 그들은

---

124 루소 이후의 위기 의미론의 형태는 Reinhart Koselleck, *Kritik und Krise. Eine Studie zur Pathogenese der bürgerlichen Welt*(1959), 3.Aufl., Frankfurt/M. 1979, 105쪽 이하와 Reinhart Koselleck, "Krise." in: *Historisches Wörterbuch der Philosophie*, 같은 책, Bd.4, Sp.1235~1240 참조. 또한 Rudolf Wierahus, "Zum Problem historischer Krisen." in: *Historische Prozesse*, hg. v. Karl-Georg Faber u. Christian Meier, München 1978, 313~329쪽과 *Vom Weltbildwandel zur Weltanschauungsanalyse. Krisenwahrnehmung uns Krisenbewältigung um 1900*, hg. v. Volker Drehsen u. Walter Sparn, Berlin 1996 참조.

125 *(옮긴이주) 생시몽(1760~1825): 프랑스 초기 사회주의 사상가, 생시몽주의의 주창자. 그는 달랑베르를 비롯한 계몽주의 사상가들의 영향 밑에서 교육을 받았다. 그는 새로운 사회체제는 선행하는 사회체제보다 진보한다는 역사의 발전적 전개를 주장했고, 봉건영주와 산업계급의 투쟁으로 점철된 과거 수세기의 프랑스 역사를 점진적으로 개선해 이 양자가 협력하는 계획생산의 새로운 사회제도를 건설해야 한다고 주장했다. 그의 실증적인 사회연구 태도는 제자인 콩트가 계승하여 실증주의 사회학으로 결실을 맺었고, 그의 사상은 마르크스와 엥겔스의 사회주의 이념에도 영향을 미쳤다. 주요 저서로 『산업론』, 『정치론』, 『산업체제론』, 『새로운 기독교』 등이 있다.

새롭게 구성될 거대한 산업사회(grande société d'industrie)에 대해 말하고 있는데, 이 거대한 산업사회는 과학과 경제와 사회 간의 시대를 초월한 연합에 근거를 두고 있다.[126] 더 나아가 과학적 사회주의의 대변자들은 '변증법'을 강하게 신뢰했고 특히 자본주의 사회의 부수현상과 반영된 상부구조의 모습을 포함해서 자본주의를 개념화했다. 눈에 띄는 점은 정치경제학 비판이 자본주의를 부정하려했던 것이 결코 아니라 필수과제로 받아들였다는 사실이다. 말하면 역사적 필연성 때문에 한번은 거쳐 가야만 하는 이행단계로서 받아들여졌으며 이 단계는 단지 구원의 힘을 방출하기만 하면 되는 것으로 여겨졌다.

이러한 해결전략은 즉시 대단한 성과를 올리게 된다. 이 해결전략의 해석틀을 근거로 해서 혁명과 지속성은 서로 조화를 이루게 되고 열정적인 혁명은 일관되게 지속될 것이라는 생각이 설득력을 얻게 되었으며 예컨대 지속적인 성장과 같은 것을 예견하는 일이 가능해졌다. 여기서 중요한 점은 유토피아에서 과학으로의 전환이나 이런 전환에 강력한 선언[127]이 위기의 현상을 결코 부정하지 않았다는 점이다. 이와 반대로 위기의 현상이 인정·수용되

---

126 이것은 논문모음집인 *Frankreich 1800. Gesellschaft, Kultur, Mentalitäten*, hg. v. Gudrun Germann u. Hubertus Kohle, Stuttgart 1990의 논문을 참조.

127 엥겔스의 저작 『공상적 사회주의에서 과학적 사회주의로의 발전에 관하여(*Über die Entwicklung des Sozialismus von der Utopie zur Wissenschaft*)』는 프랑스어 판이 출간된 2년 이후 독일어로 출간된다. 여기서 엥겔스는 사회주의를 '역사발전의 필연적 산물'로 믿고 있다. 이와 같은 내용과 더 많은 내용은 Ralf Konersmann, "Historische Semantik und Politik." in: *Dissens und Freiheit. Kolloquium Politische Philosophie*, hg. v. Thomas Luckner, Leipzig 1995, 81~98쪽, 특히 89쪽 이하 참조.

었고 이제 발전이라는 도식에 포함되었다. 결론적으로 말해 역사의 역동성은 도전에 의해 점점 더 상승하는 것이고, 위기는 이러한 역사적 역동성을 보여 주는 구체적인 증거인 것이다.

문화철학은 그 첫 번째 단계인 1900년경에 바로 이러한 역사의 치유능력의 믿음으로부터 영감을 얻고 성장해 나갔다(역사는 결국에는 어떤 특정한 '문화체계'에 특권을 부여하게 될 것이다). 이러한 측면을 강조하기 위해 우리는 하나의 텍스트를 간략하게 살펴보자. 슈타인Ludwig Stein의 1899년의 『문화철학에 대한 시도Versuch über die Kulturphilosophie』는 틀린 것이지만 문화철학의 개념역사에서는 자주 첫 번째 증거자료로서 간주되었고, 이런 의미에서 문화철학이란 학문분과의 창립문서로서 거론되었다. 이 텍스트는 아주 분명한 기획적인 야망을 품고 있는데 그 핵심적인 부분에는 다음과 같이 씌어 있다.

"모든 생물이 서서히 변화하는 것처럼, 우리도 변화하고 변형된다. 우리는 점점 더 완벽하게─영혼도─외부의 실존조건에 적응한다. 삶이 목적을 따르는 것을 의미한다면, 우리는 삶을 그 최고의 에너지의 형식에서 긍정한다. 우리는 무의식적인 자연사건이나 잠재의식적인 사회사건이 우리의 운명을 지배하도록 내버려 두는 것이 아니라 우리의 운명을 의식적으로 우리의 강고한 팔 안에 껴안아야만 한다. 우리의 문화체계가 삶을 긍정한다는 것은 우리의 문화체계가 이미 20세기에 활기차게 확고한 목표 아래 낙관적으로 세계를 최종적으로 지배할 수 있도록 우리 지구

를 우리의 문화체계의 개별부분으로 분할하는 일을 계획적으로
착수하는 것을 뜻한다. 이와 같이 어떤 것이든지 허약하게 만드
는 염세주의와 심신을 지치게 만드는 숙명주의는 사라져야만 한
다! 아랍인, 인도인, 중국인의 문화체계를 타락시켰던 염세주의
와 숙명주의는 사라져야만 한다! 그들의 역사는 우리에게는 최후
의 심판이다. 우리는 그들의 문화체계를 함께 하지는 않을 것이
지만, 서로 경쟁하는 이 세 개의 문화체계가 처해 있는 자기 파괴
적인 운명으로부터 배워야 할 것이다. 우리는 우리의 지성을 더
욱더 완전하게 더욱더 다방면으로 더욱더 근본적으로 만들어서
이러한 지성을 갖고 다른 나머지 문화체계의 억압에 맞서 단호함
과 자기 확신을 취해야만 할 것이다!"[128]

　슈타인은 20세기로의 전환 지점에서 이와 같이 말했던 것이
다. 그는 이러한 형태로 계속하여 논의를 전개시켜 나가면서 자
기 방식대로 문화철학을 정초하는데, 이것은 유럽의 우월의식과
스스로 부여한 문명화의 사명의식을 매우 인상 깊게 나타내 주는
기록이다. 그 당시 시대정신을 강조하는 철학은 이와 같은 모습
을 띠고 있었다. 하지만 문화철학의 생성을 간략하게 다루고 있
는 나의 서술에서는 위의 내용에 대한 때늦은 비판보다는 위기의

---

128 Ludwig Stein, *An der Wende des Jahrhunderts. Versuch einer Kulturphilosophie*, Freiburg/Br./
　　Leipzig/Tübingen 1899, 34쪽. 슈타인, 그리고 그의 저작이 지닌 적지 않은 반향은
　　Wilhelm Perpeet, *Kulturphilosophie. Anfänge und Probleme*, Bonn 1997, 34쪽 이하 참조.
　　오스터함멜은 슈타인이 주장한 서유럽문화의 특권의식이 계속해 생성되는 현상을 다루
　　고 있다(Osterhammel, *Expansion Europas*, 같은 책, 특히 232쪽 이하 참조).

수사학과 이 위기 대응방식의 계보학을 살펴보는 것이 더 중요한 문제이다. 이러한 관점에서 볼 때 슈타인은 관심을 끄는 증인이다. 그는 문화철학에 방향제시 Orientierung의 기능을 명백히 부여하고 있기 때문이다. 물론 계속되는 발전이 첫 번째 단계의 문화철학을 곧바로 넘어서게 되겠지만, 이 첫 번째 단계의 문화철학은 과학의 수단을 통해 자기의 서유럽문화의 모습을 지도적인 문화의 모습으로 확고히 정립하는 데 스스로가 사명을 지녔다고 생각했다.

슈타인의 선언적인 설명들은 이른바 문화철학의 정초작업도 아니고 또 만약 그러한 정초작업으로 간주된다 하더라도 회고적인 관찰대상이 될 만한 가치가 별로 없는 것이며 다만 한 개별 연구자의 표현일 뿐이라고 생각할 수도 있다. 그러나 그것은 그렇지 않다. 그가 살았던 당시에는 삶에 중요한 지식을 과학적인 형태로 표본제작함으로써 예전에 자명했던 타당성이 점차 사라져 나타난 위기를 극복하려는 노력들이 많이 존재했는데, 그의 텍스트는 이러한 노력 중 하나의 극적인 장면에 속한다. 슈타인뿐만 아니라 많은 사람이 이러한 기획에 큰 희망을 두었다. 형식적인 형이상학으로부터 해방되어 과학에 근거를 두고 있는 근대문화는 마침내 이전상태 Status quo ante를 뛰어넘을 것이고 통속화된 다원주의의 기대처럼 경쟁문화를 간단히 제압할 것이라는 희망을 가졌다. 뷔히너 Ludwig Büchner[129]*, 뒤부아레몽 Emil Du Bois-Reymond[130]*,

---

129 *(옮긴이주) 뷔히너(1824~1899): 독일의 철학자, 의학자. 그는 주요저서 『힘과 질료』

퇴니스_{Ferdinand Tönnis}[131]*와 같은 사람, 그리고 얼마 후 오스트발트 _{Wilhelm Ostwald}[132]*는 인간공동체는 과학과 기술이 제공하는 성과의 도움으로 완전히 새로운 질서를 갖게 될 것이라고 굳게 믿고 있었다.

이와 같은 생각이 원했던 것은 다음과 같다. 정치적인 영역을 포함해서 모든 삶의 영역을 성과를 기준으로 하여 형성시키는 것, 사회세계를 그 갈등잠재력까지 포함해서 합리적으로 조정하여 평화를 이루는 것, 서유럽문화는 다른 어떤 문화보다도 우월한 문화이기 때문에 이러한 우월성을 꼭 주장할 필요는 없지만 이러한 주장을 할 권리가 있는 문화라는 것, 노동과 상업에 기초한 문명을 윤리적으로 정당화하고 확고히 하는 것, 한 마디로 문화의 역동성을 조정해 나가면서 체계성을 확장시키는 것이 그것이다. 노벨상 수상자인 오스트발트가 제도적 차원에서 교회를 혁

에서 모든 이원론을 거부하고 정신적인 것의 독립성을 부정했다. 그는 모든 현상은 결국 물질에서 유래한다고 주장함으로써 유물론의 가장 대중적인 대표자가 되었다.

130 *(옮긴이주) 뒤부아레몽(1818~1896): 독일의 동물생물학자. 그는 전기생리학적 연구에 전념하여 동물전기의 실험장치를 고안했고 근육과 신경에서의 전기현상을 발견했다. 그는 19세기 후반부에 세계가 주목하는 과학자의 지위를 누렸고 스스로 과학의 보급자이자 사상가로서 활동했다. 그의 저서로는 『자연인식의 한계에 대하여』, 『우주의 일곱 가지 수수께끼』, 『동물 전기에 관한 연구』 등이 있다.

131 *(옮긴이주) 퇴니스(1855~1936): 독일의 사회학자. 그는 인간 의지를 '본질의지'와 '관념의지'로 나누고, '본질의지'는 실재적 · 자연적 의지이며 '관념의지'는 임의적 · 자의적 의지라고 규정했다. 이 두 의지에 대응하여 실재적 · 유기체적인 공동사회(Gemeinschaft)와 관념적 · 기계적인 이익사회(Gesellschaft)라는 사회적 범주를 제시했다. 주요 저서로는 『공동사회와 이익사회』, 『사회학 입문』 등이 있다.

132 *(옮긴이주) 오스트발트(1853~1932): 독일의 화학자. 그는 노벨화학상을 수상했고 『일반화학 교과서』, 『분석화학의 과학적 기초』, 『무기화학의 기초』 등의 저작으로 물리화학의 보급에 공헌했다. 그의 『화학의 학교』는 초등화학교육에도 영향을 주었다.

신시키고 주일 예배시간에 과학적인 '주일설교'를 했다는 것을 떠올린다면, 우리는 그 상황이 어떤 압박의 상황이었는지를 이해할 수 있을 것이다. 또한 우리가 여기서 알게 되는 점은 실증적인 지식의 진화를 따라가지 못하는 것은 어떤 것이라도 적극 제거함으로써 이러한 압박의 상황을 이겨내겠다는 단호함이다. 오늘날의 관점에서 볼 때 "과학적 세계관"[133]의 대변자들이 가졌던 사명감은 매우 놀라운 것인데, 이러한 사명감은 과학의 도움을 통해 근대의 여러 특수한 문제를 극복하고 위기를 지배할 수 있다는 기대에서 비롯되었다. 간단히 말하면 그들은 과학의 잠재적인 보완능력, 과학적인 세계설명과 과학적인 세계형성에 전폭적인 기대를 두었다.

---

133 Lübbe, *Polotische Philosophie*, 같은 책.

:: 제2장 세계대전의 대재앙과 문화적 전환

　이러한 확신은 의구심의 대상이 되었다. 과학적 세계관의 대변 자조차도 이러한 의구심에 휩싸이게 되었다. 처음부터 주장되었던 기대, 예컨대 젬퍼의 낙관주의가 취했던 기대, 다시 말해 과학이 종교가 약속했던 것을 대신 완수할 것이라는 기대(하지만 과학은 그럴 능력이 없었다)는 20세기로 전환되기 이전에 이미 뒤부아레몽을 실망시켰다. 과학적 인식의 한계가 점점 더 명확하게 인정되었기 때문이다.[134]

　이와 같은 의구심이 적합한 것인지는 여기서 결정할 수 없으나 여하튼 이러한 의구심 이외에도 계속하여 보다 근본적인 숙고들도 생겨났다. 그리고 이러한 숙고는 20세기의 대재앙에 의해 유발·강화되어 나갔다. 물론 이러한 숙고도 위기반응으로서 이해될 수 있지만 이러한 숙고는 새로운 다른 입장을 취하고 있다. 이러한 숙고에서 비롯되어 19세기 말부터 점차 뚜렷하게 나타났

---

134 이것은 Zwick, *Akademische Erinnerungskultur,* 같은 책, 129쪽 이하 참조. 또한 Heinz—Jürgen Dahme, "Der Verlust des Fortschrittsglaubens und die Verwissenschaftlichung der Soziologie. Ein Vergleich von Georg Simmel, Ferdinand Tönnies und Max Weber." in: *Simmel und die frühen Soziologien. Nähe und Distanz zu Durkheim, Tönnies und Max Weber,* hg. v. Otthein Rammstedt, Frankfurt/M. 1988, 222~274쪽 참조. 젊은 르낭 (Ernest Renan)은 과학의 미래상을 종교의 상속인으로서 발전시킨다(Ernst Cassirer, "Naturalistische und humanistische Begründung der Kulturphilosophie." in: *Kulturkritik,* 137~158쪽, 여기서는 151쪽 참조).

던 비판은 문화적 잠재력을 철저하게 실현하는 데 관심을 두는 것이 아니라 문화의 기초를 검토하는 데 관심을 두게 된다. 이 비판은 문화의 위기가 발생하게 된 구조적인 조건을 탐색한다. 이로써 문화영역을 지각하는 관점은 결정적으로 변화하게 된다. 말하자면 이 관점은 반성적으로 그리고 그야말로 칸트적인 의미에서 '비판적'으로 된다. 예컨대 과학적 세계관의 대변자들의 경우 문화는 사람들이 주저 없이 언제나 의지할 수 있는 자명하고 관습적이고 지속적인 것의 총체를 의미했다면, 이제 문화는 이와 같은 것으로 간주되지 않는다. 이 때부터(근대는 다양한 에필로그를 포함하여 이 기간을 포괄한다) 문화는 근대 예술이 까다롭고 복잡하게 존재하는 것과 똑같은 의미에서 까다롭고 복잡하게 존재하게 된다. 문화는 묻고 도전하는 장소가 된다. 모든 것이 자명하지 않게 된 이후부터 문화는 어떤 결론이 없더라도 자발적으로 비판적 해석과 이해를 요구하고 있다.

이론사적으로 보면, 이러한 욕구는 전승된 삶의 방향감각이 급속하게 해체되고 새로운 표현형식이 추구되면서 나타났다. 아마 니체 이후 철학의 결과로 다음과 같은 명제가 주장될 수 있을 것이다. 20세기는 철학적 사유의 체계에서 보면 전환과 단절의 시대였다는 점이 그것이다. 철학용어의 내용과 의미변화는 이미 역사적 계몽주의 시대에 일어났었는데, 그 때와 마찬가지로 이제 1900년경을 전후해 다시 한번 근본적인 차원에서 일어났다. 비코와 헤르더에서 헤겔에 이르는 철학자는 물론이고 그 후 많은 철학자가 지속성의 문제를 체계적으로 해결하려고 노력했다. 하지만 이러한 지속성의 소멸은 19세기의 근본경험에 속한다. 이미 1870년경부터 30년 동안 먼저 하나의 전환이 선언되었고 그러고 나서 곧바로 계속해 새로운 전환이 선언되었다. 이것은 자신의 사상과 또 자신의 '정신적인 예비지식'을 명확하게 공식화하려 했기 때문이다. 이러한 전환이 함축하고 있는 주장은 서양문화의 반성척도를 대변하고 있는 모든 것, 말하자면 서양문화의 해석관습, 서양문화가 선호한 이론, 서양문화의 기본방법론, 서양문화가 선호한 지각방식, 서양문화의 자기 근거 등이 단번에 근원적인 차원에서 중요한 새로운 문제제기에 직면해 있다는 것이다.

이러한 급진적 변화와 새로운 구상이 일어나고 있는 현장을 살펴본 사람이라면 그는 매우 중요한 언어적 전환linguistic turn이나 상징적 전환pictorial turn은 물론이고 언어적 전환의 모범에 많은 빚을 지고 있는 일련의 계속된 전환에도 그 사이에 알 수 있었을 것이다. 고유한 명칭을 이미 획득한 전환의 경우에 당연히 나타나는 것처럼, 언어적 전환도 자명하게 받아들여졌던 이론에게 총체적인 변화를 요구한다. 이 전환에서 특징적인 것은, 이 변혁의 사건은 이미 오래 전부터 시작되어 돌이킬 수 없을 정도로 관철된 변화를 올바르게 요약하고 있었지만 나중에서야, 말하자면 60년대 중반에 이르러서야 비로소 언어적 전환이라는 이름을 얻을 수 있었다는 점이다.[135] 물론 이러한 전환의 전체 의미는 비트겐슈

타인에서 유래하는 언어분석, 근본적으로 소쉬르ᵦₑᵣdᵢₙₐₙd dₑ Sau-
ssure¹³⁶*로 거슬러 올라가는 프랑스 구조주의의 경향, 실천적인
담론분석과 해체주의, 독일의 가다머ₕₐₙₛ₋Gₑₒᵣg Gₐdₐₘₑᵣ가 발전시
킨 포스트 하이데거적인 해석학을 이해할 경우에야 비로소 드러
날 것이다. 거론된 이론의 방향은 각국의 전통을 배경으로 해서
이해되어야 할 것이고 물론 경우에 따라서는 서로 반목할 수도
있다. 그럼에도 불구하고 이 이론은 세계이해의 언어성을 중심
문제로 삼고 있다는 점에서는 일치하고 있다. 언어적 전환이 다
양한 모습으로 나타나는 이유는 패러다임 그 자체보다는 상이한
기대효과 때문이라고 할 수 있다.

이러한 발전과정 중에 언어적 전환(언어로의 전환)으로부터 또
하나의 전환이 점차 명확하게 나타났는데, 문화적 전환ᶜᵘˡᵗᵘʳᵃˡ ᵗᵘʳⁿ
(문화로의 전환)이라는 이론적 사건이 바로 그것이다. 문화적 전환
의 출현과 충격을 파악하려면 문화적 전환의 위치를 정확히 알아
야만 할 것이다. 문화적 전환은 한편으로 언어적 전환의 패러다
임을 수용한다. 문화적 전환은 언어적 전환을 전제하고 마찬가지

---

135 로티는 이 개념을 널리 유행시키는 데 성공했다. 그는 언어철학자이자 카르납의 제자
   인 베르크만(Gustav Bergmann)을 이 개념의 창시자로 지칭한다. 이는 Richard Rorty,
   Logic and Reality, Madison 1964, 8쪽, 16쪽 이하 참조. 또한 Ralf Konersmann, "Der
   Cultural turn in der Philosophie." in: *Symbolische Welten. Philosophie und Kulturwissenschaf-
   ten,* hg. v. Dirk Rustemeyer, Würzburg 2002, 67~90쪽 참조.
136 *(옮긴이주) 소쉬르(1857~1913): 스위스 출신의 언어학자, 기호학의 선구자. 소쉬르
   는 랑그와 파롤, 기표와 기의, 공시태와 통시태 등 현재 기호학에서 사용되는 많은 개념
   을 처음으로 사용하였다. 그의 언어학을 설명하는 핵심개념은 20세기 언어학뿐만 아니
   라 구조주의, 기호학 등 인문학 전반에 광범위한 영향을 미쳤다. 그의 작품으로는 20세
   기 언어학의 최고 명저로 꼽히는 『일반언어학 강의』 등이 있다.

로 세계이해에서 언어의 매개성을 중심에 놓음으로써 언어적 전환을 계승한다. 다시 말해 언어는 선택된 대상과 관련하여 인간이 자신의 주변세계를 어떻게 이해하는지 하는 정보를 제공하기 때문이다. 하지만 문화적 전환은 상징형식이라는 보다 보편적인 이론틀 속에서 언어의 한계를 넘어선다. 따라서 문화적 전환은 결과적으로 언어적 전환을 넘어선다고 할 수 있다. 덧붙여 말해야 할 점은 문화적 전환은 언어적 전환과 달리 철학 내부의 문제 상황을 극복하려는 계획적인 반응으로서 등장한 것이 아니라는 사실이다. 문화적 전환은 문화위기의 철학적 반응으로서 이해되어야 할 것이다(철학은 20세기 초 10여 년 동안 스스로를 문화의 한 부분으로 파악하기 시작했다). 이러한 것이 문화적 전환을 특징짓는 점이고 이와 비슷한 유형의 다른 경쟁적인 전환으로부터 문화적 전환을 구분짓는 점이다.

문화적 전환이 역사적으로 등장하게 되는 배경을 특징적으로 보여 주는 하나의 시대진단이 있다. 이 시대진단은 모든 토대를 파괴하는 의미를 지니고 있기 때문에 그 중요성이 과소평가되어서는 안 될 것이다. 매우 간결한 이 시대진단에 따르면 문화는 사멸死滅할 수 있다는 것이다.[137] 1897년 빌라모비츠−묄렌도르

---

[137] "더 이상 생각할 필요가 없다. 세계는 항상 앞으로 전진해 가는 것이 아니며 결코 상실되지 않을 것처럼 보였던 인간의 탁월한 업적도 상실될 수 있다는 경험을 했다. 문화는 사멸할 수 있다. 왜냐하면 문화는 최소한 한번은 죽었었기 때문이다"(Ulrich von Wilamowitz−Moellendorff, "Weltperioden." in: *Reden und Vorträge*, Berlin 1901, 120~135쪽, 여기서는 123쪽. 또한 Walter Wiora, "'Die Kultur kann sterben.' Reflexionen zwischen 1880 und 1914", in: *Fin de siècle. Zu Literatur und Kunst der*

프 Ulrich von Wilamowitz—Moellendorf[138]*가 언급했고 곧바로 세기 말 Fin de siècle의 토포스로서 널리 확산된 이 상징적 문장이 어떤 의미를 실제적으로 지녔는지를 이해하려면, 우리는 문화란 단수형의 단어에 주목해야만 한다. 이 말은 식민주의에 의해 일어났던 바와 같이 개별문화가 사멸한다는 사실이 증명되었다는 뜻이 아니라 문화 전체가 사멸할 수 있다는 뜻이다. 다시 말해 인간이 형성하고 의미가 부여된 세계의 총체로서의 문화 전체가 사멸할 수 있다는 뜻이다. 문화들이 아니라 문화라는 단수형의 단어를 선택했던 것은 시대진단에 강렬한 인상을 주고 역사상 유례없는 이러한 상황의 불가피성을 강조하려는 데 그 이유가 있다. 발레리 Paul Valéry는 주어를 인격화하고 동시에 복수화해 테마를 변형시킨 후 다시 한번 이러한 상황의 불가피성을 다음과 같이 강조한다. "우리 문화민족들, 우리는 이제 우리가 사멸하는 존재라는 것을 알고 있다."[139] 1918년 11월에 작성되고 나서 얼마 후 영국 잡지인 『아테

Jahrhundertwende, Frankfurt/M. 1977, 50~72쪽 참조).

138 *(옮긴이주) 빌라모비츠—묄렌도르프(1848~1931): 독일의 고전문헌학자. 그는 후기 고전주의를 대표하는 사람 중 하나로서 고대 그리스의 문학, 역사, 철학의 지식이 해박했고 고대 그리스의 문학과 인물을 다룬 저술을 많이 남겼다. 그의 작품으로는 『에우리피데스와 헤라클레스』, 『아리스토텔레스와 아테네』, 『플라톤』, 『그리스 작시법』, 『헬레니즘시대의 시』 등이 있다.

139 Valéry, "Die Krise des Geistes", in: *Kulturphilosophie*, 58쪽. 1934년 발레리는 강렬한 언어로 씌어진 이 도입문장을 다시 한번 거론하면서 이 말을 다양한 역사기술적 사료를 통해 해소하거나 상대화시키는 것에 경고한다. '문화civilisation'란 말을 선택한 이유를 반드시 밝혀야만 한다는 생각을 반박한 이후(이러한 경우는 사전적인 의미에 매몰되어 있음을 뜻한다고 한다), 발레리는 다음과 같이 쓰고 있다. "사람들은 역사적 사실을 근거로 해서 어떤 문화는 몰락했고 어떤 문화는 몰락하지 않았다는 사실을, 어떤 문화는 특정한 재료와 관련이 있었고 어떤 문화는 관련이 없었다는 사실을 쉽게 '증명'할 수

노임 *Athenaeum*』에서 발표된 이 문장은 그 당시 사람들이 느꼈던 시대의 놀라움이 어떠했는지를 이후의 세대에게 잘 전달하고 있다. 발레리의 통찰은 결코 특이한 것이 아니었다. '선험적 고향상실성 transzendentale Obdachlosigkeit'이라는 루카치 Georg Lukács [140]*의 시대진단, '유럽인의 위기'[141]라는 후설의 진단, 또한 슈펭글러 Oswald Spengler의 암울하지만 강력한 구호인 '서유럽의 몰락'[142]과 비교해 볼 때 발레리의 통찰은 그 시대의 단면을 극적으로 표현한 것일 뿐이다. 이 때 발레리는 현실의 연관관계를 하나하나 상세히 거론하기보다는 그 관계 전체가 드러나도록 묘사한다. 그의 글을 읽었던 당시의 독자들은 분명 전쟁을 직접 목격했겠지만 발레리는 전쟁은 거의 말하지 않는다. 그 대신에 그의 글의 첫 문장이나 제목은 그 시대가 정신의 위기라는 섬뜩한 사건과 이 사건의 파괴적인

있다. 기타 등등. 이것은 하나의 유희이다. 이것은 단지 하나의 유희일 뿐이다"("Brief an Paul Desjardins, 29. Juli 1934", in: *Lettres a quelques-uns*, 7.Aufl., Paris 1952, 221~223쪽, 여기서는 222쪽).

140 *(옮긴이주) 루카치(1885~1971): 헝가리의 철학자. 그는 초기에 삶의 철학적 저술이라 할 수 있는 『소설의 이론』을 썼는데, 여기서 그는 역사성을 사회적 존재의 중심범주로 삼고 시민사회의 '선험적 고향상실성'을 심층적으로 분석했다. 그는 공산주의로 전향한 이후 이 문제를 '소외(Entfremdung)'라는 개념으로 다루었고 마르크스주의를 통한 소외의 극복이라는 문제의식 속에서 『역사와 계급의식』을 기술했고 말년에는 미학적인 문제에 전념했다. 그는 많은 저작들을 남겼고 그 중 『청년헤겔』, 『이성의 파괴』 등이 있다.

141 Elisabeth Ströker, "Krise der europäischen Kultur—ein Problemerbe der husserlschen Philosophie." in: *Zeitschrift für philosophische Forschung* 50, 1996, 309~322쪽 참조. 또한 Christian Möckel, "Krisisdiagnosen: Hisserl und Spengler." in: *Phänomenologische Forschungen*, N.F.3, 1.Halbbd., 1998, 34~60쪽 참조.

142 앞의 책 참조. 또한 *Der Fall Spengler*, hg. v. Alexander Dehmandt u. John Farrenkopf, Köln/Weimar/Wien 1994 참조.

영향을 자신의 모습으로 의식할 수 있게 했다.

오늘날에는 이러한 역사적 맥락이 희미해졌다. 홀로코스트 Holocaust[143]*와 굴라크 Gulag[144]* 같은 그 이후의 만행이 너무나 강렬한 것이었기 때문에 후세대의 집단적 의식은 발레리의 동시대인들이 1914~1918년에 전쟁터에서 겪어야 했던 황폐화의 기억을 더 이상 갖고 있지 않다. 그러나 발레리의 동시대인들에게 제1차 세계대전의 총력전은 전혀 예기치 못한 규모로 발생한 위기였고 진보의 토대가 무너지는 과정 속에서 나타난 재앙의 최고점이었다. 정치적 혁명의 이념, 사회적 해방의 희망, '과학의 윤리적 주장'(발레리는 과학적 세계관의 대승리를 회고하면서 이미 이렇게 표현한 바 있다)[145]과 같은 진보의 토대는 무너졌다. 이 유례없는 사건의 출현으로 인하여 그 때까지 당연하게 받아들였던 성장과 지속성의 기대는 일순간에 사라졌다. 이와 같이 문화철학은 이러한 충격에 지성적 반응으로서, 또한 철학과 과학의 도전으로서 파악된다(문화철학은 곧 이러한 도전으로서 이해되었다). 이렇게 파악될 경우에만 문화철학의 급진성과 고유성이 이해될 수 있을 것이다. 사멸하는

---

143 *(옮긴이주) 홀로코스트는 일반적으로 인간이나 동물을 대량으로 태워 죽이거나 학살하는 행위를 뜻하지만, 고유명사로 쓰일 때는 제2차 세계대전 중 나치 독일이 자행한 유대인 대학살을 뜻한다. 1945년 1월 27일 폴란드 아우슈비츠의 유대인 포로수용소가 해방될 때까지 600만 명에 이르는 유대인을 인종청소라는 명목 아래 나치가 학살했다.
144 *(옮긴이주) 굴라크는 1930~1955년 소련의 강제수용소를 뜻하는데, 이 용어는 1973~1976년 파리에서 출판된 솔제니친의 저서 『수용소군도』를 통해 서방에 알려졌다. 소련의 강제수용소 제도는 러시아혁명 후 특히 내전시기에 설치되었고, 1929~1930년 이후의 농업 집단화와 1930년대 후반의 대숙청 이후 대규모화되었다.
145 Valéry, "Die Krise des Geistes." in: *Kulturphilosophie*, 61쪽.

문화의 역사적 경험은 한 세대의 삶의 느낌을 표현하고 있다. 이 세대는 그 때까지 당연하고 친숙하게 여겨졌던 삶의 방식의 토대가 한계에 다다랐고 영원히 거부되어야 할 것이라고 보았던 것이다. 위기의 지각은 유럽인이 자기를 이해하는 데 질적으로 도약했음을 보여 주고 있다. 그리고 이 위기의 지각은 새로운 관심으로 다가온 주제, 즉 문화라는 주제에 대해 사유할 것을 요구하고 있다.

전환은 시대를 적합하게 진단하려는 목적에서 비롯된 것이고 대개 나중에 가서야 확실하게 정립된다. 이러한 통례는 문화적 전환의 경우에서도 마찬가지로 확인된다. 문화가 병들고 허약한 상태에 있다는 시대진단은 실제로는 뒤따라 나타난 사건이 어떤 것이었는지를 경험했던 사람들이라야 비로소 승인을 얻을 수 있을 것이다. 코젤렉Reinhart Koselleck은 세기 말을 계기 삼아 1999년 말 20세기의 조망을 시도했고 일련의 여러 혼란의 경험으로부터 20세기의 특성을 인상 깊게 묘사했다.[146] 그에 따르면 20세기는 최초로 강제수용소 제도를 경험했고 또한 관료주의의 정착뿐만 아니라 집단살인의 과학적 정당화를 경험했던 세기이다. 이 세기는 어떤 세기보다도 많은 사람이 살았던 세기이다. 이 세기는 사람이 고향행성인 지구를 떠나 원거리의 지구모습을 보았던 세기이다. 이 세기는 인간의 정신적 잠재력의 좋은 부분을 우리가

---

146 Reinhart Koselleck, "Hinter der tödlichen Linie. Das Zeitalter des Totalen." in: *Das 20. Jahrhundert. Welt der Extreme*, hg. v. Michael Jeismann, München 2000, 9~27쪽.

거주하는 세계를 군사적으로 파괴하기 위해 활용했던 세기이다. 끝으로 이 세기는 사회의 하부구조인 교통과 커뮤니케이션 형태를 완전히 변화시킴으로써 역사적으로 축적된 시간·공간지각을 철저하게 바꾼 세기이다. 따라서 이 세기의 확실한 인상은 인간이 만들었던 것 중 어떤 것도 지속성을 유지하는 것은 없다는 점과 이제 최악의 것은 물론이고 모든 것이 어느 때나 가능하다는 점이다.

철학자들은 이러한 상황에서 명백하게 나타나는 질적 변화를 즉각 지각했고 그 질적 변화를 자신의 학문과 연관시켰다. 이러한 급진적 변화를 목격한 하나의 증인이 바로 야스퍼스 Karl Jaspers 인데 그는 1930년에 자신의 시대와 이 시대의 정신적 상황은 '무無 앞에 서있는' 상황이라고 보았다. 왜냐하면 예전에 타당성을 지녔던 모든 것은 이제 더 이상 효력이 없음을 스스로 고백해야 했기 때문이다. 그는 "의심의 여지가 없는 것은 아무 것도 없다"고 요약하고 나서 "이제까지의 모든 역사와 단절되어 있다는 느낌은 보편적인 것"[147]이라고 주장한다. 짐멜, 라테나우 Walther Rathenau [148]*, 벤야민, 프로이트 등에게서 이와 비슷한 생각이 발견된다. 개별과학의 지식이 단편적으로 변화되고 과학이 파괴의 메커니즘으로 얽

---

147 Karl Jaspers, *Die geistige Situation der Zeit*, 2.Aufl., Berlin 1931(Nachdruck Berlin/New York 1999) 16쪽 이하.

148 *(옮긴이주) 라테나우(1867~1922): 독일의 정치가, 사업가, 문필가. 그는 유대인 출신이었지만 독일 외무장관으로서, 제1차 세계대전에서의 패전 이후 독일제국이 유럽과 세계의 정치무대에서 힘을 다시 되찾도록 하는 데 전력했다. 그의 저작으로는『시대의 비판』, 『새로운 사회』, 『새로운 국가』 등이 있다.

혀 들어가게 되는 상황을 직면해, 이미 이루어진 지식의 질서를 비판적으로 살피는 것은 절대적으로 필요한 일이다. 지식의 질서 자체는 스스로 과학과 지식의 문제점을 해결할 수 없다. 결론적으로 야스퍼스는 철학적 시대진단의 핵심을 다음과 같이 표현했다. 처음에 인간은 "자연의 힘에 의해 생명을 위협받는" 위험한 상황에 처했다고" 생각했다면, "이제는 인간이 창조한 세계가 인간의 삶을"[149] 위협한다는 것이다.

이러한 역사적 시대진단의 극적인 모습과 의미를 정확히 알기 위해서는 이 문장이 비코를 암시하고 있음을 간파해야 할 것이다. 인간이 자연세계의 부족한 적응력을 상쇄하기 위해 꼭 필요로 했던 민족세계mondo civile, 다시 말해 이러한 인간 스스로가 만든 세계는 이제 인간으로부터 멀어져 인간에게 대항하고 있다. 결핍을 보완할 것이라고 기대되었던 이 대체세계Ersatzwelt는 새로운 불만과 특수한 위협과 위험을 만들어내고 있고 따라서 이 대체세계는 문제시되고 있다. 제1차 세계대전이란 사건 속에서 뚜렷하게 나타난 상실과 전도, 집단의식 내에서 보이는 병적 징후는 바로 그 당시 등장한 문화철학이 정신의 위기Krise des Geistes를 인식하는 계기가 된다. 문화적 전환은 철학과 학문이 (문화의 구성요소로서) 유례없는 위기의 극적인 상황에 직면해서 문화의 이론적 토대와 인간 전체 세계에서의 중요성을 사유하도록 요청받고 있다는 생각의 결과로서 나타났다. 수많은 종류의 당혹, 자극, 항변,

---

[149] Karl Jaspers, *Die geistige Situation der Zeit*, 같은 책, 164쪽.

새로운 시도에 의해 생겨났던 문화철학은 시대의 문제와 함께 하는 철학으로서 존재했고 앞으로도 오직 그런 형태로써만 존재할 것이다.

:: 제3장 문화의 드라마

근대화의 결과가 매우 애매모호하게 경험된다는 것, 근대화는 건설의 힘뿐만 아니라 파괴의 힘도 갖고 있다는 것, 이러한 파괴성의 정점이 식민주의와 전쟁에서 나타났다는 것, 끝으로 전통과 현대는 매개될 수 없다는 것과 같은 이 모든 내용은 '문화의 비극 Tragödie der Kultur'이라는 표현으로 요약되었다. 문화의 비극이란 표현은 제1차 세계대전 직전 처음으로 사용되었고 시대진단과 현존재진단을 과감하게 포괄하고 있다.

짐멜은 『로고스』(1911/12) 잡지에 그 사이에 이미 유명해져 있던 자신의 논문을 발표하고 이 논문에 「문화의 개념과 비극 Der Begriff und die Tragödie der Kultur」이라는 제목을 달았다. 이 논문의 핵심 구절은 제목을 선정하는 데 사용되었는데, 그 구절은 다음과 같다. "존재에 대항하는 파괴적인 힘들이 바로 이 존재 자체의 심층으로부터 발원하고" "존재의 파괴와 함께 운명이 완성"됨을 고백해야만 한다면, 그 운명은 단순히 슬픈 운명 또는 파괴적 운명으로서가 아니라 "비극적 운명"으로 간주되어야 한다는 것이다. 이 때 운명은 "존재 자체 안에 이미 내재된, 말하자면 존재가 자신의 긍정성을 실현할 때 따르는 바로 그 동일한 구조의 논리적 전개"[150]이다.

문화의 비극이라는 짐멜의 표현에 아무런 전제가 없는 것은 아·
니다. 비극적인 것에 대한 의식, 즉 비극적 의식에는 이미 거대한
전사前史가 있고 또 그 동안 등장했던 비극의 동기는 상당한 계속
성을 보여 주고 있다. 우선 이러한 동기 중 하나로 인간의 한계와
유한성을 들 수 있다. 그리고 또 하나의 동기는 한쪽의 인간 현존
재와 다른 한쪽의 신의 존재 사이에 다리가 놓일 수 없다는 생각
이다. 그 세 번째 동기는 신의 퇴각이다. 파스칼의 관찰에 따르
면, 신의 퇴각은 근대가 시작된 후 이성이 어떤 것보다 우선시되
는 현상이 새롭게 나타남으로써 확인되었다. 그리고 끝으로 네
번째 동기는 미래의 회의이다. 미래의 찬양은 파스칼과 니체에
의해 계속하여 의구심의 대상이 되었다. 그리고 이 찬양은 이제
직접적인 현존재의 실존적인 요구가 사유의 대상이 되었기 때문
에 관심에서 멀어졌다.[151] 여기서 덧붙여 말해야 할 것은 짐멜이

150 Georg Simmel, "Begriff und Tragödie der Kultur", in: *Kulturphilosophie*, 25~57쪽, 여
    기서는 52쪽. 이는 또한 Klaus Lichtblau, *Georg Simmel*, Frankfurt/M./New York 1997,
    특히 68쪽 이하 참조. 아직도 언제나 추천할 만한 가치가 있는 것은 1920년대에 쓰어진
    양켈레비치의 글이다. Vladimir Jankélévitch, "Der Lebensphilosoph Georg Simmel." in:
    ders., *Das Verzeihen*, 같은 책, 23~69쪽.

151 이러한 일련의 동기는 Lucien Goldmann, *Der verborgene Gott. Studie über die tragische
    Weltanschauung in den Pensées Pascals und im Theater Racines,* Neuwied/Darmstadt 1985,
    104쪽 이하 참조. 골드만은 루카치의 「비극의 형이상학: 파울 에른스트(*Metaphysik der
    Tragögie: Paul Ernst*)」(1910)(Georg Lukacs, *Die Seele und die Formen. Essays,*
    Neuwied/Berlin 1971, 218~250쪽)를 논거로 삼고 있다. 그 밖에 강조되어야 할 것은
    다음의 연구들이다. Peter Szondi, *Versuch über das Tragische*, 2.Aufl., Frankfurt/M. 1964;
    Hans—Georg Gadamer, "Prometheus und die Tragödie der Kultur", in: ders., *Kleine
    Schriften,* Bd.2, Tübingen 1967, 64~74쪽; 최근에 나온 Günter Peters, "Prometheus
    und die 'Tragödie der Kultur'. Goethe—Simmel—Cassirer." in: *Cassirer und Goethe. Neue
    Aspekte einer philosophisch-literarischen Wahlverwandtschaft,* hg. v. Barbara Naumann u.

수용했던 비극적인 것의 계보학 전통은 그 이후에도 다른 사람들이 계속해서 계승했다는 점이다. 그 전통은 예컨대 루카치, 그리고 독일의 비극[152]에 주석을 달았던 벤야민이 계승했다. 짐멜과 이따금씩 교류했던 후설은 '문화의 비극'이란 말을 과학의 문제와 연관지어 생각했다. 예컨대 과학이 분과학문과 전문지식으로 분열되는 현상과 연관지어 생각했다.[153] 왜냐하면 이러한 현상은 보편적인 지혜sapientia universalis를 직접적으로 위협하는 것이기 때문이다.

앞에서 말한 동기들은 짐멜의 경우에도 의심의 여지없이 나타나고 있다. 특징적인 것은 인간의 상황을 비극적 상황으로서 해석하는 전통이 두드러진다는 점이다. 짐멜도 철학적 인간학과 마찬가지로 인간을 탈중심적인 존재exzentrisches Wesen로 규정한다. 왜냐하면 인간이 자연세계와의 조화로운 연관 속에서 살 수 있는 가능성이 없다고 보기 때문이다. 그러나 철학적 인간학이 인간과 자연세계 사이의 불화를 인간의 생물학적 출발조건으로서 파악하고 동시에 이 불화의 원인을 인간의 육체적 조건에서 찾고 있다면, 짐멜은 그 원인을 의지주의적으로 설명하는 경향성을 띠고 있다. 짐멜이 쓴 논문의 첫 구절이 말하고 있는 바와 같이 인간은

Birgit Recki, Berlin 2002, 113~136쪽.

152 Walter Benjamin, "Ursprung des deutschen Trauerspiels." in: *Gesammelte Schriften*, hg. v. Rolf Tiedemann, Frankfurt/M. 1974, Bd. I/1, 203~430쪽.

153 Edmund Husserl, *Formale und transzendentale Logik. Versuch einer Kritik der logischen Vernunft*, hg. v. Paul Janssen, Den Haag 1974(Husserliana, Bd.17), 7쪽.

주어진 상황에 만족하지 않기 때문에 스스로를 '분열시키는' 존재이다. 짐멜의 경우 '이원론Dualismus'이 인간의 삶을 지배한다고 보고 있는데, 이와 같은 이원론은 단순하게 일어나는 것도 아니고 헤르더의 경우처럼 인간이 계모 같은 자연의 경솔함 때문에 치러야 하는 대가도 아니다. 이 이원론은 자신을 객관화시키는 방향으로 몰아가는 인간의 의지와 추구의 결과인 것이다.

짐멜 스스로가 암시한 바와 같이, 이러한 그의 생각에는 쇼펜하우어Arthur Schopenhauer의 의지의 형이상학Metaphysik des Willens이 영향을 미치고 있음을 알 수 있다.[154] 그러나 짐멜의 문화철학의 핵심을 이해하려 할 때 중요한 것은 그가 어떤 철학을 수용했는지 하는 물음이 아니라 분열이 뜻하지 않게 존재한다는 사실 자체이다. 이러한 사실 때문에, 다시 말해 '주체'와 '객체' 사이의 '거대한 이원론' 때문에 하나의 과제가 설정되었다. 이 과제는 분열된 현재 상태를 극복하는 것이다. 이 과제는 개인뿐만 아니라 완전히 보편적인 차원에서 유적 존재로서의 인간과 관련된 문제이다. 이로써 문화과정은 분열된 것을 시간흐름 속에서 통일시킬 수 있다는 관점 속에서 파악되거나 아니면 (이것도 대안이 될 수 있는 것인데) 분열은 항구적이라는 사실을 받아들이고 견뎌내야 한다는 관점 속에서 파악된다.

짐멜이 호감을 갖는 것은 확실히 복원Wiederherstellung의 관점이다.

---

154 Georg Simmel, *Philosophie des Geldes*, in: *Gesammtausgabe*, 같은 책, Bd.6, 591쪽 이하 참조.

인간은 복원에의 '동경'[155]을 갖고 있으며 따라서 자신의 목적을 달성하기 위해 상당한 에너지를 방출한다. 하지만 이 때 인간이 내딛는 길의 궤도는 임의적인 것이 아니라 삶에 의해 미리 규정되어 있다. 짐멜의 경우 삶 Leben은 이미 방향이 정해진 발전이고 미리 규정된 과정이 시간 속에서 현실화되는 것이다. 바로 이 지점에서 문화개념과의 연관은 물론 문화개념의 규범성과의 연관이 생겨난다. 짐멜의 경우 처음에는 분열을 낳지만 하나의 '미리 규정된' 방향을 따르는 역동적인 발전에 귀속되어 이러한 목표달성에 도움이 되는 그러한 것만이 문화로 불릴 만한 자격이 있다. 이러한 점을 잘 나타내고 있는 것은 그 동안 많이 인용된 짐멜의 다음과 같은 말이다. "문화는 폐쇄된 통일성에서 다양성의 전개를 거쳐 계발된 통일성으로 나아가는 길"[156]이라는 말이 그것이다.

이전의 비코나 루소처럼 짐멜은 철학적 사유를 철학적으로 비판할 때, 다시 말해 철학적 사유를 역설적으로 비판할 때, 매우 극적으로 나타나는 '삶과 형식 Form 간의 투쟁'은 물론이고 (후기의 논문 속에서 매혹되었던) 형식적인 것의 독재를 적극적으로 활용했다. 그에 따르면 철학적 사유는 자신이 기술한 관계를 속에 결국 자신이 얽혀든 상태에 있다는 것이다. 1916년 1월의 글에는 다음과 같이 씌어 있다. "기호가 기만하지 않는다면, 철학의 전체 도구는 삶과 무관한 공허한 껍질이 되기 시작했다."[157] 이 표현은

---

155 Georg Simmel, "Begriff und Tragödie der Kultur." in: *Kulturphilosophie*, 30쪽.
156 앞의 책, 27쪽, 또한 36쪽 이하.

신칸트주의의 체계나 강단철학의 개념유희에 싫증을 내는 것뿐만 아니라 이 보다 훨씬 많은 내용을 함축하고 있다. 삶의 형식과 사유형식 사이에 틈이 벌어질수록 문화를 형성하는 데 참여하는 개인의 힘은 점점 더 작아진다는 것이 삶의 철학의 판단결과이다. 짐멜은 삶의 형식과 사유형식 사이의 차이가 계속 커져가는 것에 대항해야 한다고 주장한다. 영혼의 '고유한 발전'과 문화의 진화는 서로 조화를 이루어야 하고 내적인 것과 외적인 것은 서로 일치해야 한다는 것이 그의 요구이다.

　짐멜의 이러한 최종적인 결론을 보면 그의 문화적 이상理想의 목표가 얼마나 높이 설정되어 있는지를 알 수 있다. 이러한 희망을 따르는 경우에는 이원론의 극복은 기껏해야 산발적으로 순간적으로 표면적으로나 일어날 수 있을 뿐이다. 발전과정이 통일에 도달하는 상황, 다시 말해 간절히 기대된 화해는 계속해 틀림없이 항상 지연될 것이고 또한 통상적으로는 실패로 나타나게 될 것이다. 인간의 성과가 '객관정신의 형상'으로 분명하게 드러나는 경우조차도, 말하자면 정신과 정신이 만나는 경우조차도 그 화해는 실패로 보이게 될 것이다. 물론 짐멜은 문화적 사실fait culturel을 강조한다. 그는 "언어, 제도, 작품, 도구, 기술"의 형태로 나타나고 문화적 세계로 객관화된 "유적 존재의 정신적 작업"[158]을 강조

157　Georg Simmel, "Die Krisis der Kultur. Rede, gehalten in Wien. Januar 1916", in: *Gesamtausgabe*, 같은 책, Bd.16, 37~58쪽, 여기서는 45쪽.

158　Georg Simmel, *Philosophie des Geldes*, 같은 책, 626쪽. 또한 Georg Simmel, "[Rezension von] Steinthal, H., Allgemeine Ethik", in: *Gesamtausgabe*, 같은 책, Bd.1, 192~210쪽,

한다. 하지만 이러한 객관화의 구조는 조화롭지 못한 상태에 있다. 왜냐하면 나와 세계 사이에는 언제나 틈이 벌어져 있기 때문이다. 문화발전의 근원적 역동성은 응고된 형식 속에서 파괴된다는 것이다. 이것은 짐멜이 간결하게 언급한 바와 같이 마치 "영혼의 창조적 운동성이 자기가 만든 생산물에 의해 죽는 것"[159]과 같은 것이다.

정리해 보면, 짐멜이 계속하여 강조하는 것처럼 문화는 근원적인 이원론의 극복을 완성한 상태이다. 문화는 "언제나 종합Synthese"[160]인 것이다. 문화는 포괄되고 동시에 포괄하는 어떤 통일성이다. 다시 말해 문화는 이원적 세계에 놓여 있고 이원론을 실현하고 있지만 동시에 (짐멜이 파악한) '차이가 있기 이전의 통일성'을 보여 주는 증인이기도 한다. 이 통일성은 근원적인 것이며 이원론의 방해에 앞서 존재하는 것이라고 한다. 우리는 이러한 근원적인 통일성을 행복한 이상향 같은 것으로 틀림없이 생각할 것이다. 그런데 짐멜은 이 근원적인 통일성이 지니고 있는 문제는 별로 생각하지 않는다. 문화는 이 근원적인 통일성으로부터

여기서는 208쪽.

[159] Georg Simmel, "Begriff und Tragödie der Kultur." in: *Kulturphilosophie*, 31쪽. 짐멜은 철학적 문필가로서 명확한 지각능력과 역사적 시야를 가졌음에도 불구하고 몇 개월 동안은 전쟁에 열광적으로 사로잡혀 있었다. 이러한 사실은 비극의 실존적 차원을 잘 나타내고 있다. 짐멜은 1914년 9월 30일 수스만(Margarete Susman)에게 "한번은 역사 속에서 체험할 무시무시한 경험이 아닌가! 이것은 정말 유례가 없는 것이다"라고 쓰고 있다(인용은 다음의 책을 따랐다. Gregor Fitzi, "Zwischen Patriotismus und Kulturphilosophie. Zur Deutung des Simmelschen Position im Ersten Weltkrieg." in: *Simmel Newsletter7*, Haft2, 1997, 115~130쪽, 여기서는 122쪽).

[160] Georg Simmel, "Die Krisis der Kultur." 같은 책, 39쪽.

유래하고 새로운 단계에서 그 통일성의 복원을 추구한다. 이로써 문화의 규범이 정해지고 문화는 이 규범에 따라 스스로를 평가해야 한다. 그런데 여기서 결국 문화는 좌초한다. 다시 말해 짐멜이 묘사한 문화발전의 역사에서는 기대되었던 근원적 통일성의 복원이 실패로 돌아간다. 왜냐하면 문화의 토대 속에 이미 존재하는 분열은 높은 단계에서도 결코 통일되지 않기 때문이다. 처음에 '미리 규정된' 전체적인 진행방향은 독립화의 경향 때문에 위험에 처하게 되고, 문화의 목적은 문화 자체에 의해, 다시 말해 문화의 고유한 착종과정에 의해 필연적으로 도달될 수 없는 것으로 드러난다. 문화는 규범적으로 보면 종합Synthese이지만 경험적으로 보면 분열Entzweiung로 드러난다. 이로써 비극의 동기는 다시 등장한다. 짐멜이 자신의 비극형식을 설명하고 있는 바와 같이 "주체의 발전은 객체가 취하는 길을 이제 더 이상 따라갈 수 없다. 그럼에도 불구하고 객체의 길을 따라갈 경우 주체는 막다른 골목에 갇히거나 내적이고 사적인 삶의 공허함 속에서 길을 잃게 된다."[161] 비극적인 것은 객체가 완전히 독립적인 것이 되었다는 사실 그 자체에서 생겨나는 것이지 객체가 독립적인 것으로 된 상황에 불만을 갖는다는 것에서 생겨나는 것은 아니다. 짐멜의 제자인 루카치가 나중에 이 생각을 다시 표현한 것처럼,[162] 비극적인

---

[161] Georg Simmel, "Begriff und Tragödie der Kultur." in: *Kulturphilosophie*, 53쪽.

[162] Georg Lukacs, *Geschichte uns Klassenbewußtsein. Studien über merxistische Dialektik*, Darmstadt/Neuwied 1975, 170쪽 이하 참조. 이 동기의 유래는 Lucien Goldmann, *Lukacs und Heidegger. Nachgelassene Fragmente*, Darmstadt/Neuwied 1975, 113쪽 이하 참조.

것의 원인은 거부할 수 없는 **사물화**_{Verdinglichung} 그 자체에 있는 것이다.

카시러는 이러한 본질적인 문제에 철학적으로 대답했다. 그는 이 문제를 다루면서 문화철학이란 용어를 사용하는 데 유보적이었던 짐멜과 달리 문화철학 명칭을 명확하게 사용했고 마침내 이것의 윤곽도 그려냈다. 물론 이 때 카시러는 비극논문의 저자 짐멜이 널리 확산시킨 염세주의를 의구심을 갖고 다루고 있지만 『돈의 철학』_{Philosophie des Geldes}에서 강조된 바 있는 철학적 반성과 '완성된 경험'_{vollendete Empirie}(짐멜은 이렇게 표현했다) 간의 관계를 해석하려는 노력을 하고 있다. 카시러는 이와 같이 비교적 현상학적으로 생각하는 짐멜에게 자신을 안내하도록 했다. 짐멜의 철학은 곧바로 전체성으로 나아가려 하지 않았다. 짐멜은 헤겔의 전통에 서서 다시 한번 총체성을 제시하려 하지 않았다. 그 반대로 짐멜은 특수한 '문제'에서 출발하여 가장 보편적인 것으로 나아가려 했다. 달리 말하면 짐멜은 "삶의 개별성 속에서 삶의 의미의 보편성"[163]을 찾으려 했던 것이다. 『돈의 철학』의 서두의 강령적인 글과 특히 여기 서술된 "문화의 현상학"[164]은 짐멜의 독특한 이론작업의 계획

---

163 Georg Simmel, *Philosophie des Geldes*, 같은 책, 12쪽.
164 이러한 측면에서 굿슈타인(Elizabeth S. Goodstein)은 짐멜이 현대사회학의 창시자로서 보다는 "니체에서 헤르더로 거슬러 올라가는 지성전통의 상속인"으로서 보다 분명하게 나타난다고 평가하고 있는데, 이것은 올바른 평가이다(Elizabeth S. Goodstein, "Georg Simmels Phänomenologie der Kultur und der Paradigmenwechsel in den Geisteswissenschaften." in: *Aspekte der Geldkultur*, 같은 책, 29~62쪽, 여기서는 31쪽). 보다 명확하게 표현하기 위해 나는 짐멜이 그러한 지성 전통의 비판적 상속인이라고 덧붙이고 싶다.

을 보여 주는 것은 물론이고 나중에 카시러가 『상징형식의 철학』에서 비로소 완성적인 형태로 표현하게 될 많은 생각도 선취하고 있는 것이 사실이다. 이것은 비판적 문화철학의 중심개념인 '의미 Bedeutung'와 '상징 Symbol' 개념에도 해당된다.

이러한 서로 간의 얽혀 있는 상황을 생각해 보면, 카시러가 짐멜과의 관계를 단순히 끊은 것도 비극에 관한 자기 스승의 판단을 간단히 반대한 것도 아니라는 점을 알 수 있다. 카시러의 저작은 얼핏 보기에 라이프니츠적인 낙관주의에 기초를 두고 있는 것처럼 보인다. 그렇지만 그의 저작이 근본적으로 그러한 성격을 지니고 있는 것은 결코 아니다. 오히려 그 반대라고 할 수 있다. 카시러는 나중에 짐멜에게 응답하는 형식의 글에서 다음과 같이 쓰고 있다. "사람들이 문화에 회의하고 문제 삼을 수 있는데 이것은 매우 중요한 의미를 갖는다." 그리고 문화는 "단순한 생기生起나 고요한 과정이 아니라 항상 새롭게 시작되어야만 하는, 결코 어떤 확고한 목표도 설정되어 있지 않은 행위Tun이다"라고 계속해서 쓰고 있다. 카시러의 경우 바로 이러한 사정 때문에 '문화의 드라마'가 생겨난다. 말하자면 문화가 현실의 삶으로부터 더 이상 신뢰받지 못해 이제 문화의 변화가 요구될 때, 문화가 아주 힘들게 하는 것, 곤란하게 하는 것, 요구하는 것이 되었을 때 바로 '문화의 드라마'가 생겨나게 된다. "문화로써 건설된 모든 것은 다시 손쉽게 파괴될 위험성을 항상 갖고 있다."[165]

---

165 Ernst Cassirer, "Die 'Tragödie der Kultur'." in: *Kulturphilosophie*, 107~139쪽, 여기서

문화철학자인 카시러가 짐멜의 작품을 어떻게 해석하고 있는지, 철학적 전통 전체를 어떻게 해석하고 있는지에 대해서는 체계적으로 기술된 이 입문서 뒷부분의 장에서 여러 번 논의될 것이다. 지금 여기 역사적 부분의 결론을 내리는 데는 다음과 같은 판단이면 충분할 것이다. 그가 선배들의 유산을 오늘날 손쉽게 수많은 문화세계에 적용할 수 있는 그러한 완성된 방법론적 도구로 발전시키지 못했다는 것이 그것이다. 그 반대로 카시러의 생각은 본질적으로 구상Entwurf의 특성을 지니고 있다. 그의 생각들은 "미래의 문화철학을 위한 서론Prolegomena"[166]이라고 할 수 있다.

물론 이러한 유보적 태도가 자기비판으로 이해되거나 게다가 사유의 포기로 이해되어서는 안 된다는 점을 여기서 덧붙여 말해야 할 것이다. 이러한 태도는 사태Sache의 요구에 부합하는 것이다. 문화로 지칭되는 것은 오직 실제 현실의 자료들 속에서만, 다시 말해 인간이 만든 의미 있는 세계의 '완성된 경험' 속에서만 파악된다는 생각이 옳다면, 문화철학은 여러 지역공간의 온갖 다채로운 모습들을 지각하는 개방된 형태의 이론으로서 정립될 수밖에 없다. 이른바 인간의 본질로 되돌아가는 인간학은 문화를 파악하기 위한 대안이 될 수 없다. 짐멜이 '근대의 본질'로 간주한 심리학주의, 즉 "세계를 우리의 내면의 반응에 따라, 말하자면 내

는 114쪽 이하. 카시러와 짐멜 사이의 가깝고 먼 관계는 '문화의 드라마'(앞의 책, 134쪽)란 선호된 표현 속에서 서술되고 있다.
[166] Ernst Cassirer, "Zur Logik des Symbolbegriffs"(1938), in: ders., *Wesen und Wirkung des Symbolbegriffs,* 7.Aufl., Darmstadt 1956, 201~230쪽, 여기서는 229쪽.

부의 세계로서 체험하고 해석하는"[167] 심리학주의도 마찬가지로 그 대안이 될 수 없다. 특유의 인간적인 것은 '실체적인' 정의의 관점에서가 아니라 '기능적인 정의'의 관점에서 이해되어야 한다. 카시러에 따르면 "인간의 고유한 특성, 다시 말해 인간의 실제적인 특성은 인간의 형이상학적 본성이나 물리적 본성이 아니라 "언어, 신화, 종교, 예술, 과학, 역사"와 같은 문화 형식에서 나타나는 인간의 활동Wirken"이기 때문이다.[168]

이로써 문화란 주제가 지니고 있는 진정한 철학적 도전은 새로운 모습을 띠게 되었다. 이러한 철학적 도전은 '세계'로, 말하자면 인간의 문화로 지평을 확장하는 것은 돌이킬 수 없는 일이며 이러

---

167 Georg Simmel, "Rodin(mit einer Vorbemerkung über Meunier)", in: *Gesammtausgabe*, 같은 책, Bd.14, 330~348쪽, 여기서는 346쪽.

168 Ernst Cassirer, *Versuch über den Menschen. Einführung in eine Philosophie der Kultur*, Frankfurt/M. 1990, 110쪽[강조는 저자가 함]. 카시러는 여기서 실제적으로 예전의 생각에 근거를 두고 있다. 그는 1910년에 최초로 출간되었고 사유의 기본방향을 제시했던 **실체개념과 기능개념**의 차이에 관한 연구에 특히 자신의 생각을 연결시킨다(*Gesammelte Werke*, 같은 책, Hamburger Ausgabe, Bd.6과 카시러의 전반적 서술인 Andreas Graeser, *Ernst Cassirer*, München 1994, 129쪽 이하 참조). 카시러의 1939년 인간학 강의 중 먼저 출간된 발췌본은 문화철학의 이력의 형성과정을 보여 준다. 비코가 강조하고 루소가 강화한 요구, 즉 철학은 인간을 다루어야 한다는 요구는 카시러의 경우에도 엄밀한 의미에서는 인간학으로 나아가지 않는다. 그 대신에-칸트와 함께-문화 안에서의 인간의 자기표현을 분석함으로써 특유의 문화철학적인 우회로로 나아간다. 칸트가 표현한 것처럼, 문화는 "완전한 예술이 다시 자연이 될 때까지" 자연의 요구에서 "단절"을 말한다. "문화는 그러한 것으로서 인류의 인륜적 규정의 최종목표이다"(Immanuel Kant, "Muthmaßlicher Anfang der Menschengeschichte." in: *Akademie-Ausgabe*, 같은 책, Bd.8, 107~123쪽, 여기서는 117쪽 이하; Kant, "Nachlaß." in: *Akademie-Ausgabe*, 같은 책, Bd.15, 887쪽; "Ernst Cassirer, Einleitung in die Geschichte der philosophischen Anthropologie-Göteborger Vorlesungen 1939/40", hg. v. Gerald Hartung, in: *Kulturwissenschaftliche Studien*, hg. v. Hans-Jürgen Lachmann u. Uta Kösser, Bd.4, Leipzig 1999, 2~22쪽 참조).

한 관점에서 학문과 이론적 인식을 통합할 필요가 있다는 생각에서 비롯된다. 카시러가 앞의 책에서 말한 바와 같이, 문화를 철학적으로 성찰하는 일은 철학과 정신과학의 공동작업을 전제로 한다. 문화의 철학적 성찰은 수사학적인 과장을 극복해야 하고 '개념적 추상' 아니면 '현상학적 정밀묘사'라는 양자택일은 물론 '보편주의' 아니면 '상대주의'라는 양자택일도 넘어서야만 한다. 이미 비코에 의해 타당성을 얻은 바 있는 문화철학의 철학비판적인 활기가 이제 새로운 방향 속에서 다시 한번 강하게 확인된다. 말하자면 문화철학은 통상 상호 모순적인 개념을 갖고 있는 각 입장의 역할을 서술할 수 있고 이 입장들의 이념적 배후를 검토할 수 있다. 물론 이 때 문화철학은 친구와 적이라는 일상적인 도식을 틀림없이 멀리하게 될 것이다. 문화철학의 과제는 파당을 결성하거나 양극단을 만드는 데 있는 것이 아니라 (문화철학도 이러한 문화현장에 속해 있는 것이 사실이지만) 특정한 문화현장 속에 나타나는 파당결성이나 양극화현상을 테마로 다루는 데 있다.

카시러는 문화철학은 철학 내에서 "아마 가장 의문시되고 가장 논쟁의 여지가 많은 영역"[169]일 것이라고 했다. 이 말은 결코 경솔한 말이 아니다. 이 말은 문화철학의 체계는·완결될 수 없다는 관점에서 이해되어야 할 것이다. 카시러보다 문화철학적 도전의 성격을 정확히 알았던 사람은 없었다. 그보다 문화철학이 공개적

---

[169] Ernst Cassirer, "Naturalistische und humanistische Begründung", in: *Kulturkritik*, 137쪽.

으로 논의될 수밖에 없다는 점을 명확히 파악했던 사람은 없었다. 우연성을 인정하는 태도는 신화와 신화적 사유를 극복하기 위한 중요한 전제이다. 신화적 사유형태는 우연적인 조건을 인식하는 데 전혀 관심이 없다.[170] 철학은 근본원리를 묻거나 지식의 통일성과 최종근거를 묻는 것에 익숙했기 때문에 이러한 유형의 것들이 점차 사라지는 현상에 반응하는 데 항상 취약했다. 문화철학이 지닌 특유의 철학적인 요구는 바로 철학이 자신의 고정관념을 수정해야 한다는 데 있다. 보다 정확히 말해 철학이 그 동안 신뢰했던 것들의 몰락현상에 대응할 준비를 해야 한다는 것이 그 요구이다.

문화의 혼란을 진지하게 받아들이지만 이 혼란을 절망의 근거로 삼는 것이 아니라 오히려 문화개념의 새로운 구상을 위한 기회로 파악한 것은 카시러의 진정한 업적이다. 카시러 이후 문화는 어떤 간접적인 것이 되었다. 문화는 말하자면 의미Bedeutung와 같은 것을 비로소 가능하게 하는 은유Metapher가 되었다. 다음과 같은 점은 문화적 전환의 고유한 특징을 잘 나타내 주고 있다. 우리가 이제 더 이상은 의미를 간단히 획득할 수 없고 방법론을 통해 명확히 드러낼 수도 없다는 것, 지식의 가치기준을 간단히 정립할 수 없고 학문의 제도를 통해 확산시킬 수도 없다는 것, 그 대신

---

170 카시러는 죽음의 지식을 바로 인간의 우연적 조건의 지식으로 간주한다. "일정한 의미에서 볼 때 신화적 사유 전체를 죽음의 고집스럽고 집요한 거부로 해석할 수 있다"(Ernst Cassirer, *Versuch über den Menschen*, 같은 책, 134쪽).

에 우리가 해석Interpretation이라는 우회로의 작업을 스스로 떠맡을 수밖에 없다는 것이 그것이다. 우리가 해석의 작업을 하는 것은 의미가 각각의 개별상황에서 어떻게 생겨나는지, 우리가 문화적 대상에 관심을 가질 때 이것이 어느 정도까지 우리와 관련 있는지를 발견하고 또 계속하여 재차 새롭게 발견하기 위해서이다.

바이마르 시대의 문화철학에 의해 이루어진 **문화적 전환**(문화로의 전환)이 함축하고 있는 의미는 하나의 새로운 패러다임을 요구하는 것에 있지 않을뿐더러 언젠가 헤겔이 말한 이른바 "세계사의 거대한 노동"[171]에서 생겨나는 것도 아니다. 그 반대로 문화적 전환은 이성, 방법, 세계사와 같은 어떤 보편적 주체의 제국주의적 행태로부터 명확성을 정립하던 시대는 끝났고 그러한 시대는 현재의 조건에서 볼 때 다시는 부활될 수 없다는 기본인식을 함축하고 있다. '사멸하는 것'으로 인식된 문화는 새로운 보편주체가 될 수 없다. 그리고 합리적 모델과 반성적 척도로서의 문화개념도 마찬가지로 의심스러운 것이 되었다. 이제 문화는 불변하는 의미의 안정된 질서를 제공하지 않는다. 오히려 문화는 인간 "스스로가 만든 지성적 상징물"[172]의 총체로서 나타난다. 문화적 전환이란 구상 속에서 대상을 설명한다는 것은 이제부터 그 대상에

---

171 Georg Wilhelm Friedrich Hegel, *Phänomenologie des Geistes,* in: Theorie Werkausgabe, hg. v. Eva Moldenhauer u. Karl Markus Michel, Frankfurt/M. 1969~1971, Bd.3, 33쪽 이하.

172 Ernst Cassirer, *Philosophie der symbolischen Formen,* Bd.1, in: *Gesammelte Werke,* 같은 책, Bd.11, 3쪽.

담겨 있는 유의미성의 층을 다양한 이해방식 속에서 해석하고 그 유의미성에 현재성을 부여한다는 것을 뜻한다.

문화적 전환으로 표현된 철학적 전환에서 유일한 점은 아니더라도 본질적인 점은 다음과 같은 것이라고 할 수 있다. 문화철학적 전환kulturphilosopische Wende에 의해 일어난 새로운 변화의 중심에는 의미문제Bedeutungsproblem가 있다는 점이 그것이다. 문화적 전환이 이루어지고 나면, 문화 없이 의미는 결코 존재하지 않게 된다. 따라서 문화는 잠재적인 문화적 대상인 **문화적 사실** 속에서 "무엇인가를 사유하라" 내지 사유해야만 한다는 요청을 가리키는 은유가 된다. 공허한 선형적 시간, 낡은 지식, 무차별적인 자연세계는 기껏해야 삶을 의미 있게 만들고 현존재를 가치 있게 만드는 구조를 주어진 상황에서 일차적으로 만들어 내는 정도의 일만을 할 수 있을 것이다.

제4부
문화철학에의 욕구

지금부터 기술되는 것은 이 입문서의 가장 체계적인 부분으로서 하나의 연구가설을 기초로 하고 있다. 문화철학이 철학의 전통적인 영역과 학파로부터 서서히 벗어나 마침내 고유한 학문분과로 윤곽을 획득했다는 것이 그 가설이다. 이러한 역동적인 변화가 텍스트 속에서 항상 손쉽게 확인되는 것은 아니다. 우리가 앞으로 논의하게 될 카시러도 자신의 생각을 타자의 언어로 이야기했다. 그는 많은 주석을 달면서 철학을 했는데, 그의 이러한 태도는 역사적 단절을 계획하기보다는 변화 속에서 지속성을 제시하려는 그의 모습에 어울리는 것이다. 그는 분석적인 관심을 갖고 있었다고 해도 언제나 종합의 열정을 보다 많이 갖고 있었다. 그가 이러한 서술방식을 채택하고 있기 때문에 그의 저술이 촉진했던 철학적 패러다임의 역사적 변화를 올바르게 평가하는 일은 결코 쉽지 않아 보인다. 따라서 여기서는 개괄적인 설명방식을 취하기로 한다. 문화라는 주제가 어떤 철학적 의미를 지니고 있는지가 완전하게 밝혀져서 이 주제가 독립적인 주제가 되는 과정은 서서히 일관되게 진행되었고, 전체적으로 보면 이 과정은 세 단계로 존재했다고 할 수 있다. 이 과정에서 첫 번째 단계는 삶의 **철학**Lebensphilosophie이고, 두 번째 단계는 **신칸트주의**Neukantianismus이고, 세 번째 단계는 **역사철학**Geschichtsphilosophie이다.

가능한 한 간략하게 설명할 것이다. ① 짐멜의 문화철학의 핵심명제는 "창조적 삶은" 시간이 지나면서 "다시는 삶으로서 존재할 수 없는 것, 삶을 중단시키는 것, 삶의 고유한 권리에 대립하는 것"[173]을 만들게 된다고 주장한다. 근원적인 통일성을 전제로 삼고 있는 삶의 철학은 문명화의 과정을 문화가 지속적으로 자기 자신과 불화 관계에 놓이는 과정으로서 이해한다. 그리고 비극은 문화의 전개 과정 자체가 바로 문화의 존속을 위협한다는 사실에 있다고 이해한다. 짐멜이 말한 바와 같이 삶은 자기를 외화하는 Selbstentäußerung 과정에서 불가피하게 "우회로Umwege"[174]에 봉착하게 되고 이 우회로에서 자기 자신을 상실하게 되며 자기 자신의 분열로 내몰리게 된다고 한다.

짐멜은 우회로를 잘못된 길Irrweg로서, 말하자면 유일한 근원적 궤도에서 비정상적으로 이탈한 길로서 이해한다. 이와 달리 문화철학은 카시러가 설명한 바와 같이 문화가 스스로 위험을 만들어낸다는 극적 현상의 내용들을 인정한다 할지라도 근원에의 동경

---

173 Simmel, "Die Krisis der Kultur." 같은 책, 42쪽.

174 Simmel, "Die Krisis der Kultur." 같은 책, 37쪽. 리히트블라우(Klaus Lichtblau)는 짐멜의 문화에 일반적 규정을 우회로의 위상학(Topologie)으로서 해석하는데, 이 해석은 올바르다(Lichtblau, *Simmel*, 같은 책, 70쪽). 영혼이 자신의 발전의 길을 내딛는 과정에서 객체의 세계에 관여하게 되는데 바로 이 객체의 세계에서 자신을 상실할 때 '비극'이 생겨난다. 이제부터 영혼은 예전처럼 저 길을 완전히 통과하여 다시 자기 자신으로 돌아오는 시야를 완전히 빼앗긴 상태이다(앞의 책, 77쪽 이하).

은 거부하는 태도를 취한다. 짐멜의 생각의 중심에 자리잡고 있는 이러한 근원에의 동경은 '차이가 있기 이전의 통일성'을 간절히 바라기 때문에 대두되는 것이다. 바로 이 근원에의 동경이 문화철학이 삶의 철학과 결별하게 되는 이유이다. 철학적 사유가 삶의 본질을 "이른바 비형식적 순수성"[175]에서 제시하려 한다거나 삶의 본질을 철학의 유일한 판단기준으로 만들기를 고집할 경우에는 일상 세계를 구성하고 있는 갈등과 불확실성을 파악할 수 없는 것은 물론이고 결코 이것들을 극복할 수도 없을 것이다. 카시러는 이미 1906년의 저술인 『인식의 문제Erkenntnisproblem』의 첫 권에서 역사적 · 비판적으로 보면 실제로는 "정신의 산물"[176]에 불과한 것임에도 불구하고 이것을 "불변하는 영원한 형상"으로 받아들이는 그러한 종류의 생각을 "어리석은" 것으로서 거부한다. 카시러가 덧붙여 말하는 바와 같이 "통상적인 입장의 **독단주의**"를 비판하는 이유는 이 입장을 상대화시켜 그 인식의 타당성을 감소시키기 위해서라기보다는 오히려 정신적 형성물의 "계속적인" 생성과 "새로운 생산성"을 촉진하려는 데 있다고 한다.

　카시러의 이러한 생각이 무미건조한 태도를 취하고 있다 해서 이 생각을 과소평가하는 실수를 범해서는 안 될 것이다. 철학적인 세계관찰 중에서 맥락과 상황을 중요시하는 유형은 이미 벌써

---

175 Simmel, "Die Krisis der Kultur." 같은 책, 42쪽.
176 Ernst Cassirer, "Das Erkenntnisproblem in der Philosophie und Wissenschaft der neueren Zeit." Bd.1, in: *Gesammelte Werke,* 같은 책, Bd.2, IX쪽 이하.

여기서 명확히 드러나 있다. 이와 같이 맥락과 상황을 중요시하는 태도는 나중에 "독특하고 타당한 형태의 문화과학의 개념형성"[177]을 위한 기초가 되어 비판적 문화철학에 기여하게 된다. 여러 변화의 가능성과 이와 연관되어 나타나는 실제적인 차이들, 지연들, 우회로들이 바로 문화를 이루고 있는 것들이다. 바로 이것들 때문에 삶 Leben과 형식 Form은 순간마다 항상 임시적이고 불확실한 연합만을 형성하게 되는 것이고 문화에 대한 지속적 관심이 생겨나게 되는 것이다.

② 1900년경에 일어난 문화철학의 발견은 문화를 비극으로 이해해야만 했던 삶의 철학자 짐멜의 성과였지만 또한 **신칸트주의**의 성과이기도 했다(짐멜은 신칸트주의와 매우 진지하게 논쟁을 벌였으나 이 논쟁은 주로 간접적으로 이루어졌다).[178] 특히 마르부르크 Marburg에서 카시러의 스승이었던 코헨이나 나토르프 Paul Natorp [179]*는 칸트 철학의 실현을 '문화철학'으로 이해했고 언제나 이를 정당화하

---

177 Cassirer, "Ziele und Wege der Wirklichkeitserkenntnis." in: ders., *Nachgelassene Manu-skripte und Texte*, 같은 책, Bd.2, 162쪽. 카시러의 과학론적 요구에 대해서는 Michael Hänel, "Problemgeschichte als Forschung: Die Erbschaft des Neukantianismus." in: *Das Problem der Problemgeschichte 1880~1932*, hg. v. Otto Gerhard Oexle, Göttingen 2001, 85~127쪽 참조

178 이것은 1906년의 '칸트와 괴테'의 논문이 강조될 수 있을 것이다(*Gesammtausgabe*, 같은 책, Bd.10, S.121~166).

179 *(옮긴이주) 나토르프(1854~1924): 독일의 철학자. 그는 코헨의 제자로서 마르부르크 학파의 대표적 철학자 중 한 사람이다. 칸트의 선험논리학을 근거로 하면서 자연과학의 방법론적 이상을 확립하려 했다. 이러한 방법론의 이상 속에서 이성과 경험, 자연과 인간정신, 사회와 개인의 통일성을 획득하려고 노력했고 실천철학, 종교철학, 교육학에서 중요한 철학적 업적을 남겼다. 주요 저서로는 『사회교육학』, 『엄밀한 과학의 논리적 기초』 등이 있다.

는 일이 필요하다고 생각했으며 "명확하게 문화철학이란 명칭을 사용했다."[180] 사람들은 인습적인 칸트 주석을 그만두고 변화된 역사적 조건 속에서 칸트의 이론적 태도와 '천재적 업적'을 새롭게 혁신하기를 원했다. 카시러의 지성적 이력의 기본자료들을 살펴보면 알 수 있듯이 그의 철학적 성과는 완전히 이러한 형태의 적극적인 노력에서 비롯된 것이다. "세계인식의 모든 지식과 방법을 역사적으로 형성된, 그리고 앞으로 형성될 문화세계의 사안"으로 파악하는 것처럼,[181] 그는 직접적으로 신칸트주의자들의 작업에서 많은 것을 배웠고 스스로 이런 유래를 고백하기도 했다. 그러나 그는 1930년대 말에 이러한 자신의 고백에 수정을 가했다. 물론 이것은 그의 계속되는 사유의 발전과정에서 보면 필연적인 귀결일 것이다. 그는 신칸트주의 이론들이 "낯설어졌을 뿐만 아니라" "자신의 견해와 정반대의 형태로 대립해 있다"[182]고 말한다.

---

180 Paul Natorp, "Kant und die Marburger Schule." in: *Kant-Studien* 17, 1912, 193~221 쪽, 여기서는 218쪽 이하. 이는 Ursula Renz, *Die Rationalität der Kultur. Zur Kulturphilosophie und ihrer tranzendentalen Begründung bei Cohen, Natorp und Cassirer,* Hamburg 2002 참조. 신칸트주의의 역사와 특성에 대해서는 Klaus Christian Köhnke, *Entstehung und Aufstieg des Neukantianismus. Die deutsche Universitätsphilosophie zwischen Idealismus und Positivismus,* Frankfurt/M. 1985와 논문모음집인 *Neukantianismus. Perspektiven und Probleme,* hg. v. Ernst Wolfgang Orth u. Helmut Holzhey, Würzburg 1994 참조.

181 Ernst Wolfgang Orth, *Von der Erkenntnistheorie zur Kulturphilosophie. Studien zu Ernst Cassirers Philosophie der symbolischen Formen,* Würzburg 1996, 72쪽.

182 Ernst Cassirer, "Was ist 'Subjektivismus'?." in: ders., *Erkenntnis, Begriff, Kultur,* hg., v. Rainer A. Bast, Hamburg 1993, 199~229쪽, 여기서는 202쪽.

이 말은 관계의 청산을 수사적으로 표현하는 것보다 훨씬 많은 의미를 담고 있다. 그 동안 많이 인용된 강령, 즉 문화철학은 "이성비판Kritik der Vernunft"에서 "문화비판Kritik der Kultur"[183]으로 전환하는 것이라는 강령은 새로운 방향제시를 나타냈다. 이 강령은 내용적으로 확실하게 정당화되었으며 이러한 정당화의 차원에서 문화철학의 해방을 손쉽게 만들었다. 이성비판에서 문화비판으로의 전환은 한편으로 이성의 무한한 과제와 개별 현존재의 유한성이 서로 대립해 있다는 칸트의 생각과 직접 관련이 있다. 이 대립은 상징형식의 철학의 "문화형식의 역사"를 실마리로 해서 극복되어야만 하는 것이다.[184] 이 전환은 다른 한편으로 칸트주의가 인식론을 모든 철학적 사유를 통합하는 토대학문으로서 간주하고 점점 더 인식론에만 관심을 둔 것과 관련이 있다. 카시러는 "상징형식의 부분체계가 갖고 있는 고유한 가치"[185]를 인정함으로써 이 인식론을 낡은 것으로 만들었다. 그리고 1940년대 『인간론

---

183 매우 빈번하게 인용된 카시러의 주석은 다음과 같은 맥락에서 말하고 있다. "이로써 이성비판은 문화비판이 된다. 문화의 내용이 단순한 개별내용 이상의 것인 한, 그리고 일반적 형식원칙에 근거를 두고 있는 한, 문화비판은 모든 문화의 내용이 어떻게 근원적인 정신행위를 전제하고 있는지를 이해하고 입증하려고 한다"(Cassirer, *Philosophie der symbolischen Formen*, Bd.1, 같은 책, 9쪽).

184 Enno Rudolph, "Freiheit oder Schicksal? Cassirer und Heidegger in Davos." in: *Cassirer-Heidegger*, 같은 책, 36~47쪽, 여기서는 42쪽.

185 Hans Blumenberg, "Ernst Cassirers gedenkend." in: ders., *Wirklichkeiten in denen wir leben. Aufsätze und eine Rede*, Stuttgart 1981, 163~172쪽, 여기서는 167쪽. 카시러는 이미 『상징형식의 철학』 첫 페이지에서 다음과 같은 입장을 통해 자신의 작업동기를 제시했다. "일반적 인식론이 전통적인 견해와 한계 속에 있을 경우에는 정신과학의 방법론적 정초를 위해 충분하지 못하다"(Bd.1, 같은 책, Ⅶ쪽)는 것이 그것이다.

Versuch über den Menschen』의 종결부가 설명하고 있는 바와 같이 철학은 이미 자기 자신의 관점만으로는 상징형식의 체계적인 연관관계를 고찰할 수 없다고 한다. 그렇기 때문에 철학은 전개된 자율화 과정의 단계와 특성을 고려하면서 그 연관관계를 표현해야 할 것이다.

③ 문화철학은 신칸트주의와 단절한 것보다 훨씬 더 선명하고 단호하게 (변신론으로 고안되었던) 헤겔의 역사철학과 단절한다. 이러한 후기 관념론의 입장에 따르면 현실적인 것은 모든 실재하는 것을 포함하고 내적으로는 닫혀 있는 이성적인 역사과정의 요소로서 파악된다. 헤겔이 제시한 바와 같이, 자기 전개를 위해서 이성은 시간 속에 나타나는 형식 세계들의 동일성을 숙고해야지 자신을 분리시키거나 불필요한 우회로에서 자신을 상실해서는 안 된다. 따라서 헤겔은 "무한히 다양한 관계들"의 대부분을 철학적 사유의 관할영역에서 제외시켰다. 이로써 "다양한 색깔의 외피"로 현실의 "본질"을 감싸고 있는 "무한하게 풍부한 형식·현상·형태"도 제외된다. "그 외피는 비로소 개념이 뚫고 들어"[186]가야만 하는 것이기 때문이다. 이러한 이성과 역사의 공생共生, 그리고 이로부터 정당화되는 특수한 것과 개별적인 것[187]의 배제가 바로

---

186 Georg Wilhelm Friedrich Hegel, *Grundlinien der Philosophie des Rechts,* in: *Theorie Werkausgabe,* 같은 책, Bd.7, 25쪽.

187 이는 Ernst Cassirer, "Freiheit und Form. Studien zur deutschen Geistesgeschichte", in: *Gesammelte Werke,* 같은 책, Bd.7, 383쪽 이하 참조. 문화철학은 광범위하게 여러 영역에서 시작되었는데, 이러한 사실은 다른 사람들이 문화철학과 사변적 역사철학의 연관관계를 유지하려 했다는 점에서도 나타난다. 이와 같이 특히 빈델반트는 문화철학

문화철학이 거부하는 것이다. 문화철학이 요구하는 새로운 차원
들은 헤겔과의 비판적인 관계 속에서, 말하자면 카시러의 경우
헤겔과 점점 더 낯선 거리를 취하는 상황 속에서 다시 한번 드러
난다. 헤겔이 문화의 '다양한 색깔의 외피'를 평가절하하고 철학
적으로 중요하지 않은 것으로 만듦으로써 철학을 개념의 건축물
로서 공고히 하고 이러한 형태로 철학의 권리를 강화하려 했다
면, 비코 이래의 문화철학은 모험적인 태도로 존재한다. 문화철
학의 고유한 과제는 현존재의 우연성에 개방적인 태도를 취하면
서 이론적으로 설치된 울타리를 넘어서 그 바깥을 살펴보는 일이
기 때문이다.

의 이름으로 '헤겔주의의 혁신'을 원했다(이는 Wilhelm Windelband, *Pläludien*, 5.Aufl.,
Tübingen 1915, Bd.1, 273~289쪽과 Bd.2, 279~294쪽 참조. 그리고 또한 Massimo
Ferrari, "Was wären wir ohne Goethe? Motive der frühen Goethe—Rezeption bei Ernst
Cassirer." in: *Cassirer und Goethe,* 같은 책, 173~194쪽, 특히 193쪽 이하와 Ernst
Wolfgang Orth, "Hegelsche Motive in Windelbands und Cassirers Kulturphilosophie."
in: *Der Neukantianismus und das Erbe des deutschen Idealismus,* hg. v. Detlev Pätzold u.
Christian Krijen, Würzburg 2002, 123~134쪽 참조). 오르트에 따르면, 헤겔을 수용하
려는 관심은 빨리 한계에 도달했다. 왜냐하면 빈델반트조차도 "헤겔의 변증법적 방법을
카시러와 마찬가지로 당연히 포기"(같은 책, 131쪽)했기 때문이다. 그 결론은 중요하다.
중요한 것은 헤겔과 그의 동일철학으로부터 변증법과 같은 핵심사상을 제거한다면 도
대체 무엇이 남게 될 것인가라는 점이다. 확실히 '헤겔주의'와 같은 그러한 개념은 이제
더 이상 슬로건으로서 쓸모가 없으며 모든 교훈적 가치를 상실했다.

:: 제1장 **문화비판의 유형들**

우리가 살펴본 바와 같이 문화는 아주 까다로운 개념이다. 문화는 매우 다양한 의미론과 복잡한 구조를 갖고 있기 때문이다. 문화개념과 비슷한 상황에 처해 있는 개념이 또 하나 있는데 이 개념은 이미 앞에서 언급된 바 있는 비판Kritik[188]*이란 개념이다. 그 의미와 사용방식의 다양함과 풍부함에서 볼 때 비판개념은 문화개념에 절대 뒤지지 않는다.

비판은 그리스어 크리네인krinein에서 파생된 외래어이다. 그리스어 크리네인은 본래 법의 영역에서 발견되고 특히 어문학과 수사학 같은 고전문헌학에서 접할 수 있다. 비판은 구별·결정·분리·판단·고발하는 기술을 의미했다. 비판하는 자는 직접 주어진 것에 거리를 취하고, 강요하지는 않더라도 변화와 개선의 가능성을 주장하고, 근원에 대해 사유하는 것(문헌학적·해석학적 관점에서 보면 원텍스트의 복원)을 원하고, 관습을 의심하며 규칙에 상처를 입힌다. 이 때 유의해야 할 점은 비판방식이 최초에는 정치

---

[188] *(옮긴이주) '비판'은 그리스어의 '분할하다', '구별하다', '결정하다', '식별하다'는 뜻을 가진 크리네인이라는 말에서 유래한다. '비판'이란 말에 철학용어로서의 중요하고 명확한 의미를 부여한 사람은 칸트였다. 그는 인간의 작품의 지적·도덕적·미적 가치를 객관적으로 판단한다는 이 말의 종래용법에 인간의 이성적 능력 그 자체의 비판이라는 새로운 의미를 부여하였다. 그는 『순수이성비판』에서 이성과 이성이 아닌 것을 명확하게 분리분할(krinein)하여 이성의 권한과 한계를 명확히 정립시키려 했다.

적인 야심과 무관하게 생겨났다는 사실이다. 특히 탁월한 칸트의 이성비판은 비판의 자율성을 주장하고 정치적으로는 매우 조심스러운 태도를 취한다. 그의 이성비판은 그야말로 '완전하기를' 원했는데, 그의 이성비판이 주목했던 것은 앎을 증가시키는 일, 곧 "학문의 장점"[189]이었다.

하지만 이제 이 개념의 의미는 불분명하다. 왜냐하면 비판도 문화와 마찬가지로 스스로가 하나의 목적이 되었기 때문이다. 비판은 대상을 개선시키는 것은 물론이고 더 나아가 스스로 대상을 생산하려 한다. 슐레겔Friedrich Schlegel[190]*과 키에르케고르Sören Kierkegaard가 말한 바와 같이 비판은 대상을 내적으로 계속 발전시켜 그 대상의 잠재적 힘을 드러내려 한다. 한편, 문화가 확정적으로 정의될 수 없는 것처럼, 비판의 기준도 원래 어떤 경우에도 확정될 수 없는 것이다. 그 대신에 비판이 요구하는 바가 많아질수록 비판은 더욱 더 원래의 뜻에서 벗어나 더욱더 독창적인 방향으로 나아간다고 말할 수 있다. 비판은 비로소 자기 자신을 현실화시

---

189 Immanuel Kant, "Der Streit der Fakultäten", in: *Akademie-Ausgabe,* 같은 책, Bd.7, 1~116쪽, 여기서는 28쪽. 비판개념의 역사는 Reinhart Koselleck, *Kritik und Krise. Eine Studie zur Pathogenese der bürgerlichen Welt,* 3.Aufl., Frankfurt/M. 1979; Kurt Röttgers, "Kritik." in: *Geschichtliche Grundbegriffe. Historische Lexikon zur politisch-sozialen Sprache in Deutschland,* hg. v. Otto Brunner, Werner Conze, Reinhart Koselleck, Bd.3, Stuttgart 1982, 651~675쪽; Michel Foucault, *Was ist Kritik?* Berlin 1992 참조.
190 *(옮긴이주) 슐레겔(1772~1829): 독일의 시인, 작가. 그는 자신의 형인 A. W. 슐레겔과 함께 낭만주의 잡지 『아테네움』(1798~1800)을 창간했다. 낭만주의의 이론적 지도자로서 예나, 파리, 쾰른 등지에서 문학과 철학을 강의했다. 그는 인도학(印度學) 연구의 개척자로서, 예술비평과 철학적 사유를 한데 융합한 문학연구가로서 큰 발자취를 남겼다. 그의 주요 작품으로는 『루신데』, 『알라르코스』, 『그리스인과 로마인』 등이 있다.

키는 과정 속에서, 다시 말해 대상을 다루는 과정 속에서 판단의 기준을 만들게 된다.

이 모든 것은 **문화비판**이라고 하는 것을 이해하는 데 영향을 미친다. 문화와 비판이란 개념이 각기 갖고 있는 복잡성 때문에 문화비판 개념의 의미론은 매우 포괄적이고 많은 전제와 관련 있으며 논쟁의 여지도 많다. 일반적인 사전은 물론이고 철학사전도 경우에 따라서는 문화비판이란 표현을 아예 다루지 않는다. 아마 사전들이 이 개념을 하나의 슬로건으로 분류하고 대체로 하위의 범주로 간주하기 때문일 것이다. 실제로 이 문화비판이란 표현은 순전히 공격을 위한 것으로나 투쟁개념[191]으로 자주 사용되었다. 이와 같이 문화비판은 하나의 실천으로서 각각의 부분개념들이 어떻게 사용되느냐에 따라 다르게 나타난다. '비판'은 '문화'와 마찬가지로 그 내부의 역동성이 총체성의 메커니즘을 만드는 그러한 유형의 이론적 개념이라고 할 수 있다. 문화적으로 중요하지 않은 것은 없을 것이고 비판의 대상이 될 만한 가치가 없는 것도 없을 것이다. 모든 것은 잠재적으로 문화이다. 따라서 모든 것은

---

[191] 이것은 특히 이른바 이데올로기 비판에 해당된다. 이데올로기 개념을 전문용어로 만든 지식사회학과 마르크스주의의 시도가 실패한 것으로 드러난 이후, 이 개념은 물론 애초부터 정치적 수사학의 수단이기는 했지만 다시 이러한 수단이 되었다. 이데올로기 비판의 실천은 이러한 주요 목적을 어쨌든 항상 붙잡고 놓지 않았다. 만약 어떤 많은 문제점을 지닌 문화비판이 배타적 주도권을 쥐기 위해 '특정 문화'를 참된 문화로서 주장하는 경우가 있다면, 이데올로기 비판을 하는 사람은 적대자의 입장을 자신이 생각하는 진정한 근거로 환원시키고 이러한 전제 속에서 작업을 한다. 그는 소박한 사람 내지 대담한 고발자의 위장된 표정을 한 채 적대자의 약점을 노출시켜 웃음거리로 만들기 위해서 '배후를 묻는다'. 정신문화, 특히 타자들의 정신문화는 겉으로 드러낼 수 없는 부당한 이해관계가 은폐된 것에 불과하다고 말한다.

비판될 수 있고 더 나아가 모든 것은 비판되어야만 할 것이다. 이러한 이유로 문화비판은 지식인들이 예전부터 자기 시대에 일어났던 현상들에 표명했던 수많은 견해들을 총칭하는 것이 된다. 다시 말해 문화비판은 특수한 상황을 넘어서 전체를 대상으로 하여 이의를 제기하고 날카로운 분석을 하는 전통을 총칭하는 것이 된다. 예컨대 문화비판은 인간 공동체에 형식과 내용을 제공하는 암묵적인 합의, 법칙, 규칙에 이의를 제기하고 날카로운 분석을 하는 것이다.

'문화비판' 개념은 아주 광범위한 영역을 포괄하고 있다. 문화비판적 실천의 출발점은 유럽 사상의 근원적인 영역으로까지 거슬러 올라간다. 구약성서의 예언자 이사야[192]*는 '창녀 같은 예루살렘'을 비난하고 아기의 탄생과 함께 등장할 위대한 전환을 예언했기 때문에 그의 노여움은 문화비판이다. 술통 안에서 살았다고 하는 디오게네스의 조소의 모습도 문화비판에 속하고, 루소의 문명비난이나 고야의 **카프리초스** Caprichos도 마찬가지로 문화비판에 속한다. **리히텐베르크** Georg Christoph Lichtenberg [193]*의 **잠언집** Sudelbücher

---

192 *(옮긴이주) 이사야. B.C. 8세기에 활동한 이스라엘의 예언자. 이사야는 '야훼는 구원이다'를 뜻하는 헤브라이식 이름이다. 그는 하느님과 인간과 세계와 역사와 종말을 전체적으로 통찰한 구약의 사도 바울이며 신약종교의 초석을 놓은 구약종교의 완성자로 간주된다.

193 *(옮긴이주) 리히텐베르크(1742~1799): 독일의 과학자, 계몽주의 사상가. 그는 전통과 인습에서 벗어난 지성으로 인간의 심리를 분석했고 풍자, 유머 등의 재능을 가지고 있었다. 그의 『호가드의 동판화 설명』은 독일 시민사회의 병폐를 드러내고 비판한 탁월한 문명비평과 사회비평서이다. 인간심리의 관찰을 담고 있는 그의 『잠언집』은 나중에 니체 등에게 많은 영향을 미쳤다.

이나 보들레르의 성장하는 근대성 연구도 키에르케고르의 절망해 부와 마찬가지로 문화비판이다. 아방가르드의 선언이나 인류학 자인 레비스트로스의 우울한 인간학도 당연히 문화비판이다. 다 양한 문화비판의 형태가 보여 주듯이 문화비판의 유형과 매체는 다양하다. 이러한 사실은 자세히 관찰해 보면 더욱더 확실하게 확인된다. 문화비판은 어디에나 존재하고 영화의 세계나 미국의 극장에서조차도 존재한다. 스탠리 큐브릭Stanley Kubrick[194]의 영화작 품에서, 말하자면 위선(「롤리타Lolita」), 타당성의 환상(「닥터 스트레 인지러브Dr. Strangelove」), 황폐화된 정신(「클락워크 오렌지Clockwork Orange」) 문제를 다루는 데에서 보여 준 그의 영화적 해부는 문화비 판이다. 다른 사례로서 짐 자무슈Jim Jarmusch[195]*의 「데드 맨Dead Man」을 들어 보자. 조니 뎁이 열차에서 내려 서부의 머신이란 도시 의 시내를 천천히 걷는 순간을 떠올려 보자. 닐 영의 비탄에 잠긴 음악이 배후에 깔리고, 이 새로운 윌리엄 블레이크는 이리저리 돌아다니는 버림받은 사람들의 울타리를 지나 자신의 길을 찾아 나선다. 그는 걸음마다 인간에 의해 황무지가 되어 버린 낯선 이 런 퇴폐적이고 비열한 인위적 세계에 더 깊숙이 빠지게 된다. 이

---

[194] *(옮긴이주) 큐브릭(1928~1999): 미국의 영화감독. 그는 공상과학영화에서 코미디, 호러물, 전쟁영화, 서사물 등에 이르기까지 여러 장르에 탁월한 연출력을 보여 주었고, 특히 인간의 기계화를 야기한 현대문명을 통렬히 비판했다.

[195] *(옮긴이주) 자무슈(1953~): 미국의 영화감독. 그는 단편과 장편, 흑백과 컬러, 유럽 예술영화와 미국 대중문화를 자유롭게 넘나들면서 독특한 영화세계를 구축하고 있다. 그는 주로 후기산업사회의 모습과 그 속에서 인간이 느끼는 고독감, 소외 등을 주제로 한 영화를 만들고 있다.

러한 세계는 이 새로운 거주자뿐만 아니라 그 밖의 어느 누구에게 도 적합한 세계가 아니다.

　문화비판은 물론 거대한 전사前史를 갖고 있지만 앞으로 서술되는 것처럼 유럽 계몽주의가 낳은 산물 중 하나이다. 18세기 중반 이래로 계몽주의는 특정한 형태의 지식, 다시 말해 직접적인 영향력을 고려하면서 공적인 논쟁과 논변의 형태를 취하는 지식을 대변하게 된다. 계몽주의자들은 지식의 타당성이나 지식의 정립은 현실과 직접적인 연관이 있어야 한다고 주장했다. 따라서 계몽주의자들은 예전에 시노페의 디오게네스가 소크라테스를 추상적 사유의 핵심인물로 비난했던 것과 마찬가지로 가장 가까이 있는 것, 다시 말해 우리의 발 앞에 바로 놓여 있는 것[196]을 무시하는 사유에 거부감을 갖는다. 이와 같이 세계에 철학적으로 거리를 취하는 태도, 말하자면 이론theoria은 조롱의 대상이 되었고 이러한 조롱은 즐겨 인용되었다. 늦어도 베이컨부터, 즉 유용성을 기준으로 하여 지식을 평가하기 시작했던 때부터 (소크라테스가 일찍이 『테아이테토스 Theaitetos』에서 설명했던 바와 같이) 분명하고 명백하고 구체적인 입장과 동떨어져 있는 입장은 이해되지 못한다.[197]

196　Diogenes Laertius Ⅵ 28과 53/54를 참조하라. 키케로는 『공화정(De re publica)』(Ⅰ, 19, 31)에서 자신의 지식 때문에 실천적인 삶이 요구하는 사안들에서 판단력을 상실한 사람의 특징을 묘사하고 있는데, 그는 특히 다음과 같은 말을 대중화시킨 사람일 것이다. "어느 누구도 자신의 발 앞에 놓여 있는 것은 진실로 받아들이지 않는다. 그들은 오로지 하늘만을 샅샅이 수색한다."

197　소크라테스는 계속하여 다음과 같이 말하고 있다. "철학 속에서 사는 모든 사람들과 달리, 사람들은 앞에서 상술한 이러한 조롱으로 만족해한다"(Theaitetos 173e와 174b. 나는 프리드리히 슐라이어마허(Friedrich Schleiermacher)의 번역을 인용한다).

거리두기를 유지할 것을 제안하는 이론에 대해서 일어난 그 이후의 반응 중 하나는 상아탑에 잘 알려진 공격이었는데, 이것은 19세기 중엽에 등장해서 아주 빠르게 확산되었다. 진보가 역사철학적으로 정당화되었기 때문에(이러한 생각으로부터 벗어나려면 많은 대가를 치러야 했다), 세상에 거리를 취함으로써 즐거움을 누렸던 예전의 학문적 태도는 현실이 정말 어떠한지를 알려고 하지 않는 반시대적인 것으로 간주되었다. 그리고 곧바로 이데올로기비판의 심판대 앞에 서야만 했다.

최근에 부르디외Pierre Bourdieu[198]*는 바로 이와 같은 공격의 관점에서 철학적 관조(유희)를 조롱하는 전통을 수용하고 이 전통을 스콜라적 이성을 비판[199]하는 계기로 삼았다. 그의 비판은 아주 급진적인 형태를 띠고 있다. 부르디외는 지식, 특히 철학적 지식을 비판한다. 왜냐하면 철학적 지식은 일찍부터 자신의 사회적 · 정치적 · 제도적 조건을 밝히는 일을 소홀히 했고 자신의 가능조

---

[198] *(옮긴이주) 부르디외(1930~2002): 프랑스의 사회학자, 참여지식인. 그는 아비튀스, 장, 상징자본, 문화자본, 상징투쟁, 상징폭력 등의 새로운 개념을 통해 지배권력의 상징폭력의 메커니즘과 계급문화의 재생산구조를 드러내고 있다. 그의 저서로는 『실천이론 개요』, 『구별짓기』, 『강의에 대한 강의』, 『호모 아카데미쿠스』, 『국가귀족』, 『텔레비전에 대하여』, 『경제학의 구조』 등이 있다.

[199] Pierre Bourdieu, *Meditationen. Zur Kritik der scholastischen Vernunft*, Frankfurt/M. 2001, 특히 18쪽 이하. 부르디외는 "상징적 질서"의 기초를 이루는 것은 "근원적인 억압"이고 이 억압은 "스콜라주의적 성향에서 지속되고 있다"는 주장을 편다(36쪽). 그는 스콜라주의적 성향을 "냉정하고 객관적인, 실용성을 추구하지 않는, 진지성을 결여한 태도에서 세계와 관계하는"(26쪽) 관례적인 가능성으로 이해하기를 원한다. 이러한 의미에서 첫 번째 스콜라주의적 장은 철학이다. 철학은 "스콜라주의적 세계의 전형적인 모습"(29쪽)이다. 부르디외는 "위대한 억압"이라는 표제 아래서 이것을 묘사하고 있다.

건을 인식하는 일도 의도적으로 봉쇄했기 때문이다. 지식사회학의 앙가주망은 이러한 은폐와 타협할 수 없다고 한다. 따라서 철학적 유희를 진지하지 않은 것으로 보고 단호히 거부하는 것은 물론이고 철학적 유희의 추문醜聞을 드러낸다. 최종 결론은 다음과 같다. 철학은 본성상 다른 어떤 학문보다도 진리에 구속적인 학문임에도 불구하고 이러한 중요한 진리를 부정하고 있다는 것이다. 철학이 진리를 부정하고 있는 것이 바로 철학의 진실이라는 것이다.

이러한 사례가 보여 주듯이 문화비판은 지식의 중개자도 예외 없이 비판의 대상으로 삼는다. 문화비판은 『그림동화』[200]*에 나오는 고슴도치처럼 사람들이 바라보는 곳에는 '언제나 이미 존재' 한다. 이뿐만 아니라 철학비판가인 부르디외 특유의 폭로의 실천으로부터 우리가 추론할 수 있는 점은, 존재하는 갈등의 현장 외부에서 어떤 하나의 입장을 선택하는 것은 이미 오래 전부터 허용되지 않는다는 사실이다. 물론 그의 문제제기들을 무조건적으로 수용해야 할 필요는 없다. 오히려 반대방향의 관점을 받아들이는 것, 말하자면 이성의 권리를 근거로 해서, 즉 이성의 명령Gebot을 근거로 해서 사회학적 비판에 반론을 제기하고 수단의 세계나 시급한 문제의 세계가 강력하게 대두되는 상황을 저지하는 것이 바

---

200 *(옮긴이주) 형은 야코프 그림(Jacob Grimm, 1785~1863), 동생은 빌헬름 그림 (Wilhelm Grimm, 1786~1859)이다. 이들 형제는 독일의 옛이야기와 전설을 수집하여 『그림동화』를 저술했다. 그 밖에도 『독일전설』, 『독일어사전』 등의 공동저작이 있다.

람직한 것일 수 있다. 이 태도는 (최근에 새롭게 등장한) 이론을 옹호하는 태도와 밀접한 관련이 있다. 이러한 이론을 옹호하는 태도는 유물론자들에게 분노했던 플라톤의 소크라테스로 거슬러 올라간다. 소크라테스가 유물론자들에게 분노했던 이유는 유물론자들이 자신들이 규정한 진리를 간단하게 진리로서 정당화하기 위해 보이지 않는 것(비가시적인 것)을 폄하했기 때문이다. 계속하여 이 생각을 따라가 보면 결국 다음과 같은 결론에 이르게 된다. 이론은 구체적인 목적을 설정해야 한다는 요구를 거부하는 일은 기본적으로 간접적인 형태로 이루어져야 한다는 점이다. 이는 철학적 담론의 순수성이 위협받지 않기 위해서이다.

어떠한 관점이 선택되건 간에 결국 드러나는 특징을 관찰해 보면 다음과 같은 이중적 측면이 파악된다. 여러 문화비판들이 문화에는 근심어린 비판을 하고 있지만 자기 지식의 정당화 문제와 관련해서는 어려움을 갖는다는 점이다. 그렇기 때문에 문화비판적 동기들의 다양한 현상들을 완전하게 파악하는 것은 별로 가능성이 없는 일처럼 보인다. 따라서 나는 여기서 차원을 바꿔 문화비판의 구상을 간략하게 계보학적으로 묘사하려 한다. 이러한 방식으로 앞으로 4개의 주요단계, 즉 ① 준비단계, ② 생성단계, ③ 확장단계, ④ 문화에 대한 철학적 비판단계를 밝힐 것이다.

① 준비단계 – 세상에 널리 퍼진 무질서의 저항, 윤리와 도덕의 몰락비판, 시대정신 거부 등과 같은 것은 확실히 철학적 반성

이나 세계문학에서 다루어졌던 아주 오래 된 소재에 속한다. 이미 로마의 철학자 세네카Lucius Annaeus Seneca[201]*는 루킬리우스Gaius Lucilius에게 보낸 아흔 번째의 교훈적 편지에서 이러한 동기들을 전형적인 형태로 기술했다. 여기서 세네카는 현재 관찰되는 몰락의 현상과 완전한 근원, 즉 순수한 자연natura incorrupta[202]의 이상理想을 서로 대립시키고 이러한 독특한 방식 속에서 시대의 몰락에 반대하는 논증을 펼쳤다. 세네카가 자기 생각의 실마리를 풀어나가는 과정에서 강렬한 탐욕과 방임의 현상에 절제의 덕을 대립시키는 경우, 또는 우유부단함에 단호함을 대립시키고 꾸밈에 솔직함을 대립시키는 경우, 아니면 야외에서 이웃들과 시간을 함께 보냈던 사람의 세계에 대한 신뢰와 밤에 자기 집 대문을 걸어 잠그는 도시인의 깊은 불안을 비교하는 경우, 그가 전거로 삼았던 사람은 디오게네스이다. 이러한 사례들의 목록은 손쉽게 많이 작성될 수 있지만 사례들의 기본형태는 언제나 동일하다. 세네카는 언제 어디서나 옳은 것에 확실한 지식을 갖고 있고 이를 토대로

---

201 *(옮긴이주) 세네카(BC4~AD65): 고대 로마의 철학자. 그는 인간이 인간다운 이유는 올바른 이성과 선을 목적으로 하는 행위 때문이라고 주장하는 스토아주의를 역설했다. 그의 작품으로는 친구인 루킬리우스에게 스토아철학을 말한 124통의『도덕서한』이 있고『섭리에 대하여』,『노여움에 대하여』,『인생의 짧음에 대하여』,『영혼의 평정에 대하여』등이 있다.

202 L. Annaeus Seneca, "Ad Lucilium epistulae morales." in: ders., *Philosophische Schriften*, hg. v. Manfred Rosenbach, Bd.4, 2. Aufl., Darmstadt 1987, 340쪽 이하 참조. 책 속에 등장하는 본질적인 '비판'의 개념은 물론 '구원적 비판'의 힘을 보여 주는 복원 Restitution 문제는 Jean Starobinski, "Diese Entscheidung ist eine Sache von Leben und Tod. Auswählen, wiederherstellen, deuten: Die drei historischen Wurzeln der Kritik", in: *Züddeutsche Zeitung*, 15./16. Juni 2002 참조.

하여 자신의 판단에 확신을 얻는다. 이와 같이 그의 교훈적 편지는 잠재적인 전체질서를 가리키고 있고, 이 전체질서는 다시 완전하게 복원되어야만 하는 것이다. 아직 설익은avant la lettre 세네카의 문화비판은 문화비판의 전사前史에 등장하는 모든 형태의 문화비판처럼 복원의 희망으로부터 이루어진다. 요컨대 여기서 중요한 것은 다양한 표현 형태들로 나타났던 복원을 원하는 문화비판이다.

② 생성단계 ─ 초기 문화비판의 유산은 무엇보다도 다음과 같은 것들이다. 말하자면 우선 이때부터 문화비판은 기본적으로 문화가 스스로에 대해 숙고하는 형태를 취하게 된다. 그리고 첫째, 양극성을 토대로 하는 사유와, 둘째, 복원에의 의지라는 문화비판의 전형적인 동기가 등장하게 된다. 이러한 문화비판의 유산은 역사적으로 계속 전개되었고 현대에 이르기까지 광범위하게 축적되었기 때문에 매우 익숙한 것이 되었다.

베이컨Francis Bacons의 미완의 『신기관』의 도입부에서 나타난 것처럼 이와 같이 복원의 형상이 근대 철학의 표현 욕망이 분출하는 데 결정적인 계기를 마련해 준 것이 사실이다. 하지만 이미 베이컨의 경우에서도 복원을 원하는 태도는 단순히 수사적인 성격만을 지니고 있다. 왜냐하면 베이컨이 호소했던 존재질서는 실제로는 이미 타당성의 힘을 상실했고 따라서 이러한 존재질서는 변화된 토대 위에서, 예컨대 자아Cogito를 기반으로 해서 완전히 새롭게 정립되어야만 했기 때문이다. 이와 같이 근대의 출발점에는 형이상학적 존재질서를 상실했고 진리의 자기계시에 대한 믿음이 없어졌다는 상실의 경험들이 놓여 있다. 이러한 상황을 고려하면 계몽주의 비판의 격정적인 태도를 이해할 수 있을 뿐만 아니라 계몽주의와 유사한 많은 사상 속에서 나타나는, 정신적·도덕적·사회적 세계를 총체적으로 새롭게 정립하려는 욕구를 이해할 수 있을 것이다. 계몽주의는 최초로 근대화의 물결에 지성적 자극을 주었을 뿐만 아니라 동시에 최초로 근대화비판을 철학의 주제로 만들었다.

문화비판을 확고한 담론으로 만든 사람은 그 누구보다도 루소였다. 그는 문화비판의 주제들을 종합하고 문화비판의 의미를 명확하게 정립함으로써 문화비판의 위상을 확고하게 만들어낸 사람이다. 물론 루소의 도전적인 태도와 관습을 벗어난 표현방식은 그야말로 질적으로 높은 수준에서 실천되었기 때문에 체계적인 담론이 될 수 있었다. 그는 이러한 담론을 통해서 자신의 생각이 긴급한 사안임을 역설하고 자신의 진술에 권위를 부여했다. 이제부터 비판은 스스로 권위를 누릴 수 있게 되었다. 루소는 기교적으로 외부의 입장을 만들어냈고, 이 입장이 허구적인 것이라 할지라도 이러한 중립의 입장으로부터 사회를 비판했다. 그는 이러한 허구적인 중립의 입장에 입각해 사회가 인류의 이익을 포기한 것과 개인들의 통합을 이루지 못한 것을 비판했다.

이로써 새로운 특성의 비판이 생겨났다. 이제까지는 예컨대 무한히 절대적인 것, 제약 없는 이념의 왕국, 엄밀하게 도입된 확실한 방법같이 어떤 초인간적인 것에 지식의 척도를 두었던 반면에, 그리고 근대 초기까지도 '인간을 넘어선_{supra hominem}' 지평으로까지 지식의 탐구영역을 확장하려했던 반면에,[203] 루소는 오직 인간만을 지식의 기준으로 삼고 오직 인간의 본성과 일치하는 것만을 지식의 기준으로 삼는다. 이것은 몽테뉴가 철학적으로 주장했던 생각들이 역사 속에서 성공을 거두었음을 보여 주는 것이고 칸트와 괴테도 이러한 생각을 수용했고 또 동의했다. 칸트의 인간학은 그야말로 '실용적_{pragmatisch}'인 의미에서 인간은 "자유롭게 행위하는 존재로서" 자기가 "자기를 만드는"[204] 존재라고 단호하게 말한다. 칸트의 경우 철학적 인간학은 인간의 지식과 행위를 경직시킬 우려가 있는 추상적 관습과 생동하는 인간의 욕구를 구별하는 수단이다.

루소의 저항적 태도는 그가 대중적으로 성공할 수 있게 만들었고 이 성공의 지속성도 보장했다. 아마 바로 이것이 루소의 근본적인 역설이자 루소가 탄생시킨 문화비판의 근본적인 역설일 것이다. 루소는 자기 시대의 근본적인 원칙과 희망에 맞서 그 어떤 사람보다도 단호하게 싸울 것을 결심함으로써 자기 시대의 욕구

---

203 루소가 공론장에 등장하기 두 세대 전인 1695년에, 라이프니츠는 기계적 계산기술에 관한 자신의 연구에 SUPRA HOMINEM(인간을 넘어서)라는 구호를 부여했다. 이 구호는 인간적 능력과 초인간적 능력 간의 불균형을 감지할 수 있게 만들었고 동시에 학문적·철학적 세계인식이 요구하는 것을 강조했다(이는 Eike Christian Hirsch, *Der berü hmte Herr Leibniz. Eine Biographie,* München 2000, 318쪽 이하 참조).
204 Kant, "Anthropologie in pragmatischer Hinsicht", 같은 책, 119쪽.

에 부응하려 했기 때문이다. 문화비판이란 표현은 루소 이후[205] 타당성을 지니게 되고, 문화비판은 문화라는 이름으로im Namen der Kultur 문화를 비판하는 것이 된다.

③ 확장단계 - 우리가 살펴본 바와 같이 문화비판은 계몽주의가 낳은 자손 중 하나이다. 이미 18세기에는 신성불가침의 생활세계가 파괴되었고 이러한 현상은 다양하게 묘사되었는데, 문화비판은 이러한 생활세계의 파괴과정에서 비롯된 부수현상이라고 할 수 있다. 우리는 이러한 다양한 현상들을 통상적으로 근대라는 개념으로 요약하여 파악한다. 근대 초기에는 아직 타당한 규범과 정상성이 존재할 수 없었다. 따라서 근대 초기의 사람들에게 근대는 이러한 불만족에서 비롯된 요구사항들이 표출되는 모습으로서 나타났다.

이와 같이 기존의 것들이 완전히 타당성을 상실했다는 사실이 전례 없는 수준에서 경험됨으로써 결국 문화 자체가 비판의 대상이 되었다. 이전에 구속력을 지녔던 것은 이제 낡은 것으로서, 기능의 장애물로서 여겨졌고 따라서 극복되어야만 했다. 간단히 말해 이것은 진보Fortschritt라는 관점에서 제안된 해석이다. 그러나 그 반대로 새롭게 등장한 것이 위험한 것으로 간주될 수도 있다. 새로운 것은 전승된 것의 세계를 무시하고, 또한 전승된 것과 비

---

205 나는 슈네델바흐의 논평을 변형시켰다(이는 Herbert Schnädelbach, "Plädoyer für eine kritische Kulturphilosophie." in: *Kulturphilosophie*, 307~326쪽, 여기서는 317쪽 참조).

교해 볼 때 별로 가치가 없는 것이 전승된 것의 세계를 대체하려 하기 때문이다. 간단히 말해 이것은 몰락 Verfall이란 관점에서 제안된 해석이다. 이러한 해석의 갈등이 일어나는 장이 문화라는 공개토론의 장이고, 따라서 문화는 상당히 팽팽한 긴장감 속에 있다. 예를 들면 한편으로 실러와 같은 사람들이 문화개념을 지나치게 높여 이 개념을 언제나 '고급문화'의 의미에서만 사용함으로써 뜻하지 않게 이 개념이 악용되는 것을 용이하게 만든 반면에, 다른 한편의 사람들은 문화개념을 아무런 가치가 없는 것으로 보기도 한다. 이렇게 서로 대립적인 경향이 강력하게 존재한다는 사실은 19세기의 문화비판에서 감정적인 어휘가 비약적으로 증가했다는 데서도 발견된다. 예컨대 '권태', '구토', '불쾌', '불만'과 같은 널리 알려진 수사적 언어들이 이 때 비약적으로 증가했다. 사실상 루소는 끝에는 모든 것을 승인하는 자세를 취했고 문화에 대한 반성이 어떤 중요한 결과를 가져오리라고는 전혀 생각하지 않았다. 그런데 이제 니체 이후의 반성은 문화의 문제를 해결하는 것을 과제로 삼았던 예전과 달리 문화 그 자체를 문제로 간주하게 된다. 프로이트가 근대에서의 개성의 딜레마를 강조한 바와 같이, 개인들은 문화가 그들에게 부여하는 요구, 금지, 억압 때문에 "잠재적으로 문화의 적이다." 왜냐하면 문화는 프로이트가 1927년에 말한 것처럼 "보편적 인간의 이익을 위해 존재"[206] 해야

---

[206] Sigmund Freud, "Die Zukunft einer Illusion." in: ders., *Kulturtheoretische Schriften*, Frankfurt/M. 1974, 135~189쪽, 여기서는 140쪽.

만 하기 때문이다.

이러한 극적인 결론은 비판이론Kritische Theorie이 생겨날 당시 비판이론의 입장에 결정적인 영향을 미치게 된다. 비판이론은 우선 1930년대에, 그러고 나서 1950년대 이후 매우 깊은 인상을 담고 있는 아우슈비츠Auschwitz라는 역사적 징표를 통해 비판을 철학적 사유의 핵심개념으로 만들었다. 1966년에 출간된 아도르노Theodor W. Adorno의 『부정 변증법Negative Dialektik』에는 "아우슈비츠 이후에는 긴급한 문화비판은 물론이고 모든 문화가 쓰레기이다"[207]라고 씌어 있다. 물론 이 판단은 슈펭글러, 하이데거, 겔렌Arnold Gehlen[208]*의 복원을 원하는 문화비판을 향해 있다. 따라서 이것이 아도르노의 마지막 말이라고는 할 수 없다. 아도르노는 사회이론Gesellschaftstheorie에 확실한 근거를 두고 있는 철학적 문화비판의 관점을 대안으로서 제안했다.

그런데 이데올로기 비판의 형태를 띠고 있는 이러한 문화비판의 실천과 관련해 생각해 보면, 아도르노는 자신의 독자들을 결코 해결될 수 없는 모순에 빠뜨린 것처럼 보인다. 왜냐하면 한편으로는 주어진 문화를 인정하는 것이 불가능하고 다른 한편으로

---

207 Theodor W. Adorno, "Negative Dialektik." in: *Gesammelte Schriften*, 같은 책, Bd.6, 359쪽.

208 *(옮긴이주) 겔렌(1904~1976): 독일의 철학자, 사회학자. 그는 인간은 동물과 달리 자연환경 속에서 생존하는 데 충분한 능력을 갖추고 있지 않은 존재(결핍된 존재)이기 때문에 인간은 제도를 필요로 하고, 따라서 인간은 본성상 '문화적 존재'라고 했다. 그는 현대의 철학적 인간학과 문화철학에 많은 기여를 했다. 그의 저술로는 『인간』, 『인간학적 연구』, 『최초의 인간과 후기 문화』, 『도덕과 과잉도덕』 등이 있다.

는 그러한 문화를 거부하는 것도 불가능하기 때문이다. 그리고 그 밖에도 1940년대 초부터 전개되어 한 번도 수정되지 않은 문화산업Kulturindustrie 개념이 미친 영향도 치명적이다. 문화산업 개념은 영화와 재즈를 통해 성공을 거둔 대중문화의 형태들을 단호히 배척했는데, 이 문화산업 개념은 변증법적으로 숙련된 문화비판을 만들어냈지만 실제적으로는 문화비판이 광범위하게 전개되어 나가는 것을 직접적으로 봉쇄했고 동시대 문화비판의 다양한 형태들을 차별적으로 지각하는 것도 좌절시켰다. 이론사적으로 볼 때 이러한 상황은 더욱더 주목할 만한 가치가 있다. 왜냐하면 예전의 동료였던 벤야민이 호르크하이머와 아도르노가 배척한 표현세계야말로 충분히 해명될 가치가 있는 세계임을 이미 오래전에 파악하여 기술했기 때문이다. 벤야민은 "전 세계에 널리 알려진 미키마우스"와 배우 채플린을 "집단적 꿈"의 중심내용으로 이해했다.[209] 이러한 우스꽝스러운 코미디 속에서 문명화과정에 의해 억압된 것이 직접적으로 표현된다는 것이다.

④ 철학적 문화비판 ― 이제 다시 한번 회상해 보자. 비판적 문화철학은 전통과의 단절이 일어났음을 보여 주는 징후였다. 비판적 문화철학은 스스로를 이러한 배경 속에서 이해했다. 이와 같

---

[209] Walter Benjamin, "Das Kunstwerk im Zeitalter seiner technischen Reproduzierbarkeit(erste Fassung, 1935/36)." in: *Gesammelte Schriften*, 같은 책, Bd. I ,2, 431~469쪽, 여기서는 462쪽.

이 비판적 문화철학은 관점의 확장을 나타내는 것이었고 철학적 사유에게 새로운 입장을 취하도록 요구했다. 이러한 단절은 외부로부터 일어났다. 말하자면 제1차 세계대전이라는 역사적 사건에 의해서 일어났다. 20세기의 대재앙으로 인하여 생겨난 대중의 불행은 많은 동시대인에게 정신적인 반성을 촉구했고 문화에 숙고할 것을 요구했다. 전례 없이 고조된 위기는 문화는 물론이고 문화를 반영하는 척도인 예술, 학문, 철학이 인간 전체 세계에서 어떤 위치를 차지하는지에 대해 숙고할 것을 요구했다.

문화비판의 동기를 파악하려는 사람은 작용과 반작용 형태의 이데올로기비판적인 성향을 무시해야만 한다. 문화비판의 역사적 현상학은 쓸데없는 곡해와 오해를 무시하고 문화비판의 형성배경을 파악하는 것에서부터 시작해야 한다. 이렇게 시야를 확장하면, 문화비판적 실천은 문화의 자기반성의 현상으로 나타나게 되고 다음과 같은 구분도 가능해진다. 말하자면 **규범적 문화비판**은 몰락의 비극이 이미 완성되었고 따라서 이제 전근대적 삶의 방식을 찬양해야 한다는 관점을 주장하는 반면에,[210] **기술적**

---

210 규범적 문화비판의 적대자들은 규범적 문화비판의 유형을 인상적으로 기술했다. 그들은 규범적 문화비판을 반근대주의(Antimodernismus)의 변종으로 묘사한다. 이 반근대주의란 드 메스트르(de Maistre)와 아놀드(Matthew Arnold)에서 시작하여 반덴부룩(Moeller van den Bruck), 클라게스(Klages), 슈펭글러(Spengler)와 같은 의심스러운 인물들을 넘어 도스토예프스키와 호프만슈탈에 이르기까지 대중에게 자신들을 '보수혁명' 찬양자로 선보였던 사람들의 사상이다. 특히 반비판(Antikritik)의 성격을 띠는 이 문화비판은 더욱 강화되는 문화염세주의적인 현상을 못마땅하게 생각한다. 이 문화비판은 이러한 염세주의적인 현상 속에서 자신의 진단을 과장하고 의문스러운 사유형태를 선동한다. 말하자면 복잡한 사태연관을 대립적인 개념쌍(친구와 적, 고유의 것과 이질적인 것)의 간단한 도식주의로 무리하게 환원시키는 치명적인 경향, 기술신뢰와 진보의 생각

述的 문화비판은 이러한 규범적 문화비판에 대립해 있다는 점이다. 기술적 문화비판은 규범적 문화비판보다 한 걸음 더 나아간 것으로서 문화의 자기관찰 과정을 재구성하고 이러한 재구성을 계속 전개해 나가는 것이다. 이러한 구분에 기반을 둔 문화비판 이론에서 중요한 명제는 다음과 같다. 문화반성은 보편적인 현상이 되었고 특히 문화의 형태가 변화하고 있다거나 지속적 운동 속에서 있다고 파악될 때 문화반성이 더욱 강하게 등장한다는 것이 그것이다. 문화반성이 어떤 제도적 틀을 선호하건 간에, 그리고 이에 어떤 특별한 개념을 발전시키건 간에 일반적으로 타당한 것은 문화들이 반성의 기준을 만들고 있고 이로써 문화들이 스스로의 상황과 제도를 비판적으로, 말하자면 구별하고 이해하는 동시

은 물론 서유럽 문명 모델 전체를 악한 것으로 묘사하는 것, (어머니 같은 자연과 완전한 공동체의 지배 하에서) 무죄의 근원적 상황과 인류의 원죄 이전의 세계를 찬양하는 것이 그것이다. 이 모든 것은 이미 18세기에, 다시 말해 비판개념이 활성화되면서 근대적인 문화비판이 결정적으로 시작되었을 때 관찰된다. 실러(Friedrich Schiller)는 아직 공화주의적으로 충만되어 있었지만 프랑스의 혁명적인 상황에 직면해서는 다음과 같이 시를 짓고 있다. "민족들 스스로가 해방된다면/ 행복은 성장할 수 없다." 1800년 알마나흐(Almanach) 박물관의 종의 노래(Lied von der Glocke)는 이렇게 소리 낸다. "그 때 여성들은 하이에나가 된다. 그리고 경악과 함께 사람들을 놀린다/ 표범의 이빨을 하고 번쩍거리면서/ 그들은 적의 심장을 찢는다/ 더 이상 성스러운 것은 없다, 파괴하라 /모든 경건한 소심성의 울타리를/ 선한 것은 악한 것에 자리를 마련해 준다/ 그리고 모든 악덕은 자유롭게 존재한다." 독일의 선생들은 몇 세대에 걸쳐 이 노래를 따라 하도록 시켰다. 반공화주의적 흥분과 종파와 위선, 대중과 여성경멸, 권위와 결속의 맹목적 믿음과 드물지 않게 이 믿음과 짝을 이루는 자만 등과 같은 특정한 증오들을 수집해 보면, 결국 하나의 결론에 도달하게 된다. 지난 250년 동안 문화비판적으로 들렸던 것들 중 많은 것들이, 아니 거의 대부분의 것들이 유지될 수 없다는 결론이 그것이다(『문화비판 (Kulturkritik)』의 참고문헌은 특별한 문헌들을 거론하고 있다. 나는 특히 브로이어의 작업들을 추천한다. 그 중에서 특히 Stefan Breuer, *Ästhetischer Fundamentalismus. Stefan Georg und der deutsche Antimodernismus*, Darmstadt 1995 참조. 또한 Kurt Flasch, *Die geistige Mobilmachung. Die deutschen Intellektuellen und der Erste Weltkrieg*, Berlin 2000 참조).

에 판단하고 평가하면서 사유할 수 있는 가능성을 갖고 있다는 사실이다.

물론 이러한 비판의 수행자는 역사적 상황변화에 따라 변한다. 때로는 18세기에 등장했던 '공론장Öffentlichkeit'의 현상처럼 새로운 공개토론의 장이 생겨나는 경우도 있다. 그러나 비판의 과제는 무엇보다도 **철학**에 귀속된다고 할 수 있다(바로 이 점이 근대적인 특징이다). 이와 같이 적어도 19세기 초 이후부터 철학은 현재의 자기 시대를 역사적 맥락 속에서 반성하는 형태로 등장한다. 후세에 많은 영향을 미친 1820년의 헤겔의 주장과 같이, 철학은 "사유 속에서 자기 시대를 파악하는"[211] 것이다. 이 표현은 직접 문화철학적으로 전환될 수 있으며 야스퍼스에서처럼 '시대의 정신적 상황'을 철학적으로 진단할 것을 호소하는 말로 이해될 수 있다. 그러나 이 표현은 헤겔에서처럼 근본적으로는 세계를 긍정하는 입장의 토대논변으로 해석될 수 있다. 헤겔은 바로 이러한 의미에서 실제로 근대의 변호인으로서 등장했고 이 새로운 시대를 비판하는 사람들에 대항해 단호히 맞서 싸웠다. 헤겔은 자신의 철학이 파악한 시대의 요구, 즉 시대의 정신적 요구사항을 질풍노도파의 시인들과 젊은 독일파와 낭만주의자들이 거부하고 있다고 항변한다. 헤겔의 이러한 항변은 이미 비판에 반대하는 입장을 취하고 있다. 헤겔은 사회제도가 인간에게 유익한지 내지

---

211 Hegel, *Philosophie des Rechts,* 같은 책, 26쪽. 이러한 요구의 해석은 *Das Sonderheft der Allgemeinen Zeitschrift für Philosophie*(Jg.25, Heft1, 2000) 참조.

인간의 행복을 증진시키는지의 물음과 같은 루소주의적 문화비판의 기본물음들이 "공적으로 인정된 것의 거부, 더 나아가 적대"[212]를 표현하고 있다고 이해한다. 간단히 말해 이 물음들은 자유의식의 진보를 방해하는 것이다.

이와 같이 헤겔은 반비판적 antikritisch 입장을 옹호한다. 하지만 그는 동시에 이 입장의 일면성을 극복하려는 이중의 태도를 취하고 있다. 비판이 오래 전부터 '분열'로 대변되는 근대문화의 명백한 부수현상이었다면, 이제 근대의 반비판적인 긍정이 근대문화에 대한 일반적인 비판의 최종적 귀결임을 입증하는 데서 헤겔은 해결방안을 찾는다. 헤겔은 전체적인 역사과정의 논리를 근거로 제시하면서 규범적 문화비판이란 정신이 자기의식으로 발전해 나가는 추상적이지만 필연적인 과정에서 등장하는 하나의 에피소드일 뿐이라고 설명한다. 이로써 그는 근원에 동경에서 벗어나지 못하고 있는 규범적 문화비판의 격정적 요소를 제거한다.

물론 비판은 헤겔 이후의 철학이 요구하는 것을 정의하고 있다. 비판은 문화의 기본적인 이해조건에, 말하자면 문화를 해석하는 틀이나 관습에 주의를 기울이게 했다. 비판이 문화의 진리[213]이기 때문에 문화비판 없이 문화과학은 존재할 수 없다는 호르크하이머의 말은 이러한 사유의 극복이자 동시에 그 결론이

---

212 Hegel, *Philosophie des Rechts,* 같은 책, 15쪽.

213 Max Horkheimer, "Korreferat zu Rothackers Probleme und Methoden der Kultur-anthropologie." in: *Gesammelte Schriften,* 같은 책, Bd.13, 13~18쪽, 여기서는 17쪽.

다. 물론 헤겔이나 호르크하이머가 모두 옳은 것은 의심의 여지가 없다. 헤겔이 옳은 이유는 철학이 간절하게 기대된 지상낙원으로의 도피가 될 수 없기 때문이다. **호르크하이머**가 옳은 이유는 일어난 모든 것을 이상화하는 것은 계몽주의 이후 더 이상 철학적으로 만족스러운 일이 아니기 때문이다.

카시러는 혼란에 저항하는 '긍정'과 무조건적인 '비판' 사이에서 아포리아에 빠질 수밖에 없는 절망적 상황으로부터 이미 일찍부터 벗어났다. 카시러는 신칸트학파와의 학문적 연관과 삶의 철학의 정신적 영향으로부터, 그리고 역사철학적 사변으로부터 점점 더 뚜렷하게 이탈해 나갔는데, 이러한 카시러에 의해 문화비판의 새로운 단계가 시작된다. 이 단계가 바로 진정한 의미에서의 철학적 문화비판의 단계이다. 『상징형식의 철학』은 여기 이 장의 서두에서 논의된 '문화비판Kritik der Kultur'이란 표현과 함께 시작된다. 이 표현은 물론 '새로운 예술비평'이라는 비코의 계획을 인용하고 있고 그 밖에 칸트를 지시하고 있지만 이미 암시한 것처럼 명백하게 칸트를 극복하려고 한다. 또한 여기서 중요한 것은 헤겔로부터 벗어난 것, 다시 말해 역사철학의 도식화된 사유로부터 벗어난 것이다. 카시러의 작업은 강한 것에 열광하고 강한 것의 권리에 복종할 준비가 되어 있는 유행하는 헤겔주의와는 아주 다른 이질적인 것이라는 점이 점차 명확하게 드러났다. 카시러의 문화비판은 철학적 프로그램으로서 "힘을 지니고 있는 진리"[214]를 비판하

---

214 Georg Wilhelm Friedrich Hegel, "Die Verfassung Deutschlands." in: *Theorie Werkaus-*

고 헤겔이 원한 것과 달리 철학을 통해 이러한 진리를 승인하는 행위도 비판한다. 헤겔이 베를린의 『역사철학 강의 Vorlesungen zur Philosophie der Geschichte』에서 말한 바와 같이 '이성의 간계 List der Vernunft'는 보편적 이념에게 길을 열어 주기 위해[215] 격정적인 개인들을 활용한다. 이와 같이 헤겔이 명확하게 '이성의 간계'의 원리를 강조했다면, 카시러는 개성의 "독립적 의미"와 "독립적 가치"에 권리를 부여하려고 한다.[216] 헤겔이 추구한 이성과 역사의 화해를 근대조건 속에서 지속성을 살려내려는 노력으로 해석하는 것은 아주 정당한 것이다.[217] 그러나 우리가 살펴본 바와 같이 민족세계

---

gabe, 같은 책, Bd.1, 451~609쪽, 여기서는 529쪽. 카시러는 헤겔의 이 표현을 점점 더 강한 불쾌감 속에서 여러 번에 걸쳐 주석을 달았다. 끝에 가서는, 즉 그가 사망했던 1945년에는, 그는 이 표현을 "일찍이 어떤 정치·철학적 문필가에 의해 개진되었던 아주 무자비한 파시즘의 계획"으로 간주하고 보기 드물게 신랄하게 비난한다(Ernst Cassirer, *Der Mythus des Staates. Philosophische Grundlagen politischen Verhaltens*[1945], Frankfurt/M, 1985, 347쪽). 카시러의 비판은 15년 동안 점점 더 강렬해지는데 이것은 바스트가 기록했다. Rainer A. Bast, *Problem, Geschichte, Form. Das Verhältnis von Philosophie und Geschichte bei Ernst Cassirer im historischen Kontext*, Berlin 2000, 470쪽 이하.

215 헤겔은 역사 경험의 현실주의와 개념구성의 이상주의를 가장 전형적인 방식으로 결합시키면서 다음과 같이 설명한다. "이것은 이성의 간계라고 한다. 이성의 간계는 자기 자신을 위해 열정들이 작용하도록 한다. 이때 이성의 간계를 실존할 수 있게 했던 것은 상실되고 해를 입는다. 왜냐하면 어떤 부분은 사소한 현상이고 어떤 부분은 긍정적인 현상이기 때문이다. 부분은 대개 보편적으로 아주 사소한 것이다. 개인들은 희생되고 포기된다. 이념은 그 현존과 무상의 대가를 스스로 지불하는 것이 아니라 격정적인 개인들을 통해 지불한다"("Vorlesungen über die Philosophie der Geschichte", in: *Theorie Werkausgabe*, 같은 책, Bd.12, 49쪽).

216 Ernst Cassirer, "Naturalistische und humanistische Begründung", in: *Kulturkritik*, 140쪽. 같은 곳에서 카시러는 헤겔에 대한 자신의 항변을 "우리가 모든 문화철학의 출발점에서 마주하는 문제"로 표현한다.

217 Joachim Ritter, *Hegel und die französische Revolution*, Frankfurt/M. 1972, 특히 68쪽 이하 참조.

에 대한 새로운 관심은 헤겔의 이러한 화해와 달리 철학적 사유가 의식적으로 지속성을 단절하는 모습을 보여 준다. 간단히 말해, 민족세계에 대한 새로운 관심은 한편으로는 일정한 자기 한계를 설정하고 유한한 이성의 다양성을 철저하게 사유하려고 한다. 비코에 의해 길이 열리고 여러 과정을 거친 후 카시러에 의해 완성된 문화철학적 전환이 요구하는 것은 다른 한편으로는 인간이 만든 세계를 증언하고 있는 문화적 사실faits culturel을 철학적으로 세밀하게 사유하는 일이다.

문화비판은 지식인들이 예전부터 자신의 시대에 일어난 현상들을 날카롭게 비판·분석했던 것을 총괄하는 개념이라 할 수 있다. 그러나 문화비판이 독특한 근대적 특성을 지니게 된 것은 전승된 것의 믿음이 상실되고 안전과 안정을 보장하던 전체 질서의 믿음이 상실된 이후부터이다. 문화비판의 역설은 이와 같이 문화비판의 배경상황이 변했기 때문에 생겨난다. 이제 문화비판은 문화의 이름으로 문화를 비판하는 것이 된다. 이로써 문화의 질병 원인의 담론들은 계속하여 다양하게 전개될 것이다. 그리고 문화비판의 전사前史를 고려해 보면 다음과 같은 문화비판의 근대적 특징을 쉽게 알 수 있다. 문화비판은 문화비판의 비판을 포함하게 될 것이라는 점이 그것이다. 문화비판은 앞으로 미래에 다양한 모습으로 등장하게 될 것이다.

물론 문화비판 개념이 지닌 강점을 망각해서는 안 된다. 문화적인 것은 정치적인 것과 다른 것이다. 말하자면 '이해관계를 벗어나interesselos' 선입견 없이 상황, 경험, 문제를 지각하려는 욕구가 대상으로 삼는 영역이 문화적인 것의 영역이다. 따라서 문화비판은 문화적인 것이냐 아니면 정치적인 것이냐, '문화의 비판자'로서의 역할이냐 아니면 '문명의 전사戰士'[218]로서의 역할이냐 중 하나를 선택해야 한다는 양자택일에서 벗어나 이러한 선택을 거부할 수 있다. 문화비판은 시급한 사안을 전략적으로 고려함으로써 무엇인가를 항상 미리 예견하는 것이 아니라 정치적 일상의 논리에서 벗어나 있는 여러 물음들을 유지하고 고수한다. 이 물음들은 일찍이 짐멜에게서 나타났던 바와 같이 "정신적 삶의 가치와 일반적 연관관계"에 있는 것으로서 "현재까지 정확하게 대답할 수 없지만 그렇다고 포기할 수도 없는"[219] 그러한 물음들이다. 이 물음들은 예컨대 우리는 어디로부터 왔는가, 우리에게 중요한 것은 무엇인가, 우리는 어디로 나아갔는가, 우리가 원했던 것이 올바른 것인가, 우리는 어떻게 우리가 원했던 것이 되었는가, 우리가 얻고 잃은 것은 무엇인가, 우리가 우리로부터 또

---

218 이것은 핀킬크라우트(Alain Finkielkraut)가 테러에 직접적인 인상으로부터 제시한 대안이다(Alain Finkielkraut, "Dieser Feind bestimmt uns. Wir sind Soldaten der Zivilisation." in: *Frankfurter Allgemeine Zeitung*, 2001.9.27). 핀킬크라우트는 종교적인 내전에 직면해서 종교와 문화를 평화정착에 무능한 것으로 만듦으로써 정치적 주권자가 제정한 질서에 종속시켰던 근대 초의 유럽 전통을 근거로 내세운다.

219 Georg Simmel, *Philosophie des Geldes*, 같은 책, 9쪽. 물론 우리가 여기서 '영원한 물음'이라는 실체주의를 다루려는 것이 아니라 요구된 물음에서 방법론상의 우선순위를 다루고 있다. 이 물음들은 서로 모순적인 대답들이 각각 타당성을 지닐 수 있게 하는 지속의 힘을 갖고 있다(Hans Blumenberg, *Aspekte der Epochenschwelle: Cusaner und Nolaner*, Frankfurt/M. 1976, 17쪽).

세계로부터 만든 것은 무엇이고 앞으로 만들 수 있는 것은 무엇인가와 같은 물음들을 뜻한다. 그리고 끝으로 물음의 태도와 관련해 본다면, '절대적인 확실한 인식'이 불가능하다는 사실을 알고 난 이후 인간에게 남아 있는 것은 무엇인가란 물음도 그러한 물음이다.

이제 중요한 것은 한편으로 이러한 물음을 던지는 것이고, 다른 한편으로 이러한 물음을 경청하게 하는 것이다. 현재 문화의 상황은 곳곳에서 비판적으로 기술되고 있다. 그 이유는 문화가 실제적으로 문제를 갖고 있기 때문이겠지만 또한 다양한 문화 수행자들 사이의 연관이 없어졌기 때문이기도 하다. 사회, 철학, 과학, 매체, 정치 사이에는 틈이 생겼고,[220] 이 틈은 정보의 교환이나 정보의 독자적 평가를 어렵게 만들었다. 따라서 필요한 것은 긴급한 주제, 중요성의 기준, 판단의 기준 등을 결정하는 진지한 비판의 토론장이다. 한 마디로 말해, 필요한 것은 문화비판인 것이다. 이러한 토론장은 하나의 특정한 세계모델이 모든 것을 질서지우는 절대문화로서 존재하지 않는다는 것과 칸트가 말한 바와 같이 인간이 "자유롭게 행위하는 존재로서" 스스로 무엇인가를 만들 경우 그 실현가능성은 다양하다는 것을 전제로 할 것이다.

---

220 Michel Serres, "Unsere Freiheit hängt von der wahren Information ab. Warum wir den Dialog zwischen der Philosophie und den Naturwissenschaften vorantreiben müssen." in: *Frankfurter Allgemeine Zeitung*, 2000.10.19.

문화비판이 자기 영역을 벗어나서 허용될 수 없는 일반화에 사로잡히는 경우 위험한 것이 될 수 있음은 물론이다. 그러나 이러한 '올바르지 못한' 문화비판이 문화비판 자체를 대변하지는 않는다. 조야한 문화비판이나 증오 속에서 자기를 정당화하는 문화비판은 현재를 이해하는 데 아무런 도움을 주지 못한다. 문화비판으로부터 새로운 패러다임을 희망한다든지, 아니면 더 나아가 문화비판을 이러한 새로운 패러다임으로 간주한다든지 하는 것도 물론 마찬가지로 잘못된 것이다. '올바른' 문화비판은 패권적 개념의 몰락으로부터, 다시 말해 선도개념과 선도문화의 소멸로부터 생겨났고 이성, 방법, 역사와 같은 보편적 주체의 파산을 오래 전에 경험했다. 그렇기 때문에 올바른 문화비판은 변화된 세계 속에서 문화의 반성 과정을 탐구하고 이러한 반성을 스스로 전개시켜 나가는 것에 만족한다. 그리고 바로 여기에 문화비판의 과제와 기회가 있는 것이다.

:: 제2장 **문화적 사실의 이론**

   문화비판은 결코 진부한 현상이 아니라 특유의 근대적인 현상
이고 또한 불가피한 것이라는 주장이 앞선 '문화비판의 유형들'
장이 담고 있는 기본적인 내용이다. 그리고 앞에서 예전의 문화
비판이 요구했던 것과 현재의 문화비판이 요구하는 것이 구분되
었다. 예컨대 시노페의 디오게네스가 탁월하게 발전시킨 바와 같
이 "방종과 비방의 동종요법"[221]은 예전의 문화비판에게 세계에
대해서 거리를 취할 수 있게 했다. 세계에 거리를 취하는 이러한
태도는 세계의 경쟁적인 삶에 갇혀 있는 사람들의 지각방식에 비
해 많은 장점을 가진 지각방식으로 평가될 수 있다. 하지만 이제
계몽주의 시대에 문화비판의 기본틀은 변화했고 문화비판적 실
천은 새로운 특성을 획득했다. 의도적으로 규칙을 위반했던 견유
주의자는 물론이고 예전의 문화비판 형태들은 모두가 전체의 질
서를 암묵적으로 전제하고 있으며 이러한 전체 질서의 이름으로
문화의 문제점과 잘못된 전개과정을 공격하고 비꼬고 희화화했
던 반면에, 근대의 시작과 함께 이러한 전체 질서와 같은 토대는
힘을 상실했다. 다시 말해 예전에는 문화비판이 시대에 저항할

---

[221] Vladimir Jankélévitch, "Zynismus und ironischer Konformismus." in: *Sinn und Form51*, 1999, 881~902쪽, 여기서는 887쪽.

때 형이상학적 질서체계에 호소할 수 있었지만, 이제 과거의 형이상학적 질서체계는 회의, 의심, 비판과 같은 무제한의 힘을 가진 새로운 권위에게 굴복하게 된다.

계몽주의 이전까지 비판은 목적을 위한 수단으로서 하나의 도구에 불과했다. 그러나 계몽주의 이후 비판은 위와 같은 변화에 의해 하나의 제도Institution가 되었다. 칸트가 『순수이성비판Kritik der reinen Vernunft』의 초판에서 표현한 바와 같이 그의 시대는 스스로를 "비판의 시대"[222]로 정의했고 이제 그 시대 전체는 '비판'개념을 후견인으로 갖게 되었다. 비판은 자주적으로 되었고 또한 독립적이고 공개적인 성격을 띠게 되었다. 그리고 비판은 철학적으로 자기 자신을 자기 자신의 반성기준으로 삼았고 이로써 칸트 이후 '비판의 비판Kritik der Kritik'의 요구는 계속 증가했다. 이러한 세분화의 맥락에서 새로운 형태의 문화비판인 철학적 문화비판도 이해되어야 한다. 철학적 문화비판은 자기 자신을 비판하고 따라서 자신의 전제와 자신의 세계관계를 비판한다. 이와 같은 형태의 사유가 다루려는 주제영역은 타당성이 역사의 변화 속에서 다양한 형태로 생성되는 과정이다. 예컨대 정복을 목적으로 하는 몸짓·동작, 동의를 요구하는 명증성·애원·경고, 거부하기 어려운 의식·예식, 끝으로 그 자체가 시대정신이며 (시대정신이 생기는

---

222 "우리의 시대는 근본적으로 비판의 시대이다. 모든 것은 비판에 종속되어야만 한다"(Immanuel Kant, *Kritik der reinen Vernunft*[1.Aufl. 1781], in: *Akademie-Ausgabe*, 같은 책, Bd.4, 1~252쪽, 여기서는 9쪽).

데 필수적인) 귀속에의 동경을 불러일으키는 격정의 형식 등이 그 사유대상이다.

앞으로 이 장에서 중점적으로 논의될 것은 무엇이 문화철학적 반성과 비판의 대상인가 하는 물음이다. 칸트가 말한 바와 같이 이 대상은 "모든 학문의 경계들이 서로 섞이지"[223] 않게 하는 것이어야 한다. 우리는 이러한 생각에 따라 다음과 같이 주장한다. 문화철학의 대상은 문화적 사실 fait culturel, 다시 말해 '작품(문화생산물, Werk)'이라고 주장한다. 여기서 중요한 것은 작품개념이 하나의 특정한 물음에 대답을 주고 있다는 점이다. 이 물음은 근본적인 문제이고 이런 의미에서 진정으로 철학적인 문제인데, 어떻게 지각의 기본형식이 생겨나는지, 다시 말해 어떻게 형태도 없고 구조도 없고 질서도 없는 현실로부터 동질적인 지각의 기준 같은 것이 생겨나 마침내는 지식의 형식이 생겨나는지 하는 물음이 그것이다. 아주 간단히 말하면, 중요한 문제는 "도대체 어떻게 어떤 하나의 구체적인 개별내용이 보편적인 정신적 '의미'의 운반자가 될 수 있는지"[224] 하는 물음이다.

작품개념은 의미 물음에 대답을 준다. 물론 역사철학적 해결책도 이러한 의미 물음에 대답일 수 있다. 그러나 문화철학은 역사철학처럼 역사적 총체성의 작용연관을 신뢰하지 않고 그 대신에

---

223 Immanuel Kant, "Prolegomena zu einer jeden künftigen Metaphysik, die als Wissenschaft wird auftreten können." in: *Akademie-Ausgabe*, 같은 책, 253~384쪽, 여기서는 265쪽.

224 Ernst Cassirer, *Philosophie der symbolischen Formen*, Bd.1, 같은 책, 25쪽.

인간현실의 현상들에 주목한다. 문화도 예전의 역사처럼 광범위하게 '무의식적으로' 전개되는 과정, 말하자면 행위자의 배후에서 행위의 부수적 결과로서 형성되는 과정이라고 할 수 있다. 그러나 역사철학과 문화철학 사이의 차이는 매우 중요한 것이다. 문화는 세계 전체 현상의 주체가 될 수 없고 결코 변신론의 욕구를 만족시키지도 못한다. 그리고 문화는 사물의 모습을 형이상학적으로 정당화해 주는 것이 아니다. 문화는 근원도 절대적인 것도 총체성도 아니다. 문화의 진리, 즉 문화적 대상의 진리는 경험적으로 직접 주어지는 것도 아니고 관찰자로부터 독립해 있는 것도 아니다. 그 진리는 나와 세계 사이의 지속적인 대화의 산물이다. 끝임 없는 교류라는 이러한 형태의 기초과정 때문에 문화적인 것의 장場의 존재방식은 불확실하게 지각될 수밖에 없다. 그래서 문화는 스스로가 보여 주는 것과 결코 일치하지는 않는다고 서두에서 말했던 것이다. 그러나 언제나 특정한 자료들을 지시하고 있는 예술학이나 문헌학에서 아주 잘 드러나듯이 결국에는 문화가 이와 같이 스스로가 보여 주는 것과 다른 것은 아니다.

20세기 전반기의 문화철학의 다양한 흐름들 속에 어떤 공통점이 있다면, 그것은 모두가 철학적 관심을 인간세계의 현실로 전환시킬 준비가 되어 있었다는 것이다. 이러한 개방적 태도에서 특징적인 것은 **문화적 사실**이 (예전의 이상주의 전통에서 기대되었던 것과 달리) 선험적인 개념으로 사유될 수 없는 것은 물론이고 선험적인 개념으로 분석될 수도 없다는 점이다. **문화적 사실**은 철학의 인식 조건을 새롭게 정의한다. 문화적 사실은 세계를 담은 사유를 요구한다. 이와 관련된 엘리아스Norbert Elias의 말을 인용하여 말한다면, 문화적 사실은 "시간과 공간 안에서" "자리를 차지하고 있는"[225] 철학을 요구한다. 작품개념의 도입은 이미 비코가 선취한 바 있던 철학적 사유의 전환에 조응하는 것이다. 이러한 새로운 방향제시가 지닌 특징은 구체적인 현실세계와 이 구체적인 현실세계의 의미현상에 주목한다는 점이다. 짐멜과 카시러는 작품개념을 수용했고 이 작품개념을 문화철학을 위해 활용했는데, 여기서 우리는 이들의 신중한 생각을 살펴볼 필요가 있다. 짐멜은 이미 자신의 1911년의 비극논문에서 문화적 대상을 작품으로 규정한다. 물론 그는 작품개념을 평가할 때 이 개념의 부정적인 측면을 강조한다. 그는 문명의 전개과정에서 문화의 토대는 분열되었고 이러한 분열은 극복될 수 없음으로 그 극복을 약속하는 화해의 철학은 기만적인 것으로 나타난다는 기본입장을 갖고 있기 때문이다. 짐멜이 말한 바와 같이 문화를 객관화하여 주체를 문화로부터 소외시키는 작용을 하는 것은 "정신의 형식을 갖춘 사물의 초주관적 논리"[226]이다. 이와 같이 오직 이러한 법칙만을 따르는 확고한 존재의 질서체계는 문화적 대상을 이해할 수 있는 가능성을 거의 허용하지 않는다. 따라서 짐멜이 '문화적 동화작용'이

---

225 Nobert Elias, "Die Symboltheorie." in: *Gesammelte Werke,* hg. v. Reinhard Blomert u.a., Bd.13, Frankfurt/M. 2001, 170쪽.

226 Georg Simmel, "Begriff und Tragödie der Kultur." in: *Kulturphilosophie,* 55쪽.

라고 한 이해는 완전히 불가능하거나 아니면 숙련된 전문가에게나 맡겨질 수밖에 없다. 여하튼 짐멜의 경우 이러한 점들이 말해주고 있는 것은 다름이 아니라 근대에는 분열의 비극이 지속적인 성격을 띤다는 사실이다.

짐멜은 자신의 생각이 시대진단으로 받아들여지기를 원했고 이러한 진단을 계속하여 고수했다. 개별적인 것들 안에서 시대의 인상적인 특징을 드러내려고 노력했고 때로는 개별적인 것들 안에 나타난 시대의 인상적인 특징들에 감명을 받았음에도 불구하고, 삶의 철학자인 짐멜은 작품 안에서 일어난 정신의 완전한 자기 객관화를 위기로서 해석한다. 그는 때때로 대담하게 시대상황을 묘사했는데, 그의 이러한 상황묘사는 오늘날 해체주의의 주창자들이 재차 확인한 의견과 맥을 같이 한다. 문화의 '내용'과 '목적'을 종합하려는 시도이건, 작품을 그야말로 이해하려는 시도이건 간에 이 모든 시도는 객관화Objektivation의 조건 속에서는 필연적으로 실패할 수밖에 없다는 점에서 서로 일치된 의견을 가지고 있다.

비판적 문화철학은 다른 측면을 강조한다. 문화철학은 이미 살펴본 바와 같이 삶의 철학에서 벗어남으로써, 그리고 특히 역사철학에서 벗어남으로써 정립되었다. 물론 문화철학은 이 두 방향의 철학과 공통되는 생각을 하기도 했다. 철학적 사유는 근대의 조건 속에서 근본적으로 혁신되어야 하고 변화된 환경에, 특히 변화된 지식환경에 맞게 변화되어야 한다는 생각이 그것이다. 하지만 문화철학은 형이상학적으로 악을 정당화하는 모든 시도들을 거부하기 때문에 근대적인 변신론의 성격을 띤 역사철학의 요구를 거부한다(제1차 세계대전은 이러한 거부 현상이 일어나는 데 결정적인 역할을 했다). 헤겔이 놀라워했을지 모르지만 문화철학은 시종일관 세속적인 형태의 철학사유로서 스스로를 이해한다. 또한 헤겔주의적으로 말한다면, 문화철학은 특히 짐멜의 삶의 철학과 마찬가지로 처음부터 비동일성을 위한 철학, 즉 **비동일성철학**Nicht-sidentitätsphilosophie이다. 문화철학은 변신론의 이름으로 개별적인 것들을 계획적으로 경시하는 역사철학의 전략을 거부할 뿐만 아니라 다른 한편으로는 선정성을 띠고 있는 삶의 철학의 과장된 경고도 거부한다.

사실상 문화철학은 이미 정립되는 단계에서부터 개념영역의 체계 전체를 새롭게 형성한다. 이것은 철학적으로 매우 중요한 점이다. 역사철학은 객관정신의 역할이나 객관정신의 작품의 역할을 우선시했다. 이와 같이 역사철학은 헤겔이 묘사하는 것처럼 개인이 "이미 완성된 확고한 세계"에 "합병되었다"[227]고 판단되는 경우에 한에서만 개인을 허락했다. 삶의 철학은 이와 관련하여 보완된 입장을 취하고 있지만 기본적으로 '주체'와 '작품'이라는 두 관점에 만족한다. 짐멜이 덧붙여 말하고 있듯이, 작품은 주체

---

227 Hegel, "Vorlesungen über die Philosophie der Geschichte." 같은 책, 99쪽. 같은 곳에 다음과 같이 쓰여 있다. "정신은 자신을 자신의 즉자적 존재로, 자신의 행위로, 자신의 작품으로 만든다."

로부터 서서히 벗어나 주체에 대항하게 된다. 역사철학과 삶의 철학이 그 모든 차이와 대립에도 불구하고 서로 일치하는 점은 데카르트 이후 관습화된 주체와 객체의 이원론이라는 극본劇本을 근본적으로 고수하려 한다는 사실이다.

1920~1940년대에 이르기까지 계속해 발전되어 나갔던 카시러의 문화철학은 바로 이러한 주객모델에 대답을 제시한다. 그의 문화철학은 또 하나의 사회적 요소, 즉 두 번째 주체ein zweites Subjekt를 추가 도입한다. 바로 이러한 두 번째 주체가 '너Du'이다. '너'는 자신의 인간적 상관자인 '나Ich'와 관계할 뿐만 아니라 '나Ich'가 작품과 관계하듯이 마찬가지로 '작품'과도 관계한다. 이렇게 변화된 관계구조 속에서 이미 작품과의 새로운 사회적 관련자를 엿볼 수 있다. 물론 문화철학은 삶의 철학에 의해 전제된 대상들과의 대립적 관계설정을 결코 포기하지는 않았다. 만약 그러하다면 비동일성이나 의미분석의 필요성을 강조하는 것은 완전히 쓸데없는 일이 될 것이다. 하지만 이 때 작품을 고정된 것 내지 부동의 것으로 간주하거나 이해불가능한 이질성을 담고 있는 것으로 파악하지 않는다. 작품은 거리를 취하고 있지만 동시에 연결점을 제공한다는 것이다. 작품은 카시러가 말한 것과 같이 '통과지점Durchgangspunkt'이고 '교량Brücke'이다.

교량이란 은유는 앞으로 논의될 내용의 핵심을 말해 준다. 문화철학은 작품이 한 개인이나 한 시대의 생산적 성과물을 제시한다고 보기 때문에 작품을 매우 중요한 것으로 간주한다. 이 성과물의 타당성은 다시 다른 사람과 다른 시대에 의해 수용되거나 무시되고 또는 인정되거나 부인된다. 그러나 기본 모델의 세 요소인 '나', '너', '작품'은 동일하게 중요한 역할을 하기 때문에 어떤 한 요소가 낮게 평가되는 일은 애초부터 배제된다. 카시러가 말한 바와 같이 이 세 요소는 완성된 형태로 존재하는 것이 아니라 문화적 형식을 형성하기 위해 서로 관계하고 있다. 말하자면 "두 영역, 즉 '나'의 세계와 '너'의 세계는 이러한 방식 속에서 그리고 이러한 방식의 도움으로 비로소 스스로를 구성한다konstituieren"[228]고 할 수 있다. 이와 같이 의미생성의 현상은 물론이고 모든 문화현상은 근본적으로 상관적korrelativ인 성격을 띤다. 그렇기 때문에 의미는 작품이 완전하게 지니고 있는 것이 아니며, 입증된 방법을 통해 발견될 수 있는 것이거나 작품으로부터 '추론될' 수 있는 것이 아니다. 의미는 잠재적인 가능성이다. 의미의 맥락은 기본적으로 항상 우연적인 성격을 띠고 있다. 하지만 의미의 맥락은 작품 안에서 잠정적일지라도 일정한 일관성을 갖고 있다. 그렇기 때문에 나는 의미라는 단어 대신에 다른 단어를 선호한다. 의미의 가능성의 상태, 다시 말해 의미의 사실성과 타당성의 차이를 잘 나타내 주는 단어는 유의미성Bedeutsamekit이란 단어이다.

교량이란 은유는 존재하는 간격 사이의 연결을 비유적으로 설명하고 있는데, 이 은유는 나의 자발성과 너의 수용성 사이에 존

---

[228] Ernst Cassirer, "Dingwahrnehmung und Ausdruckswahrnehmung." in: ders., *Zur Logik der Kulturwissenschaften*, 같은 책, 34~55쪽, 여기서는 50쪽.

재하는 작품의 이중적 성격을 분명하게 표현하고 있다. 우리의 표상세계에 깊이 자리잡고 있는 데카르트 전통의 도식에 따르면, 주체와 객체는 서로 직접 대립해 있고 인식의 주체는 세계와 거리를 둔 관찰자의 형태를 띠면서 카메라 오브스쿠라_{camera obscura}[229]* 의 구멍을 통해 세계를 본다고 한다.[230] 그러나 여기서는 바로 이러한 전통이 완전히 힘을 잃게 된다. 교량의 은유는 홀로 존재하기 때문에 연결점을 힘들게 수용할 수밖에 없는 고립된 개인들의 관계를 설명하는 것이 아니라 문화적인 것 속에 뿌리를 두면서 서로 관계하고 "공동의 의미세계"를 건설하는 주체들의 상호작용을 설명한다. 이에 대한 카시러의 예는 대화이다.[231] 작품은 이러한 주체들의 상관관계의 영역에 위치하는 것이다. 한편으로 우리가 만나는 작품은 수많은 가능성 속에서 어떤 일정한 형태를 갖게 된 인간정신의 표현으로 이해되며 바로 여기에 우리를 연결하는 것이 담겨 있다. 그러나 다른 한편으로 작품은 작품 그 자체로서

---

229 *(옮긴이주) 기원전에 출현한 카메라 오브스쿠라(라틴어로 어두운 방이라는 뜻)는 사진기의 기원이자 카메라의 어원이 되었는데, 이것은 어두운 방의 지붕이나 벽 등에 작은 구멍을 뚫고 그 반대쪽의 하얀 벽이나 막에 옥외의 현상을 거꾸로 찍어내는 장치이다.

230 René Descartes, "La Dioptrique"(1637), in: Gertrud Leisegang, *Descartes' Dioptrik*, Meisenheim/Glan 1954, 69~165쪽, 여기서는 90쪽 이하 참조. 물론 데카르트 혼자만 이러한 생각을 한 것은 아니다. 회고적으로 볼 때 그는 패러다임이라고 불릴만한 것을 제시했다. Jonathan Crary, *Techniken des Betrachters. Sehen und Moderne im 19. Jahrhundert*(1990), Dresden 1996, 56쪽 이하 참조.

231 Ernst Cassirer, "Dingwahrnehmung und Ausdruckswahrnehmung." 같은 책, 53쪽 이하. 이 점에서 뢰트거스(Kurt Röttgers)는 카시러가 후속의 이론형성에 지속적으로 영향을 미치지 못했지만 얼마나 포스트칸트주의적인 사회철학에 도달하고 있는지를 보여주고 있다(Kurt Röttgers, *Kategorien der Sozialphilosophie*, Magdeburg 2002, 64쪽 이하).

우리 앞에 마주 서 있다. 따라서 우리의 작품경험은 타자의 경험으로서도 입증되어야만 한다. 문화적 대상으로서의 작품은 고유한 유의미성을 주장하고 있고, 이 유의미성은 상당한 지속성을 가지고 있다. 그리고 이 유의미성이 작품이 "순간마다 변화하는 물리적 · 심리적 사건의 소용돌이"[232]에서 벗어날 수 있게 하는 것이다. 문화적 존재는 고유한 유의미성에 대한 최종적인 결론에 도달하지 못할 것이라고 생각할 수도 있지만, 카시러는 이러한 과제를 성취할 것이라고 낙관적으로 생각했던 것처럼 보인다. 이와 같이 카시러의 문화철학의 준칙은 "너를 작품의 명령에 맡겨라"[233]이다.

이러한 전환이 미친 이론사적인 영향은 높이 평가할 만하다. 카시러는 자족적인 헤겔적 개념주의를 포기하고 철학적 의미 이론과 (이와 관련하고 있으며 또한 많은 것을 요구하고 있는) 기술記述이론을 창안한다. 카시러는 그의 아주 전형적인 방식대로 거의 드러나지 않게 새로운 비판적 입장을 제시하고 이러한 입장을 설명하기 위해 사유실험을 시도한다. 이때 이야기되는 대상은 간단한 시각적 표현의 구조, 즉 선의 모양묘사이다. 그의 설명에 따르면 선의 모양은 우선 "눈에 띄는 특정한 성질" 때문에 관심을 끌게 된다. 이렇게 관심을 끄는 자극은 실제로는 순식간에 일어나고

---

232 Ernst Cassirer, "Zur Metaphysik der symbolischen Formen." 같은 책, 187쪽.
233 앞의 책, 190쪽. 카시러는 괴테의 소크라테스 해석을 그 근거로 들고 있다. 이는 Oswald Schwemmer, "Der Werkbegriff in der Metaphysik der symbolischen Formen", in: Internationale Zeitschrift für Philosophie2, 1992, 226~249쪽 참조.

분석을 목적으로 하는 경우에서나 인위적으로 길게 논의될 뿐이다. 여하튼 이렇게 관심을 끄는 자극의 문학적 기록은 유의미성이 실현되는 중요한 단계들을 설명한다.

최초의 행위는 선의 모양을 인지하는 것이다. 이 순간에는 단순히 배경으로부터 두드러져 보이는 것, 다시 말해 윤곽의 인지가 중요한 것이다. 이 순간은 관찰자가 더욱 집중하여 자신의 대상을 다루기 시작했음을 말해 준다. 다음 단계에서 선의 모양은 "말하자면 전체적으로 내부로부터 생기를 띠기"[234] 시작하고, 이제 공간적 형상에서 미적 형상이 생겨난다고 카시러는 말하고 있다. 눈은 시공간의 대상들을 서로 구분하고 주변으로부터 분리시킴으로써 인위적으로 정위定位를 표시하는 기하학을 탄생시킨다. 이러한 정위를 통해 시야의 지평은 체계성을 갖게 되고 관찰자는 대상을 사물질서의 한 부분으로 정립할 수 있게 된다. 뵐플린 Heinrich Wölfflin의 적합한 은유를 인용하면, 선은 자신의 "아름다운 목소리"를 드높인다. 그러고 나서 해석된 것은 이제 설명으로서, 즉 "형식"[235]으로서 등장하고, 이것은 카시러에 따르면 정신적 행위의 흔적을 뜻한다. 관찰자는 자신이 본 것을 문화적 형태로 파악하고 인상 Eindruck을 표현 Ausdruck으로 바꾼다.[236] 그는 마치 자신이 본 것이 말을 하는 것처럼, 마치 이것이 하나의 증거나 기록이

---

234 Ernst Cassirer, "Zur Logik des Symbolbegriffs." in: ders., *Wesen und Wirkung des Symbolbegriffs*, 같은 책, 201~230쪽, 여기서는 211쪽.
235 Heinrich Wölfflin, *Albrecht Dürer. Handzeichnungen*, 12Aufl., Berlin 1942, 3쪽.
236 Ernst Cassirer, *Philosophie der symbolischen Formen*, Bd.1, 같은 책, 12쪽.

되는 것처럼 생각한다. 선은 이러한 '변화'와 동일화의 과정 속에서 예컨대 특정한 장식으로 등장할 수 있다. 그리고 관찰자는 장식을 그냥 그것이 보이는 대로 관찰할 수 있지만 이것을 특정한 시대의 작품의 사례로서, 또는 특정한 시대의 예술적 표현으로서, 아니면 특정한 시대의 특징적 양식으로서 파악할 수도 있다. 이상과 같이 처음에는 단순한 선으로 보이던 것이 돌연 "신화적 · 종교적 의미의 담지자로서, 또는 마법의 기호나 제례의식의 기호로서" 나타날 수 있고, 아니면 "순수 논리적 · 개념적 구조연관의 사례"로서 등장할 수도 있다. 말하자면 이것들은 카시러가 제안했던 "주기적 진동"[237]의 법칙을 감각적 · 가시적으로 설명하는 예증들이다.

앞의 몇 문장들은 철학자들이 통상적으로 '통각'이나 '지성적 직관'과 같은 개념들 속에서 파악했던 대상들을 짧게 묘사하고 있는데, 이것은 두 가지 차원의 주제를 포함한다. 한편으로 이 서술은 문화적 대상의 정립기록, 말하자면 정신현상학의 축소판을 다루고 있다. 다른 한편으로 1938년의 서술은 문화사적 논문의 기본소재를 말하고 있다. 독자는 여기서 고대의 플리니우스 Gaius Plinius Secundus[238*]가 전승한 예술가의 일화를 알게 될 것이다.

---

237 Ernst Cassirer, "Philosophie des Symbolbegriffs." 같은 책, 212쪽. 도입된 구절은 카시러가 이와 비슷하게 여러 번 이야기한 선의 비유의 마지막 편집을 반복한다. Ernst Cassirer, "Das Symbolproblem und seine Stellung im System der Philosophie." in: *Zeitschrift für Ästhetik und allgemeine Kunstwissenschaft21*, 1927, 295~322쪽, 여기서는 298쪽과, Ernst Cassirer, *Philosophie der symbolischen Formen*, Bd.3, in: *Gesammelte Werke*, 같은 책, Bd.13, 228쪽 이하 참조.

이 일화에 따르면 화가인 프로토게네스Protogenes는 자신의 동료인
아펠레스Apelles와 함께 단지 그려진 선의 섬세함에 대해서만 서로
대화했다고 한다. 이 일화는 이미 일찍이 (완전히 카시러적인 의미에
서) 예술적 표현수단의 자율성과 장소적인 지시 연관의 중요성을
분명하게 제시하고 있다.[239] 또한 이 서술은 경계설정과 정위설
정이라는 '선'의 두 가지 기초적 성격을 다루고 있고 그 밖에도
방향제시적 기능과 장식적 기능을 구별하고 있다. 그리고 끝으로
이 서술은 '순수한' 선이라는 경계개념을 통해 동시대의 예술가
이름을 연상시키고 있다. 그 예술가의 이름은 칸딘스키Wassily
Kandinsky[240]*인데, 카시러의 경우 이러한 지시는 흔하지 않은 일이
다. 그림의 순수성은 세계를 지각하는 일의 시작이 아니라 비판
적으로 세계를 지각하는 일의 종말은 물론이고 신중하게 세계를
지각하는 일의 종말을 말하고 있다. 현상학자인 카시러는 이 점

---

[238] *(옮긴이주) 플리니우스(23~79): 고대 로마의 정치가, 군인, 학자. 그는 그의 자연학적
저술인 『박물지(Historia Naturalis)』로 유명한데, 총 37권으로 이루어진 이 책은 티투스
황제에게 바친 대백과전서로서 100명의 정선된 저술가를 동원하여 2만 항목을 수록한
당시의 예술·과학·문명정보의 보고(寶庫)이다.

[239] 플리니우스가 전승한 일화는 알베르티(Alberti)와 호거트(Hogarth)를 넘어 아폴리네르
(Apollinaire)로 이어지는 수용사를 갖고 있다. 아폴리네르는 예전의 거장의 선들을 침착
하게 순수묘사의 초기 형태로 설명했다. 또한 그는 아펠레스의 일화를 '다루어진 주제
와는 무관한 미학적 즐거움'의 원초적 장면으로서 해독했다(H. van de Waal, "The linea
summae trinitatis of Apelles; Pilny's Phrase and its Interpreters." in: Zeitschrift für Ästhe-
tik und Allgemeine Kunstwissenschaft 12, 1967, 5~32쪽).

[240] *(옮긴이주) 칸딘스키(1866~1944): 러시아출신의 화가. 그는 현대 추상회화의 선구자
로서, 대상의 구체적인 재현으로부터 이탈해서 선명한 색채를 통해 교향악적이고도 다이
내믹한 추상표현을 관철한 후 점차 기하학적 형태에 의한 구성적 양식으로 나아가 독창
적인 발자취를 남겼다. 주요작품으로는 「푸른 산」, 「즉흥 14」, 「검은 선들」, 「가을」,
「콤포지션7」 등이 있고, 『예술에서의 정신적인 것』, 『점·선·면』 등의 저술도 남겼다.

에서 세잔 Paul Cézanne[241]*에서 칸딘스키와 클레 Paul Klee[242]*에 이르는 현대예술의 신념과 일치하고 있다.

물론 카시러의 세밀한 철학적 작업은 기억된 형상을 수집하는 것 이상의 것이다. 그의 작업은 18세기 이후 "유의미성"[243]으로 불린 것을 구체적으로 현실화하는 이론작업인 것이다. 재구성된 개념사가 보여 주는 바와 같이, 유의미성이란 표현은 이 표현이 생겨난 후 200년 동안 내내 위기를 나타내는 개념으로 존재했다. 유의미성이란 표현은 세계의 통일성을 보장했던 의미가 이제 더 이상 확실하지 않고 따라서 역사, 삶, 문화 등과 같은 세계의 각 부분들의 의미가 그대로 인정될 수밖에 없을 때 등장했다. 카시러는 방법론을 수정함으로써 이제 이러한 의미의 장場에 개입한다. 그런데 그는 의미를 대상의 최고성질로 간주하며 이러한 대

241 *(옮긴이주) 세잔(1839~1906): 20세기 회화의 선구자. 그는 '주관적으로' 대상을 파악하고 표현하는 것이 아니라 대상의 빛나고 변하는 표면을 넘어 '본질'을 '객관적으로' 파악하고자 했다. 그는 예술가는 집중과 탐구를 통해 인간의 혼란스러운 감각에 질서를 부여할 수 있으며 예술의 본질은 이 구조적 질서를 시각을 통해 포착하는 데 있다고 보았다. 자연을 단순화된 기본형체로 집약하여 화면에 새로 구축해 나가는 작풍이 더욱 발전하여 나중에 야수파와 입체파에 큰 영향을 주었고, 따라서 그는 20세기 회화의 참다운 발견자로 칭송되었다. 그의 작품으로는 「목맨 사람의 집」, 「자화상」, 「카드놀이 하는 사람들」, 「목욕」 등이 있고 정물화와 초상화에도 많은 걸작을 남겼다.

242 *(옮긴이주) 클레(1879~1940): 스위스의 화가. 그는 현대 추상회화와 초현실주의의 선구자로서, "예술은 눈에 보이지 않는 것을 보이게 하는 것"이고 "중요한 것은 형태를 만드는 것"이라고 말한 것처럼 눈에 보이는 대상에 의존하지 않았고 대상을 독자적 조형 언어로 바꾸어 놓았다. 그의 대표작은 「새의 섬」, 「항구」, 「정원 속의 인물」, 「죽음과 불」 등이 있고 스위스의 베른미술관 내 클레재단에 약 3,000점이 소장되어 있다.

243 Ernst Cassirer, "Das Symbolproblem." 같은 책, 299쪽. 개념사는 Gunter Scholtz, "Bedeutsamkeit. Zur Entstehungsgeschichte eines Grundbegriffs der hermeneutischen Philosophie", in: ders., *Zwischen Wissenschaftsanspruch und Orientierungsbedürfnis. Zu Grundlage und Wandel der Geisteswissenschaften*, Frankfurt/M. 1991, 254~268쪽.

상 속에 은폐되어 있는 의미를 해석학적으로 hermeneutisch 탐구하는 것을 그만둔다. 그 대신에 그는 의미의 유래와 구조를 밝히고 의미의 생성을 기능주의적으로 funktionalistisch 기술한다. 하나의 유일한 의미 Bedeutung 로부터 서로 관련될 수 있고 또한 서로 구분될 수도 있으며 때로는 서로 대립될 수 있는 다양한 유의미성들 Bedeutsamkeiten 로 관심을 전환시키는 것, 한 마디로 의미의 삶 Leben der Bedeutung 으로 관심을 전환시키는 것은 매우 중요한 일이다. 결과적으로 카시러는 의미에 관한 역사적 연구를 위한 기초를 놓았다고 할 수 있다. 말하자면 그는 "철학적 정신현상학"[244]을 위한 기초를 놓았다고 할 수 있다.

이러한 맥락에서 유의미성 개념은 핵심적인 위치를 차지하게 된다. 그리고 이 때 중요한 문제는 유의미성이 어떻게 규정될 수 있는지의 물음이다. 보다 근본적으로 말한다면, 어떤 것이 형태 없는 무차별적인 세계로부터 돌출되어 형태를 얻고 집단적 관심과 주목의 대상이 되어서 마침내는 "보편적인 정신적 '의미'의 담지자가 되는"[245] 일이 어떻게 가능한지 하는 물음이다. 이 물음은 언어적 대상은 물론 물질적 대상에도 똑같이 적용되고 이와 같이 언어 Wörter 는 물론 사태 Sachen 에도 똑같이 적용된다. 그러나 여기

---

[244] 카시러가 이러한 표현을 제안한다(Ernst Cassirer, *Die Philosophie der Aufklärung*, Tübingen 1932 Nachdruck Hamburg 1998, IX쪽). 헤겔의 암시가 나타나고 있지만 반면에 비판적 거리의 징후도 나타난다. 카시러가 『인간론(*Essay an Man*)』에서 '인간문화의 현상학'을 말할 때(52쪽), 마침내 헤겔과의 유사성은 완전히 제거된다.
[245] Ernst Cassirer, *Philosophie der symbolischen Formen*, Bd.1, 같은 책, 25쪽.

서는 신칸트주의자들의 경우처럼 인식의 가능조건의 확실성을 설명하기 위해 구체적인 대상을 다루고 설명하는 것을 포기할 정도로 인식의 가능조건이 우선시되지는 않는다. 마찬가지로 예컨대 선의 미학적·신화적·물리적 해석 중 어떤 해석이 참된 해석인지를 결정하고 나서야 비로소 만족해하는 그러한 절대적인 이해방식이 중요한 것도 아니다. 카시러의 경우 대상을 철학적으로 이해한다는 것은 다양한 독해방식을 통해 대상에 담긴 유의미성의 단계를 해명하고 서술함으로써 이제 더 이상 역사철학적으로 정당화된 관점에서가 아니라 오직 현재 주어진 대상으로부터만 현실적인 유의미성을 획득하여 제시하는 것을 뜻한다.

카시러의 대상개념은 고유한 특징을 지니고 있다. 우선 선의 비유는 본래 데카르트의 연장실체res extensa 해석 틀에서 유래한 관점을 받아들인다. 말하자면 대상을 대립적으로 설정하는 관점을 받아들이고 있다. 하지만 카시러의 분석은 새로운 시각에서 객관세계의 특수한 대상성을 보여 준다. 주체성의 아무런 관여 없이 대상의 참된 성질에 도달할 수 있다고 간단히 전제하면서 양적 성질을 규정하는 방식에 대립해 새로운 형태의 지각방식이 등장한다. 이 방식은 언제나 관찰자Betrachter와 대상Gegenstand 사이의 상관성Relationalität을 함께 사유한다고 한다. 이로써 대상의 "이론적 설명"과 나란히 대상의 "실천적 설명"[246]이 등장하게 되는데, 이 실천적 설명은 문화철학적으로 매우 중요하다. 대상은 예컨대

---

246 Kant, *Kritik der Urteilskraft*, 같은 책, 353쪽(§59).

미적 그림으로서이건, 기하학적 형상으로서이건, 아니면 종교적 기호로서이건 간에 문화적 전제들의 지평에서 관찰자의 이목을 끄는 경우에, 아니 더 나아가 그런 이목을 끄는 경우에 한해서만 의미 있는 것으로 나타난다. 문화적 대상, 즉 문화적 사실을 규정하는 일이 기본적으로 "영혼의 감동과 흥분의 서술"로 이해된다면, 이 일은 일반적으로 "은유적"[247]이다. 대상 Gegenstand은 표현 Ausdruck이다. 대상은 관찰자에 의해 이 순간 여기서 해석되는 것, 그리고 이 순간 여기서 해석될 수밖에 없는 것을 허락할 뿐이다. 다시 한번 예를 들어 말한다면, 선의 특성도 바로 이와 같은 방식 속에서 표현되는 것이다. 그런데 카시러가 설명한 바에 따르면 의식의 법칙성이 존재하기 때문에, 그리고 의식의 법칙성이 존재하는 경우에 한에서만 "대상성이나 객관적 현실"과 같은 것이 존재하고 그 역은 성립하지 않는다.[248] 이러한 형태의 전도를 통해 카시러의 생각이 소박한 감각주의로 의심받는 일은 효과적으로 제거된다. 베이컨의 전통 속에서 관습화되었던 자연 그대로의 사실 factum brutum이 존재한다는 생각이 다름이 아니라 소박한 감각주의인데, 이것은 포기된다. "지성적인 개념작업은 전체 현상을 체

---

247 Ernst Cassirer, "Sprache und Mythos. Ein Beitrag zum Problem der Götternamen." in: ders., *Wesen und Wirkung des Symbolbegriffs*, 같은 책, 71~167쪽, 여기서는 149쪽. '은유의 근본주의'는 Birgit Recki, "Der praktische Sinn der Metapher. Eine systematische Überlegung im Blick auf Ernst Cassirer." in: *Die Kunst des Überlebens. Nachdenken über Hans Blumenberg*, hg. v. Franz Josef Wetz u. Hermann Timm, Frankfurt/M. 1999, 142~163쪽 참조.

248 Ernst Cassirer, *Zum Wesen der modernen Physik*, Darmstadt 1957, 279쪽.

계적으로 연결시켜 파악하는 것인데, 이러한 지성적인 개념작업"[249]은 수학적 상징을 통해 자연 그대로의 사실을 서술하게 되면서부터 비로소 시작되었다고 카시러는 물리학자인 뒤앙 Pierre Duhem을 근거로 삼아 설명한다.

방금 앞에서 전개된 연관관계의 중요성을 예술의 영역을 예로 들어, 엄밀히 말해 회화의 영역을 예로 들어 검증해 보자. 회화의 영역을 예로 선택했다고 해서 문화개념을 신문 문예란의 주제로서, 아니면 '고급문화'의 대상으로서 자의적으로 축소하여 생각해서는 안 될 것이다. 근대의 예술작품은 다양한 함축적인 내용, 다양한 의도, 다양한 생산단계를 관찰자의 눈앞에 열어 보이고 있기 때문에 통상적인 생각과 달리 생활세계 안에 확실하게 뿌리박고 있는 표본적인 문화보다도 훨씬 더 쉽게 접근될 수 있다. 따라서 근대의 예술작품은 작품 현상을 해부하는 데 적합하다.

그러면 세잔의 예를 들어보자. 세잔은 근대예술을 대변했던 많은 사람들처럼 예술가로서의 자신의 위치에 확고한 의식을 갖고 있었고 확실한 이론적 반성의 토대 위에서 자신의 작업을 정립하

---

249 Ernst Cassirer, *Substanzbegriff und Funktionsbegriff,* 같은 책, 160쪽. 회니히스발트(Richard Hönigswald)는 이미 1912년에 미래를 내다보는 주목할 만한 비판 속에서 다음과 같이 확신한다. 「실체개념과 기능개념」의 저자에 따르면 감각적으로 주어진 것은 "완성된, 변화불가능하게 완결된, 인식론상 완전히 객관적인 사실을 가리키지" 못한다는 것이다. "오히려 그 개념(실체개념과 기능개념)은 어떤 형식 속에서 지각된 인식은 특수한 결합원리에 좌우된다는 방법론적 사유를 표현하고 있다"는 것이다(Richard Hönigswald, "Substanzbegriff und Funktionsbegriff. Kritische Betrachtungen zu Ernst Cassirers gleichnamigem Werk." in: *Deutsche Literaturzeitung33,* 1912. Sp.2821~2902, 여기서는 Sp.2838).

려고 노력했다. 이러한 그의 생각을 잘 대변했던 것은 드라크루아 Eugène Delacroix[250]*가 아마 최초로 사용한 것으로 보이는 현실화 réalisation란 개념이다. 여기서 나는 이 개념의 포괄적인 내용을 간단히 요약만 할 것이다.[251] 세잔의 경우 현실화는 우선 자연의 인상을 세밀하게 지각하는 것에만 관심 두는 것을 거부하고, 획득된 모든 표상과 기대를 신중하게 제거하고, 그리고 '시끄러운'과 '조용한', '따뜻한'과 '추운' 등과 같은 다양한 감각의 현상을 완전히 시각적인 가치로, 즉 색깔과 색깔의 혼합으로 번역하는 것을 뜻한다. 현실화는 한 마디로 세계를 모방하는 욕구를 포기하는 대신에 하나의 형상작품 Bildwerk을 만들어내는 것이다. 세잔은 그 가능성의 관점을 강조한다. 왜냐하면 작품을 생산하는 일은 아주 고유한 것이고 이 일이 비록 자연적인 것과 관련될 수밖에 없다 해도 자연적인 것과는 근본적으로 구별되는 것이기 때문이다. 리버만 Max Liebermann이 말한 바와 같이, 작품이 "자연을 형상화할" 경우 작품은 자기의 고유한 논리를 따르고 있다. 예컨대 고유한 색채 및 공간구성법칙을 따르고 있는 것이다. 예술가는 바로 이와 같은 작품의 우회로를 통해 목소리가 없는 자연에게 목소리를 만

---

250 *(옮긴이주) 드라크루아(1798~1863): 프랑스의 화가. 그는 낭만주의의 가장 대표적인 화가로서 동적인 구도와 이국적인 소재, 강한 색채의 작품을 남겼는데, 이 때문에 표현주의의 선구자라고도 한다. 그의 작품으로는 「키오스 섬의 학살」, 「민중을 이끄는 자유의 여신」, 「단테의 승선」, 「알제리 여인」 등이 있다.

251 더 많은 내용은 Maurice Merleau-Ponty, "Der Zweifel Céyannes", in: ders., *Sinn und Nicht-Sinn*, München 2000, 11~33쪽; Kurt Badt, *Das Spätwerk Cézannes*, München 1956, 148~173쪽; Gottfried Boehm, *Paul Cézannes, Montagne Sainte-Victoire*, Frankfurt/M. 1988, 54쪽 이하 참조.

들어 줄 수 있게 된다. 예술가의 작업은 작품의 자립성을 전제로
한다. 다시 말해 그의 작업은 나중에 이데올로기 비판적인 관점
에 의해 비판되었다 할지라도 작품의 '자율성'을 전제로 하는 것
이다. 작품은 어떤 것을 묘사한 것이 아니다. 작품은 존재하는
것이다.

　물론 가능성의 상황. 즉 미정된 작품opus incertus의 상황은 다양한
관점들만을 제공하지 않는다. 이 상황은 위험성은 물론이고 게다
가 실패의 필연성도 갖고 있다. 현실화는 어떤 이상理想의 완성을
목표로 하는 것이 사실이지만 이 이상은 애초부터 도달될 수 없는
것이다. 현실화의 압박과 과도한 요구 때문에 작품의 생산은 끝없
는 과제가 된다. 따라서 개별적 객체, 말하자면 관찰자에게 제공
된 형상은 이른바 "비가시적인 명작unsichtbares Meisterwerk"을 향해 항
구히 접근해 나가는 예측 불가능한 도정에서 하나의 중간행보를
표현할 뿐이다("비가시적 명작"[252]이란 말은 벨팅Hans Belting이 발자크
Honoré de Balzac[253]＊의 유명한 소설을 가리키며 사용한 말이다). 실제의 작
품은 이미 구체화의 요구로부터 벗어나 있는 절대적인 초월작품

---

[252] Hans Belting, *Das unsichtbare Meisterwerk. Die modernen Mythen der Kunst*, München
　　1998. 여기서 나는 작품의 역사성을 소홀히 다루었다. 벨팅은 작품의 역사성도 주목했
　　는데, 작품의 역사성은 이전 시대 예술가의 작업이 1800년경에 비로소 '고전적인 명작'
　　으로 지명되었고, 이는 이 때부터 (덧붙여 말하자면 특히 세잔의 경우에도) 근대의 '절
　　대적인 명작들'에게 규범적 타당성을 선사하기 위해서였다는 점에서 확연히 드러난다.
[253] ＊(옮긴이주) 발자크(1799~1850): 프랑스의 작가. 그는 스탕달과 더불어 19세기 전반
　　부의 가장 유명한 프랑스 소설가 중 한사람이다. 그의 작품은 사실주의 소설에 이정표
　　를 놓았다. 그의 대표저작은 자기 시대의 사회의 총체성을 그려 보려고 썼던 『인간희극』
　　이다. 그 밖에도 『외제니 그랑데』, 『절대의 탐구』, 『고리오 영감』, 『골짜기 백합』, 『산출
　　형 : 퐁스』 등이 있다.

Überwerk의 여운餘韻일 뿐이다(이 생각은 여하튼 근대의 조건 속에서도 타당하다). 이로써 모순은 계속 지속되고, 이렇게 개별작품 속에 암묵적으로 존재하는 모순은 우리가 앞에서 문화를 말했던 것을 다시 한번 입증해 준다. 문화는 스스로가 보여 주는 것과 결코 일치하지는 않지만 종국에는 스스로가 보여 주는 것과 다른 것은 아니라는 것이다.

따라서 문화나 문화적 사실은 일반적으로 미완의 것이라는 특징이 있다. 문화와 작품은 예술가이자 생산자인 세잔이 '완전한 현실화volle Realisierung'라고 한 것과 연관지어 볼 때, 그리고 (이 반대 방향에서 약간은 동어반복적으로 말해) 관찰자이자 수용자인 우리가 '완전한 의미volle Bedeutung'라고 할 수 있는 것과 연관지어 볼 때 미완의 것이다. '완전한 의미'는 이해의 노력을 통해 획득될 수 있는 것이 아니다. 그것은 항구적인 도전의 대상이다. 우리가 규명할 수 있는 것은 결코 이상적인 완전한 의미가 아니라 유의미성, 다시 말해 잠재적 가능성으로서의 의미이다. 그렇기 때문에 우리가 해석하는 문화적 사실은 항상 어떤 새로운 것의 나타남과 같은 것이 된다. 해석은 이렇게 대상의 유의미성을 만들어냄으로써 대상 안에 항상 잠재적으로 있었고 예전부터 귀속되어 있었던 것을 대상에게 부언附言한다. 문화적 사실이 작품의 성격을 갖는 이유는 문화적 사실도 완성되어 있는 것처럼 보이지만 필연적으로 현실화를 필요로 한다는 역설적 상황 때문이다. 간단히 말해 문화적 사실에서 총체성Totalität과 미완성Fragmentarität이 함께 나타나게 된다. 레비나스Emmanuel Lévinas[254]*가 탈무드Talmud에서 끌어온 생생한 비교[255]를 예로 들어 말한다면, 문화적 대상들은 재와 같은 것이다. 불과 다르게 재는 스스로 타지 않는다. 재가 살아나도록 하기 위해서는 재에다가 불씨를 지펴야만 한다. 이러한 환유적 장면을 이용해 말하면, 해석은 불을 붙이기 위해 내뱉는 호흡이고 이러한 의미에서 문화의 자기 혁신 과정에서의 기초작업이라고 할 수 있다.

가능성의 범주는 여기서 특별히 강조될 필요가 있다. 가능성의 범주는 문화의 생산뿐만 아니라 문화의 수용과 해석을 이해하기 위한 열쇠이다. 문화철학의 해석은 대상을 가능성의 지평에서 자리매김한다. 그리고 이 대상은 이 가능성으로부터 생겨나게 된다. 이러한 전제에서 볼 때 작품의 사실성Faktizität은 여러 선택들 중 하나로서 인식된다. 말하자면 일어난 것과 생성된 것은 지금의 시대와 상황에서는 결코 분명한 것이 아니다. 따라서 대상의 의미분석은 포괄적으로 시작되어야만 한다. 이 분석은 작품의 내적 논리, 즉 아틀리에의 규칙이나 거대한 이상理想의 빛나는 비전을 밝히는 데 관심을 두어야 하는 것은 물론이고 현실화를 함께

---

254 *(옮긴이주) 레비나스(1906~1995): 프랑스의 철학자. 그의 사유는 타자의 의미와 가치를 인정하는 데서 출발했다. 타자와의 만남과 관계가 우리가 세계를 이해하고 자기를 이해하는 데 토대가 된다고 한다. 이로써 근대의 주체성뿐만 아니라 서양의 존재론 전체가 비판되었고, 그의 제일철학은 윤리학이 된다. 저서로는『총체성과 무한』,『난감한 자유』,『4개의 탈무드 강독』,『다른 인간의 인본주의』,『존재와 달리, 본질을 넘어서』,『윤리학과 무한』,『민족의 시대에』등이 있다.

255 Emmanuel Lévinas, "se souvient." in: Les nouveaux cahiers 82, 1985, 30~35쪽, 여기서는 32쪽.

결정한 맥락들, 즉 사회적 지평차원에서의 만남, 연합, 거부, 예술적·문학적 실천의 차원이나 예술과 문화비판의 영역에서의 사전지식, 독해경험, 특별한 애호습관에도 관심을 두어야 하고, 더 나아가 육체적·정신적 건강상태의 흔적(이미 디드로는 건강상태가 도덕에 지대한 영향을 준다고 믿었다)[256]에도 관심을 두어야 한다. 작품의 깊은 인상과 의미는 가능성의 총체로 간주될 이러한 요소들에서 기인한다. 그렇기 때문에 이 요소들은 작품과의 대화에서 중요한 구성요소이다. 도대체 무엇이 존재했는지, 무엇이 이 작품을 우리에게 중요한 것으로 만들었는지를 알기를 원한다면, 문화철학의 해석자는 예술가가 자신의 지각습관을 보류해야만 하는 것처럼 자신의 선호의 감정을 보류해야만 한다.

유럽문화 언어들의 어원론에 따르면, 작품Werk은 언제나 이미 영향을 미쳤던 것Gewirktes이다. 인간들이 작품을 만들었다. 그리고 인간들은 작품을 수용하고 몰두하고 변화시키고 그대로 놓고 다시 새롭게 수용하고 지속시킨다. 작품은 수없이 많은 목소리들, 추가작업들, 시야들의 집합지점이자 통과지점이다. 그렇기 때문에 작품은 순수한 사실로서 이해되거나 주체와 무관한 사실로서 이해될 수 없다. 따라서 예전에 뒤르켐Emile Durkheim[257]*이 말

---

256 Denis Diderot, "Lettre sur les aveugles." in: ders., *Euvres complètes*, hg. v. Jules Assézat u. Maurice Tourneux, Bd.1, Paris 1875, 276~342쪽, 여기서는 288쪽. 그 밖에 나는, 다른 것을 기괴하게 단순화시키는 반면 보들레르를 훌륭하게 기술한 부르디외의 책의 보들레르 부분을 참조하기를 권한다(Bourdieu, *Kritik der scholatischen Vernunft*, 같은 책, 107쪽 이하).

257 *(옮긴이주) 뒤르켐(1858~1917): 프랑스의 사회학자. 그는 고유한 방법을 지닌 경험

한 사회적 사실_{faits socials}을 모범으로 삼아서는 안 된다. 뒤르켐은 사회적 사실을 "사물로서" 관찰해야만 한다고 말했는데, 이러한 표현은 사회과학적 인식의 객관성을 보장한다고 한다. 데카르트 주의자인 뒤르켐은 이 표현을 다음과 같이 이해한다. 사회적 사실은 개인적 표현으로부터 독립해 초개인적 합리성의 기초 위에서 재구성됨으로써 독자적인 삶을 살아간다는 것이 그것이다.[258] 문화적 사실은 사회적 사실과 비교해 볼 때 거의 이것과 대립되는 개념이다. 문화적 사실은 의미를 갖고 있으나 사회적 사실은 그 자체적으로는 의미를 갖고 있지 않다. 바로 이러한 규칙 속에서 문화철학의 실천적 차원이 확인된다고 할 수 있다. 문화철학은 작품을 애초부터 인간의 참여를 고려하지 않고서는 그 중요성이 드러나지 않는 현상으로서 간주하고 작품에 관심을 기울인다.

문화철학이 작품개념을 복권시킨 일이 의아스럽게 느껴질 수도 있다. 이 개념은 수십 년 전부터 다루어져 왔고 이미 오래 전부터 공유재산으로 간주되어 왔기 때문이다. 사람들은 작품개념이 잘못된 자율성을 은연 중에 암시하기 때문에 비역사적인

과학으로서 사회학을 창시한 사람으로 불린다. 그는 사회적 사실을 '사물'로서 다루는 입장에서 출발하면서 사회적 사실을 모든 사회학적 분석의 토대로 삼았다. 그의 이론적 입장은 『사회학적 방법의 규준』에 잘 나타나 있다. 그리고 그는 노동분업이 다른 사회들과 현대 산업사회를 구분 짓는 결정적인 차이점이라고 생각했고 노동분업으로부터 파생된 여러 새로운 사회현상을 연구했다. 그의 저서로는 『사회분업론』, 『자살론』, 『종교적 삶의 기초적 형태들』 등이 있다.

258 Emile Durkheim, *Les règles de la méthode sociologique*, 8.Aufl., Paris 1927, 19쪽 참조. 뒤르켐의 객관주의 비판과 해체에는 Maurice Merleau-Ponty, "Von Mauss zu Claude Lévi-Strauss." in: *Leibhaftige Vernunft. Spuren von Merleau-Pontys Denken*, hg. v. Alexandre Métraux u. Bernhard Waldenfels, München 1986, 13~28쪽.

unhistorisch 개념이라고 한다. 또한 작품개념이 그야말로 낭만주의의 총체성 요구를 신봉하기 때문에 진부한 개념이라고 한다. 또한 작품개념이 저자가 주체로서 자주적인 권리를 갖고 있다고 기만하기 때문에 이데올로기적인 개념이라고 한다. 물론 이러한 주장들이 그 근거들을 강력하게 제시하고 있기는 하다. 하지만 내가 생각하기에는 이러한 주장 모두가 재고의 여지가 있는 것으로 보인다. 이 주장들은 본질적으로 역사철학적 선입견으로부터 제기된 것이다. 예컨대 역사의 총체적 매개성은 애초부터 미적 자율성을 금지한다는 전제로부터 제기된 것이다. 모든 존재를 포괄하는 역사 형이상학은 이미 헤겔에게 예술의 종말이라는 명제에 빠지도록 유인했지만 이러한 역사 형이상학의 관점에서 제기된 주장들은 오늘날 다시 새롭게 의심의 대상이 되었다. 그리고 작품개념을 거부하는 경우에도 스스로의 작품개념을 가질 수밖에 없다는 것을 우리는 오래 전에 경험했다. 이미 아도르노는 오늘날 중요한 개별 작품들이 "더 이상은 작품들이 아니다"[259]라고 설명했다.

우리는 이 말을 작품개념을 거부하는 것으로서가 아니라 진정한 작품개념을 실현하라는 요구로서 이해해야 할 것이다. 그리고 아방가르도주의의 반작품反作品, Antiwerk도 하나의 작품이다. 문화

---

[259] Theodor W. Adorno, "Philosophie der neuen Musik."(1948) in: *Gesammelte Schriften*, 같은 책, Bd.12, 37쪽. 이 변증법론자는 자신의 비판을 재건으로서 이해한다. 그는 같은 곳에서 다음과 같이 요구한다. "작품과 작품의 연관관계의 이념은 철학적으로 구성되어야 한다. 그리고 그것은 때때로 작품에 의해 현실화된 것을 넘어서야 할 것이다"(34쪽).

철학에서의 작품개념, 즉 문화작품의 개념은 이러한 강조를 통해서만 획득될 수 있다. 실제로 작품개념은 반작품개념을 포함한다. 작품개념의 특유의 "지양될 수 없는 모순"[260]은 작품이 자신의 생성장소로부터 정신적으로 벗어나는 것을 시작하자마자, 말하자면 고유한 형태의 객관성을 획득하자마자 발생한다. 이 때 작품은 자신의 생산자 앞에 놓여 이 생산자에 의해 창조되었음에도 불구하고 "자신이 무엇'인지', 자신이 무엇을 '원하는지'"[261]를 낯설고 아주 희미한 모습으로 보여 주게 된다. 바로 작품의 이러한 모순이 작품 속에 표현되어 있는 인간 현존재의 여러 형태나 여러 표상세계와 대화하도록 요구하고 있다. 물론 문화적 사실의 포괄적인 분석은 (인간작품의 '형성의 역사'에 관한 젬퍼의 지시를 따라) 기술적 생산의 독립화의 결과를 살펴볼 뿐만 아니라 기술적 생산의 독립화가 일어날 수 있었던 조건들에 대해서도 당연히 거론해야만 할 것이다. 어쨌든 기본적으로 해석과 비판이라는 수용과정의 분석을 요청하는 점에서 변화된 것은 아무 것도 없다. 해석은 생산과 마찬가지로 무한한 과제이다. 그리고 해석은 생산의 측면과 짝이 되는 것으로서 '작품', '나', '너'의 삼위일체적인 모델을 완성한다. 이 모델은 문화철학의 근본상황을 이념형적으로 잘 표현해 주고 있다.

---

260 Karlheinz Stierle, *Ästhetische Rationalität. Kunstwerk und Werkbegriff,* München 1996, 45쪽.

261 Cassirer, "Ziele und Wege der Wirklichkeitserkenntnis." in: *Nachgelassene Manuskripte und Texte,* 같은 책, Bd.2, 11쪽.

:: 제3장 문화-우회로의 현상

　　중세와 근대가 분리되었던 시대의 변화과정에 관한 어떤 현명한 해석에 따르면, 근대는 두 번 시작했다고 한다. 말하자면 근대는 한 번은 소박하게 naiv, 다른 한 번은 성찰적으로 sentimentalisch 시작했다고 한다.[262] 이 해석에 따르면 먼저 근대로의 첫 번째 승선 乘船인 소박한 근대는 사물의 질서를 인간과 관련지어 생각하면서, 그리고 고대 그리스와 로마의 지혜론 Weisheitslehre을 기초로 해 인간 현존재의 지금 여기 Jetzt und Hier의 상황과 개별자의 구체적인 실존이 담긴 지식을 수집하면서 시작했다. 그러나 근대의 모습은 이와 같은 형태로 머물러 있지 않았다. 근대로의 두 번째 승선인 성찰적 근대는 이러한 소박한 근대에 대립했다. 성찰적 근대는 그 동안 철학적 사유를 매혹시켰던 생각, 말하자면 지식은 특정한 장소나 시대와의 밀접한 연관 속에 있다는 생각을 무시했을 뿐만 아니라 중요하지 않은 생각이라고 거부했다. 이제 철학적

---

[262] 나는 세부적인 모든 내용에는 동의하지 않지만 '르네상스로부터의 결별'에 관한 토울민의 설명을 따른다. 이는 Stephen Toulmin, *Kosmopolis. Die unerkannten Aufgaben der Moderne*, Frankfurt/M, 1994, 60쪽 이하 참조. 더 확장된 논의는 Enno Rudolph, *Die Renaissance als erste Aufklärung*, 3Bd., Tübingen 1998을 추천한다. 위 용어는 시학에 근거하고 있고 또 역사철학적으로 많은 성과를 가져온 실러의 '소박한'과 '성찰적인'의 구분을 암시하고 있다. 『철학의 역사사전』에 있는 이에 해당하는 글 참조(*Historisches Wörterbuch der Philosophie*, 같은 책, Bd.6, Sp.365쪽 이하).

반성은 어떤 근본인 것으로 간주되었고 이러한 의미에서 맥락과 무관한 것kontextindifferent으로 이해되었다. 성찰적 근대는 물론 먼저 시작했던 소박한 근대가 미친 영향력을 완벽하게 제압할 수는 없었을지라도(감성 Sinnlichkeit, 느낌 Gefühl, 삶 Leben이 다시 강조되고 있는 현상을 생각해 보거나 프랑스 모럴리스트에서 니체에 이르는 전통을 생각해 보기만 하면 된다) 지배적인 위치를 차지하게 되었다. 시간, 장소, 상황과 연관된 근대 초기의 세계 지각방식은 이른바 영원히 타당한 세계설명을 요구하는 인식모델들에 의해 힘을 잃게 되었다.

르네상스 인문주의 시대로부터 계몽주의 시대로의 이행은 이미 근대의 토양 위에서 일어났다. 이러한 이행 속에 함축되어 있는 정신적 차원은 몽테뉴와 데카르트의 이름과 깊은 연관성을 지닌다. 소박한 근대와 성찰적 근대 사이에 놓인 틈이 어떠한 것인지는 특히 생각을 자극하는 은유들 속에서 명확하게 나타난다. 그것은 구체적으로 말해 삶이나 사유가 걸어가는 '길 Weg'에 다양한 형태의 은유적 표현 속에서 명확하게 나타난다. 상징영역의 각각의 관점과 동기가 지닌 강력한 영향력은 '길'의 '은유'에 의해 다시 한번 증명된다(이 영향력의 연구는 이미 오래 전부터 있어 왔다[263]). 길의 은유는 문화를 이해하는 데 결정적인 도움을 준다.

---

263 Otfried Becker, *Das Bild des Weges und verwandte Vorstellung im frühgriechischen Denken*, Berlin 1937; Bruno Snell, *Die Entdeckung des Geistes. Studien zur Entstehung des europäischen Geistes bei den Griechen*, 7.Aufl., Göttingen 1993, 219쪽 이하; Wolfgang Harms, *Homo viator in bivio. Studien zur Bildlichkeit des Weges*, München 1970; Hans Galinsky, *Naturae cursus. Der Weg einer antiken kosmologischen Metapher von der alten in die neue Welt. Ein Beitrag zu einer historischen Metaphorik der Weltliteratur*, Heidelberg 1968.

예를 들면 몽테뉴가 즐겨 사용한 어떤 상징은 길의 방향을 열어둔다. 그것은 길을 가는 동안에 우연적인 사건, 인상, 경험 등의 다양한 특성에 관심을 두기 위해서이다. 이러한 입장을 취하는 이유는 이미 걸어가야 할 길이 결정되어 있다는 생각을 의심하기 때문이다. 더 나아가 이 입장을 취하는 보다 중요한 이유는 삶의 형식과 사유형식의 분리 내지 대립 속에서는 반드시 생길 수밖에 없는 이원론을 기필코 피해야한다는 결단에서 찾을 수 있다. 몽테뉴의 경우는 각각의 여러 길 자체가 목적이다. 몽테뉴는 여행을 하기 위해서 여행을 한다고 말한다. "만약 내가 어떤 볼 만한 가치가 있는 것을 지나쳐 갔다면? 그렇다면 나는 다시 되돌아갈 것이다. 그것이 어쨌든 나의 길이다! 나는 곡선이건 직선이건 간에 어떤 노선에도 내 자신을 고정시켜 놓지 않는다."[264] 우리가 쉽게 알 수 있는 점은 모든 현상을 어떤 하나의 통일적 발전방향에서 한데 모으는 진보의 사유방식, 다시 말해 이러한 형태로 명확히 기술되는 사유방식이 몽테뉴에게서는 생겨날 수 없다는 사실이다. 『수상록 _Essais_』은 서로 다른 길을 걸어갈 수 있는 태도를 기술하고 있다. 이러한 태도의 세계관계는 장소적·시간적인 성격을 지니고 있고, 이러한 의미에서 우회로가 허용된다.

데카르트의 경우에는 이와 같은 내맡김의 태도 _Gelassenheit_ 를 생각할 수 없다. 그 반대로 바로 이러한 내맡김의 태도가 데카르트의 불신과 저항을 불러일으키게 만든 요인이다. 데카르트의 경우 길

---

[264] Michel de Montaigne, _Essias_(Ⅲ,9) übers. v. Hans Stilett, Frankfurt/M. 1998, 497쪽.

은 완전히 다른 진행과정을 가질 수밖에 없다. 구체적으로 말해 길은 완전히 결정된 형태로 서술될 수밖에 없다. 『방법서설 Discours de la méthode』의 저자는 "목표에 도달해 가는 길에서 자신을 일관되게 유지할 수 없는"[265]는 사람들에게 강한 불만을 갖고 거리를 둔다. 1637년에 쓰인 『방법서설』이 도입한 방법 Methode은 극적으로 일어나는 위험예방 조치로서 정당성을 지니고 있다. 『방법서설』의 제3부는 방법의 사용자를 여행자로 생각하고 있다. 이 여행자는 어두운 숲 속에서 길을 잃었지만 그 상황에서 그것이 어떤 것이든 임의의 방향을 선택하고 이 방향을 곧바로 고집스럽게 따라가게 되면 길을 잃은 숲에서 벗어나 마침내 밖으로 나오게 된다는 것이다.[266] 이러한 전제 속에서 앞으로 나아가고 직선의 길만을 고집하는 모습으로서 주체가 이해된다면, 이러한 주체는 변화하는 삶의 상황을 경험하는 데는 관심을 두지 않을 것이다. 그는

---

265 René Descartes, *Von der Methode*(Ⅱ,3), Hamburg 1996, 25쪽. 이와 마찬가지로 데카르트는 또 여행도 불신하고 있다(여행은 서론에서 암시한 것처럼 세계전시회 관람자 보들레르가 문화경험의 복잡성을 위한 중요한 은유로서 인식했던 것이다). 데카르트에 따르면, 여행을 위해 너무 많은 시간을 지불한 사람은 자신의 나라와 낯설어지고, 과거에 관심이 너무 많은 사람은 현재를 소홀히 하게 된다는 것이다(같은 책, Ⅰ, 8, 11쪽).

266 앞의 책, Ⅲ, 3, 41쪽 참조. 이러한 방법론적인 원초적 장면은 확실하게 수용되었다. 백과전서파 달랑베르는 철학자는 개별경험의 "미궁"에서 나와 그 위에 위치해야 하고 동시에 "탁월한 관점에서 주요 예술과 학문을 파악할 수 있어야만 한다"고 말했다(Jean Le Rond d'Alembert, *Einleitung zur Enzyklopädie*, hg. v. Günther Mensching, Hamburg 1977, 42쪽 참조). 달랑베르는 이러한 기본사상을 유지하면서 '길'의 은유를 '계획'과 '세계지도'의 은유로 바꾼다. 또한 그는 계몽주의가 수사학을 비판할 때 말하는 독특한 경고 메시지도 잊지 않고 있다. 말하자면 그는 "고귀하나 이해되지 않는 특정한 시적인 예술작품"은 경솔하게 오성을 "이런 미궁으로 빠지게" 한다는 생각도 잊지 않고 있다(앞의 책, 23쪽).

그 대신에 일관된, 초경험적인, 언제나 타당한 방법에만 의무감을 갖게 될 것이다. 간단히 말해 여기서는 **우회로가 허용되지 않는다.**

이와 같은 생각의 변화는 핵심적인 은유해석이 변화되었기 때문에 일어났다. 말하자면 『방법서설』에서는 숲이 낯설고 위험하고 적대적인 것으로 나타났다. 이러한 것들이 극복되어야만 자기 것의 실체가 주장되는 것은 물론이고 방법론적으로 보장될 수 있다고 한다. 자기 것과 낯선 것이라는 개념의 도입은 동일한 시점에 일어났고, 이 양자의 대립관계는 돌이킬 수 없을 정도로 영원히 확정되었다. 혼란의 상황을 극복하려 할 때 가장 중요한 것은 어떤 경우에도 감각적·가시적인 것의 외적인 자극에 현혹되어서는 안되고 또 그것이 어떤 길이든지 간에 한 번 내딛은 길의 직선 궤도에서는 벗어나지 않는 것이라고 여겨졌다. 방법이 관철됨으로써 가까이 있는 것이나 다양한 현상을 살펴보는 일을 거부하는 대신에 이미 정립된 방향의 형식성만을 신뢰하는 상황이 생겨났다. 방법의 그리스어 어원인 **메토도스**méthodos는 길을 따라 탐구하는 것을 의미한다. 그러나 길을 따라 탐구하는 것의 목적은 이제 더 이상 길 자체에 있지 않고 철학적 방랑자가 맞이할 사건들이나 현상들에 있지도 않다. 이제 방법이 추구하는 목적은 최종적 인식의 가설을 미리 세운 후 정립된 목표를 달성하기 위한 규칙을 실행하는 것이다. 이러한 입장은 삶의 형식의 문화적 다양성을 도덕적인 측면에서는 잠재적 논란의 대상으로 간주하고 인식론적인 측면에서는 잠재적 오류의 원천으로 간주함으로써 그 다양성을 가차 없이 배제한다는 생각을 기본적으로 갖고 있다. 따라서 보장된 인식은 규칙에 따라 이루어진 배제의 결과물에 불과하다.

몽테뉴가 자신의 저작 속에서 삶의 형식과 사유형식이 언제나 함께 연결되어 있게 하는 것이 자신이 도전하는 일이라고 여겼다면, 이와 반대로 데카르트는 구체적인 실존의 조건들의 맥락과 사유의 구체적인 실존적 연관들의 맥락이 제거된다면 인식이 새롭게 보장될 것이라고 기대했다. 몽테뉴가 다양하게 체험된 삶 속에서 사물본질의 철학적 판단기준을 해명하려 했다면, 데카르트는 합리적인 방법이 인문주의의 진리의 판단기준을 거부해야 한다고 믿었고, 새로운 것의 반성을 위해 이론적 관심의 지평을 확대하나 우연적인 상황들을 무시함으로써만 플라톤의 '객관성'과 같은 영원한 이상을 재건할 수 있다고 믿었다. 몽테뉴가 자신의 저작을 기본적으로 대화의 형태로, 다시 말해 독자와 자신 사이의 이상적인 대화를 지향하는 형식으로 서술했다면, 합리적인 방법은 확고부동한 확실성이 인식의 목적이라고 생각하기 때문에 오직 독백의 형태로만 기술될 수밖에 없었다. 몽테뉴가 진술하려는 철학 주제들을 철학적 텍스트의 특유의 시학 Poetik 과 관련짓고 이와 같이 철학적 텍스트의 고유권한을 인정했다면, 데카르트는 이러한 형태의 철학적 텍스트를 부정했고 철학적 이성이 집중해야 할 진술의 질을 위해 철학적 텍스트를 명료하게 만들어야 한다고 생각했다. 몽테뉴의 독자와 달리 데카르트의 독자는 결코 해석해서는 안 된다. 데카르트의 독자는 방법의 잠재능력을 인식하고 이러한 입장 속에서 일관되게 방법을 적용해야만 한다. 끝으로 몽테뉴가 철학적 상황을 인간의 기본적 상황으로 간주하고 더 나아가 철학적 사유의 근본과제를 삶의 방향을 찾으려는 인간의 욕구를 충족시키는 것으로 제시했다면, 그 반대로 데카르트는 방법이 더 우선적인 문제라고 주장했고 지식획득을 위해 개별적인 실존들이 무시되는 점을 감수했다.

　다른 맥락에서 헤겔이 이룩한 구분, 즉 "자연 그대로 존재하는 것을 아는 것과 실존적으로 존재하는 것을 아는 것"[267]의 구분은 다음과 같은 것을 추측하게 한다. 근대가 성숙된 시점에서 근대 초기의 양자택일 문제가 다시 회상되기는 했지만, 이제 이런 양자택일의 가능성이 계속 열려 있었던 것은 결코 아니라는 점이 그것이다. 근대 초기의 주체는 처음부터, 세계의 지평 안에서 인간에게 근본적으로 중요한 것을 실현하려는 욕구와 연구과제를 정확하게 추구하려는 '엄밀성'의 욕구 사이에서 갈등했다. 그런데 엄밀성을 위해 방법의 도입이 요구되었다. 방법은 구체적인 상황을 다루기보다는 모든 경우를 위한 형식적 지식을 제공했다. 이러한 형식적 지식이 실제로 적용되었고, 이 지식은 특별한 재능들, 다양한 생각들, 그리고 헤겔에 의해 다시 한번 논의된 '실존적으로 존재하는 것'에 관한 앎들을 요구하기는커녕 미리 앞서 배제했다. 배타적인 직선의 기교, 즉 직선의 계산법으로부터 다른 모

---

[267] Hegel, *Vorlesung über die Philosophie der Geschichte*, 같은 책, 505쪽.

든 것이 존재한다는 생각은 그야말로 역사와 무관하고 저자 Autorschaft와도 무관한 체계의 기초이다. 이 체계는 모든 맥락이나 상황과의 관계 청산을 선언하고 마치 어느 누구에 의해서도 생겨나지 않은 것과 같은, 어느 곳에서도 유래한 적이 없는 것과 같은 인상을 불러일으켰다.

이와 반대로 몽테뉴는 자신의 저작들 속에서 '자기 체험적 시야 autobiographischer Blick'를 강조했다. 이 '자기 체험적 시야'가 인간은 오직 자신의 생산물과 세계형성의 결과물들 속에서만 자기 자신을 알 수 있다는 입장을 아마 가장 근본적으로 실천하고 있을 것이다. 이것은 모든 문화철학이 일반적으로 출발점으로서 삼는 입장이다. 이와 같이 문화형태의 형성과정을 이해하려는 입장은 몽테뉴가 저술한 『수상록』에만 담겨 있는 것이 아니라 그 후 계속해서 이어지고 있다. 카시러에 따르면 그 지시기능 때문에 신중하게 '상징적'이라고 한 '형식들'은 "인간의 정신적 행위의 차원을 잘 나타내고 있다." 다시 말해 상징형식들은 "인간의 정신적 행위의 차원을 일반적으로 규정하는 요소를 갖고"[268] 있기 때문에 인간주체성의 모습은 물론이고 그 주체성의 전제를 잘 보여 준다. 이와 같이 인간의 자기 관계는 순수 사유형식에 토대를 둔 직접적인 자기 관계가 아니다. 인간은 오직 "세계를 알 때에만" 자기 자신을 알 수 있다. "인간은 세계 안에서 자신을 알게 되고 자신 안에서 세계를 알게 된다."[269] 카시러도 인용했던 괴테의 이 문장들은 인

---

[268] Cassirer, *Zur Metaphysik der symbolischen Formen*, 같은 책, 36쪽.

간학적인 고백이 아니다. 그것은 말하자면 아직 설익은avant la lettre 문화철학적 고백을 표현하고 있다. 인간은 우회로적 존재 Umweg-wesen이다. 왜냐하면 인간은 자신의 문화를 통해 자기 자신에게 다가가기 때문이다.

앞에서 말한 바와 같이 문화는 믿어지는 것이 아니라 이해되는 것이다. 문화는 우회로를 만들 뿐만 아니라 우회로이다. 문화는 우회로의 현상이다. 이 명제는 문화적 사실로 표현된 것으로부터 뿐만 아니라 문화적 표현세계의 은유적 성격과 지시기능으로부터도 정립될 수 있다. 물론 여러 우회로들의 지도를 제작하는 일은 항상 새롭게 일어난다. 예컨대 몽테뉴의 시대로 돌아가 다양한 형태의 인문주의적 세계관계를 논하는 것이 근대의 변화된 조건 속에서는 어려운 일이 되었다. 이러한 사실은 앞의 서술들 속에서 명확해졌을 것이다. 몽테뉴는 회상된 삶의 광대한 길을 귀족적 쾌활함 속에서 해석했고 오랫동안 여러 번에 걸쳐 시도한 글쓰기 속에서 삶의 방향을 획득함으로써 자기 자신을 지배하려 했다. 이러한 몽테뉴의 솔직함과 짐멜의 특유의 근대적인 근심은 서로 대립해 있다. 문화의 과정을 예전처럼 다시 전체의 형상,

---

269 "각각의 새로운 대상들이 잘 음미된다면, 이 대상들은 우리 안의 새로운 기관들이 열리게 한다"라고 괴테는 덧붙여 말한다(Goethe, "Bedeutende Fördernis durch ein einziges geistreiches Wort." in: *Werke*, Hamburger Ausgabe, 같은 책, Bd.13, 37~41쪽, 여기서는 38쪽 참조). 바이마르 문화철학의 괴테주의는 Barbara Naumann, *Philosophie und Poetik des Symbols. Cassirer und Goethe*, München 1998; Barbara Naumann/ Birgit Recki(Hg.), *Cassirer und Goethe. Neue Aspekte einer philosophisch-literarischen Wahlverwandtschaft*, Berlin 2002 참조.

"문화의 이념"[270], 하나의 닫힌 거대담론의 틀 속에서 말하는 것이 불가능할 정도로 문화의 과정은 매우 불투명해졌다고 짐멜은 우려한다. 저 프랑스의 귀족 몽테뉴는 아직 세계의 분열을 알지 못했다. 이것은 20세기에 이르러서야 진정한 집단적 경험이 되었기 때문이다. 몽테뉴는 신학에 맞서 싸운 것이 아니라 오히려 신학을 무시했다. 그런데 신학의 권위가 무너지고 나서 비로소 하나의 중요한 문제가 대두되었다. 이 문제는 종교비판의 영향으로 더욱더 부각되었고 우선 역사철학자들이 해결해야 하는 것이 되었다. 바로 '정신'의 물음이 그것이다. 비코는 "인간들이 스스로 정한 특수한 목적들과 비교해 볼 때 때로는 완전히 다르게 때로는 완전히 대립해 존재하지만 언제나 고귀하게 존재하는 것"[271]이 정신이라고 말한 바 있다.

몽테뉴는 이 물음을 별로 중요하게 여기지 않았다. 그 반면에 비코는 우리가 이미 살펴본 것처럼 기독교 전통에서 전승된 유산과 조화를 이루려고 노력하면서 이 물음에 대답했다. 비코가 새롭게 발견하고 근거지운 **민족세계**는 상대적인 자율성만을 지니고 있다. 왜냐하면 이 『새로운 학문_scienza nouva_』의 저자가 독자들에

---

270 "만일 교육받은 계층의 사람들이 진정 자신들이 어떤 이념 하에서 살고 있는지를 묻는다면, 대다수의 사람들은 자신의 직업에 따라 특정한 대답을 내놓을 것이다. 그러나 전체 인간들뿐만 아니라 모든 개별활동들을 지배했던 문화이념은 거의 들을 수 없을 것이다."라고 짐멜은 1918년 전쟁이 끝나갈 지점에 말하고 있다(Georg Simmel, "Der Konflikt der modernen Kultur." in: _Gesamtausgabe_, 같은 책, Bd.16, 181~207쪽, 여기서는 190쪽).

271 Vico, _Prinzipien einer Neuen Wissenschaft_, 같은 책, 606쪽, cap.1108.

게 설명하고 있는 바와 같이 모든 인간행위는 알 수 없는 신의 섭리와 의지에 봉사하는 것이기 때문이다. 계속된 전개과정은 이러한 신앙심으로 가득 찬 학문이 말하는 내용들을 넘어서서 더 전진해 나아갔다. 헤겔은 이 과정에서 매우 영향력 있는 대답을 제시했다고 할 수 있다. 그는 비코와 달리 역사를 변신론의 기호로서 기술한 것이 아니라 진정한 변신론의 완성장소로서, 다시 말해 세계의 악에 이성의 승리가 실현되는 장소로서 기술했기 때문이다. "일어난 것과 앞으로 일어날 모든 것은 신 없이는 불가능할 뿐만 아니라 그것은 본질적으로 신 스스로의 작품"[272]이라고 쓰고 있는 헤겔의 역사철학 강의의 마지막 문장은 정신 Geist과 무리한 요구를 하는 경험 Empirie 사이의 화해를 약속했다. 헤겔의 이와 같은 말은 세계의 진행과정에 대한 불안과 인간 참여의 불확실성에 대한 불안을 해결하고자 했던 것이다.

헤겔은 역사를 이상적인 것으로 만듦으로써 문제점을 해결한다. 헤겔의 경우 역사는 이제 더 이상 시간을 넘어서거나 시간 안에서 완성되는 것이 아니라 시간을 일관되게 관통하여 완성된다. 다시 말해 역사는 역사에 형태를 부여하는 힘들의 지속적인 생산에 의해 완성된다. 이때 존재하는 것들은 모두 정당화된다. 하지만 이러한 정당화는 역사와 이성의 일치라는 대가를 치르고 있다. 결국 이러한 역사와 이성의 일치는 역사철학 강의의 유명한 서론에서 말한 바와 같이 인간들이 "무의식적으로"[273] 생산한

---

272 Hegel, *Vorlesungen über den Begriff der Geschichte*, 같은 책, 540쪽.

서로 대립하는 삶의 형식들을 포괄하는 보편개념이다. 헤겔의 경우 역사는 인간의 실천의 결과이지만 인간의 의지, 의도, 의식적 계획을 넘어서 있으며 인간의 노력을 전체적인 틀 속에 통합시키고 인간에게 방향을 제시하는 것의 총체를 뜻한다. 그의 역사는 체계적으로 용의주도하게 정립된 개념이다.

이러한 헤겔의 역사해석의 관용적인 태도는 20세기 세계사의 기형적인 사건들이 경험된 후 지나친 요구로서 간주되었을 뿐만 아니라 파괴행위의 '철학적' 태연함이며 냉소주의라는 의심을 받게 되었다. 한편, 니체는 공공연하게 역사의 이성을 경멸한 사람이었지만 역사의 명백한 무자비함과 무의미성에도 불구하고 역사를 "의미 있는 것으로 만들려는"[274] 시도는 가치 있다고 생각했다. 그러나 이러한 유형의 시도도 얼마 후 여러 세대를 세계대전의 전쟁터로 몰아갔고 전체주의 독재정권의 수용소에 가두었던 현실 때문에 수포로 돌아간다. 짧은 기간에 두 번에 걸쳐 유럽을 뒤덮었던 피와 진흙탕의 전쟁을 경험하고 나서는 어느 누구든지 문화의 세계와 전쟁의 세계가 분리된 것이 아니라는 사실을 똑똑히 알게 되었다. 이러한 충격으로부터 다음과 같은 질문들이 생

---

273 같은 책, 39쪽 이하와 46쪽 이하.

274 Friedrich Nietzsche, "Nachgelassene Fragmente 1875~1879." in: *Kritische Studienausgabe*, hg. v. Giorgio Colli u. Mazzino Montinari, Bd.8, 2.Aufl., München 1988, 57쪽[강조는 저자가 한 것임]. 이의 비판은 앞에서 말한 카시러의 논고 이외에 Paul Ricoeur, *Zeit und Erzählung*, Bd.3, München 1991, 312쪽 이하 참조. 리쾨르는 "특히 아우슈비츠의 희생은 우리의 기억에서 역사의 모든 희생을 대변한다. 희생 속에서 역사의 어두운 면이 나타나고 있는데, 이러한 역사의 어두운 면 때문에 이성의 간계는 정당화될 수 없다. 오히려 역사신정론이라는 추문이 드러나게 된다"고 말한다(앞의 책, 304쪽).

겨났다. 얼마 동안이나 이렇게 갈 것인가? 어디까지 얽혀들 것인가? 언제, 어디서, 그리고 어떤 상황에서 17·18세기의 계몽주의에 의해 이루어졌던 행복과 지식 사이의 연결고리가 풀렸단 말인가? 지식은 어떻게 새롭게 정초되어야 할 것인가? 평화는 어떻게 새롭게 정초되어야 할 것인가? 세계를 자기 것과 낯선 것, 친구와 적, 우월한 것과 저급한 것으로 구분하도록 허용했던 문화, 아니 이러한 구분을 제안했던 문화는 어떤 상황에 있는가?

이러한 질문을 낳은 심각한 혼란의 상황이 앞선 장에서 **문화적 전환**cultural turn으로 설명했던 현상이 생겨나게 된 배경이다. 문화철학적 전환은 유례없는 고통을 낳은 세계사적 사건들에 대한 반작용으로서 등장했다. 첫 번째 문화철학자들이 이러한 세계사적 사건들의 증인들이었다. 그들은 단절을 경험했다. 하지만 단절이 모든 면에서 일어났던 것은 아니다. 그들은 헤겔의 대부분의 것을 비판하고 거부했지만 세대들의 경험을 고려해서 무엇이 진정 인간의 문제인지를 드러내 제시하려 했던 헤겔의 근본적인 생각만큼은 급변한 상황 속에서도 수용했다. 문화철학은 이런 의미에서 본다면 역사철학의 비판적 상속인이다.

문화철학은 이러한 개념적 이탈로부터 생겨났지만 그 이탈은 동시에 새로운 시작을 의미했다. 연관관계의 통일성은 이제 더 이상 실체적으로 규정되는 것이 아니라 기능적으로 사유되어야 한다. 그리고 세계관계의 유형은 형이상학적으로 정립되는 것이 아니라 우연성을 의식하면서 만들어져야 한다. 끝으로 사람들이 희망하는 거대담론은 이제 더 이상 목적론적으로 구상되는 것이 아니라 미완성의 형태로, 다시 말해 대립물들의 "변증법적" 통일과 "공존"[275]으로 구상되어야 한다는 기본입장에서 새로운 시작을 볼 수 있다. 문화철학은 이상주의의 본질직관과 달리 세계 안의 실존을 더 이상 통속화하지 않는 것은 물론이고 진리를 사물의 '배후에서' 찾는 일도 그만둔다. 문화철학은 철학적으로 사유함으로써 다양한 상징형식과 경험을 초월해 있는 토대에 도달하게 될 것이라는 기대, 즉 직접적이고 근원적이고 절대적인 것의 왕국에 도달하게 될 것이라는 기대를 부채질하지 않는다. 오히려 문화철학은 이러한 다양한 현상 자체에, 즉 다양한 형태와 대상 자체에 관심을 두고 있다.

사변적 역사철학이 오늘날에도 우리와 아직 관련 있는 이유는 그것이 제시한 대답들 때문이 아니라 그 물음들 때문이다. 이러한

---

275 Cassirer, *Versuch über den Menschen*, 같은 책, 337쪽. 카시러는 이보다 분명하게 표현하지는 않았다. 물론 그는 역사시학(petites histoires)과 거대담론(grand récit) 사이의 우둔한 양자택일을 말하자면 선구적으로 거부하기를 원했던 것 같은 인상을 준다. 신역사주의는 우리에게 그러한 양자택일을 제안하려 했던 것처럼 보인다(이는 Stephen Greenblatt, *Wunderbare Besitztümer. Die Erfindung des Fremden: Reisende und Entdecker*, Berlin 1994, 110쪽 참조). 정신의 역사적 현상학의 새로운 담론형식은 부조화를 "자기 자신과의 조화" 속에서 나타내고 대립들이 서로 지시하도록 해야 한다고 『인간론』의 끝부분은 말하고 있다(346쪽). 거대담론을 대상을 종속시키는 '예속담론'으로서 간주하고 이를 비방하는 널리 퍼진 생각은 여하튼 근시안적이다. 코젤렉(Reinhart Koselleck)이 보여준 바와 같이, 그 현상은 근대의 경우 반대로 나타났다. 승리자가 아니라 패배자가 거대담론을 요구했다. 말하자면 왜 원했던 것과 달리 전개되었는지에 대한 역사적 설명을 요구했다. 이는 Reinhart Koselleck, "Erfahrungswandel und Methodenwechsel. Eine historische anthropologische Skizze." in: *Historische Methode*, hg. v. Christian Meier u. Jörn Rüsen, München 1988(=Beiträge zur Historik, Bd.5), 13~61쪽, 여기서는 60쪽 참조.

물음들은 전통적인 철학적 문제영역에서 유래하는 것이지만 칸트가 말한 바와 같이 "이성의 경험적 사용이나 이성에 의해 추론된 원리를 통해서는"[276] 해결될 수 없는 것들이다. 이 물음들은 인간의 현실관여, 세계 안에서의 인간의 위치, 인간의 행위와 그 결과의 의미 등이기 때문이다. '인간은 문화적 존재이다'라는 말은 인간학적 관점이 아니라 문화철학적 관점에서 사유된다. '돌봄Pflege'은 인간세계에 문화cultura를 허용하는 것이다. 그런데 이 돌봄의 진정한 의미는 언제나 현실의 형성 가능성의 지평에서 현실을 드러내는 데 있다. 또한 그 의미는 우회로의 길을 내고 보호하고 걸어가는 실천에 적합한 기준을 제공하는 데 있다. 전혀 길이라 할 수 없는 잘못된 길과 배타적인 성격을 지니며 이미 앞질러 어떤 선택도 배제하는 효율적인 직선의 길 사이에서, 말하자면 이러한 딜레마 속에서 우회로Umweg야말로 불완전하지만 미래를 만들어나가는 존재인 인간, 자신의 생산물을 통해 자기 자신에게 다가가는 존재인 인간의 생존기회인 것이다. 이름을 붙이고 해석을 하고 의미를 부여하는 등의 첫 번째 활동 속에서 이미 문화는 급박하게 몰아세우는 현실에 대해 거리를 취한다. 행위의 억압이 중지될 때, 시대정신을 억압하지 않을 때, 증오의 정치가 포기될 때, 공포가 추방될 때, 한 마디로 세계개방의 태도와 호기심이 권리를 보장받는 방식 속에서 현실이 지각될 때 문화는 생성된다.

　　인간이성의 간계는 역사 안에서 실현되는 것이 아니라 문화로

---

276 Kant, *Kritik der reinen Vernunft*, 같은 책, 41쪽 이하(B 21쪽 이하).

써 실현된다. 대중에게 총체적인 화해를 약속했던 변신론의 몰락 이후 그래도 하나의 작은 위안이 남아 있다면, 그것은 문화철학의 여러 주제와 주장을 살펴본 최종지점에서 다음의 말을 결론으로 삼을 수 있다는 것이다. '우리는 우회로를 만들 수 있다'는 말이 그것이다.

■ 참고문헌

Acham, Karl, "Diltheys Beitrag zur Theorie der Kultur- und Sozialwissen-schaften", in: *Dilthey-Jahrbuch*3, 1985, 9~51쪽.

Adorno, Theodor W., *Gesammelte Schriften*, hg. v. Rolf Tiedemann, Frankfurt/M. 1997.

Theodor W. Adorno—Thomas Mann. *Briefwechsel 1943~1955*, hg. v. Christoph Gödde u. Thomas Sprecher, Frankfurt/M. 2002.

d'Alembert, Jean Le Rond, *Einleitung zur Enzyklopädie*, hg. v. Günther Mensching, Hamburg 1977.

Bacon, Francis, *Neues Organon*, hg. v. Wolfgang Krohn, Hamburg 1990.

Bast, Rainer A., *Problem, Geschichte, Form. Das Verhältnis von Philosophie und Geschichte bei Ernst Cassirer im historischen Kontext*, Berlin 2000.

Baudelaire, Charles, "Die Weltausstellung 1855. Die schönen Künste", in: ders., *Sämtliche Werke/Briefe*, Bd.2, hg. v. Friedhelm Kemp u. Claude Pichois, München/Wien 1977.

Bayertz, Kurt, "Glanz und Elend des aufrechten Ganges. Eine anthropologische Kontroverse des 18. Jahrhunderts und ihre ethischen Implikationen", in: *Jahrbuch für Recht und Ethik* 8, 2000, 345~369쪽.

Belting, Hans, *Das unsichtbare Meisterwerk. Die modernen Mythen der Kunst*, München 1998.

Benjamin, Walter, *Gesammelte Schriften*, hg. v. Rolf Tiedemann u. Hermann Schweppenhäuser, Frankfurt/M. 1972~1989.

Blumenberg, Hans, *Aspekte der Epochenschwelle: Cusaner und Nolaner*, Frankfurt/M. 1976.

Ders., "Ernst Cassirers gedenkend", in: ders., *Wirklichkeiten in denen wir leben. Aufsatze und eine Rede*, Stuttgart 1981, 163~172쪽.

Ders., "Anthropologische Annäherung an die Aktualität der Rhetorik", in: ders.,

Ästhetische und metaphorologische Schriften, hg. v. Anselm Haverkamp, Frankfurt/M. 2001.

Böhme, Hartmut, "Vom Cultus zur Kultur(wissenschaft). Zur historischen Semantik des Kulturbegriffs", in: *Literaturwissenschaft-Kulturwissenschaft. Positionen, Themen, Perspektiven*, hg. v. Renate Glaser u. Matthias Luserke, Opladen 1996, 48~68쪽.

Ders./Matussek, Peter/Müller, Lothar, *Orientierung Kulturwissenschaft. Was sie kann, was sie will*, Reinbek 2000.

Bollenbeck, Georg, *Bildung und Kultur. Glanz und Elend eines deutschen Deutungsmusters*, Frankfurt/M. 1994.

Bourdieu, Pierre, *Meditationen. Zur Kritik der scholastischen Vernunft*, Frankfurt/M. 2001.

Brandt, Reinhard, *Kommentar zu Kants Anthropologie in pragmatischer Hinsicht*, Hamburg 1999.

Ders., "Rousseau und Kant", in: *Wechselseitige Beeinflussungen und Rezeptionen von Recht und Philosophie in Deutschland und Frankreich*, hg. v. Jean–François Kervegan u. Heinz Mohnhaupt, Frankfurt/M. 2001, 91~118쪽.

Breuer, Stefan, *Ästhetischer Fundamentalismus. Stefan George und der deutsche Antimodernismus*, Darmstadt 1995.

Busche, Hubertus, "Was ist Kultur? Teil1", in: *Dialektik. Zeitschrift für Kulturphilosophie*, Heft1, 2000, 69~90쪽; "Teil2", in: *Dialektik*, Heft 2, 2000, 5~16쪽.

Cassirer, Ernst, *Wesen und Wirkung des Symbolbegriffs*, 7.Aufl., Darmstadt 1956.

Ders., *Versuch über den Menschen. Einführung in eine Philosophie der Kultur*, Frankfurt/M. 1990.

Ders., *Erkenntnis, Begriff, Kultur*, hg. v. Rainer A. Bast, Hamburg 1993.

Ders., *Zur Logik der Kulturwissenschaften. Fünf Studien*, 6.Aufl., Darmstadt 1994.

Ders., *Nachgelassene Manuskripte und Texte*, hg. v. Klaus Christian Kohnke, John Michael Krois u. Oswald Schwemmer, Hamburg 1995ff.

Ders., *Die Einheit des Werks von Jean-Jacques Rousseau*, hg. v. Rainer A. Bast,

Köln 1998.

Ders., *Gesammelte Werke*, Hamburger Ausgabe, hg. v. Birgit Recki, Hamburg 1998ff.

Cavell, Stanley, "Wittgenstein als Philosoph der Kultur. Alltäglichkeit als Heimat", in: ders., *Nach der Philosophie*, 2.Aufl., Berlin 2001, 97~126쪽.

"Davoser Disputation zwischen Ernst Cassirer und Martin Heidegger", in: *Martin Heidegger, Gesamtausgabe*, 1.Abt., Bd.3, Frankfurt/M. 1991, 274~296쪽.

Demandt, Alexander/Farrenkopf, John (Hg.), *Der Fall Spengler*, Köln/Weimar/ Wien 1994.

Descartes, René, "La Dioptrique" (1637), in: *Gertrud Leisegang, Descartes' Dioptrik*, Meisenheim/Glan 1954, 69~165쪽.

Ders., *Von der Methode*, Hamburg 1996.

Diderot, Denis, "Lettre sur les aveugles", in: ders., *Œuvres complètes*, hg. v. Jules Assézat u. Maurice Tourneux, Bd.1, Paris 1875, 276~342쪽.

Didi—Huberman, Georges, *L'image survivante. Histoire de l'art et temps des Fantômes selon Aby Warburg*, Paris 2002.

Drehsen, Volker/Sparn, Walter (Hg.), *Vom Weltbildwandel zur Weltanschauungs-sanalyse. Krisenwahrnehmung und Krisenbewältigung um 1900*, Berlin 1996.

Durkheim, Emile, *Les règles de la méthode sociologique*, 8.Aufl., Paris 1927.

Eagleton, Terry, *Was ist Kultur? Eine Einführung*, München 2001.

Elias, Norbert, "Die Symboltheorie", in: *Gesammelte Werke*, Bd.13, hg. v. Reinhard Blomert u.a., Frankfurt/M. 2001.

Flasch, Kurt, *Die geistige Mobilmachung. Die deutschen Intellektuellen und der Erste Weltkrieg*, Berlin 2000.

Foucault, Michel, *Was ist Kritik?*, Berlin 1992.

Ders., *In Verteidigung der Gesellschaft. Vorlesungen am Collège de France* (1975~1976), Frankfurt/M. 1999.

Freud, Sigmund, "Die Zukunft einer Illusion", in: ders., *Kulturtheoretische Schriften*, Frankfurt/M. 1974, 135~189쪽.

Frühwald, Wolfgang u.a., *Geisteswissenschaften heute. Eine Denkschrift*, Frankfurt/M. 1991.

Gadamer, Hans—Georg, "Prometheus und die Tragödie der Kultur", in: ders., *Kleine Schriften*, Bd.2, Tübingen 1967, 64~74쪽.

Geertz, Clifford, *Die künstlichen Wilden. Der Anthropologe als Schriftsteller*, München 1990.

Gersmann, Gudrun/Kohle, Hubertus (Hg.), *Frankreich 1800. Gesellschaft, Kultur, Mentalitäten*, Stuttgart 1990.

Goethe, Johann Wolfgang, *Werke*, Hamburger Ausgabe, hg. v. Erich Trunz, Hamburg 1948ff.

Ders., *Briefe*, Hamburger Ausgabe, hg. v. Karl Robert Mandelkow, München 1988.

Goldmann, Lucien, *Lukács und Heidegger. Nachgelassene Fragmente*, Darmstadt/ Neuwied 1975.

Ders., *Der verborgene Gott. Studie über die tragische Weltanschauung in den Pensées Pascals und im Theater Racines*, Neuwied/Darmstadt 1985.

Gombrich, Ernst, *Aby Warburg. Eine intellektuelle Biographie*, Frankfurt/M. 1984.

Goodstein, Elisabeth S., "Georg Simmels Phänomenologie der Kultur und der Paradigmenwechsel in den Geisteswissenschaften", in: *Aspekte der Geldkultur. Neue Beiträge zu Georg Simmels Philosophie des Geldes*, hg. v. Willfried Geßner u. Rüdiger Kramme, Halberstadt 2002, 29~62쪽.

Graeser, Andreas, *Ernst Cassirer*, München 1994.

Greenblatt, Stephen, *Wunderbare Besitztümer. Die Erfindung des Fremden: Reisende und Entdecker*, Berlin 1994.

Greiner, Bernhard/Schmidt, Christoph(Hg.), *Arche Noah. Die Idee der Kultur im deutsch-jüdischen Diskurs*, Freiburg/Br. 2002.

Hänel, Michael, "Problemgeschichte als Forschung: Die Erbschaft des Neukantianismus", in: Das *Problem der Problemgeschichte 1880~1932*, hg. v. Otto Gerhard Oexle, Göttingen 2001, 85~127쪽.

Hegel, Georg Wilhelm Friedrich, *Theorie Werkausgabe*, hg. v. Eva Moldenhauer

u. Karl Markus Michel, Frankfurt/M. 1969~1971.

Heise, Jens, "Topik und Kritik bei Vico-Materialien zur Kulturphilosophie", in: *Allgemeine Zeitschrift für Philosophie*27, Heft1, 2002, 41~48쪽.

Herder, Johann Gottfried, *Sämmtliche Werke*, hg. v. Bernhard Suphan, Berlin 1887~1913.

Hetzel, Andreas, *Zwischen Poiesis und Praxis. Elemente einer kritischen Theorie der Kultur*, Würzburg 2001.

Horkheimer, Max, *Gesammelte Schriften*, hg. v. Alfred Schmidt u. Gunzelin Schmid Noerr, Frankfurt/M. 1985ff.

Husserl, Edmund, *Formale und transzendentale Logik. Versuch einer Kritik der logischen Vernunft*, hg. v. Paul Janssen, Den Haag 1974 (=Husserliana, Bd.17).

Jankélévitch, Vladimir, "Zynismus und ironischer Konformismus", in: *Sinn und Form*51, 1999, 881~902쪽.

Ders., "Gewalt und Gegenseitigkeit", in: *Sinn und Form*54, 2002, 437~454쪽.

Ders., *Das Verzeihen. Essays zur Moral und Kulturphilosophie*, hg. v. Ralf Konersmann, Frankfurt/M. 2003.

Jaspers, Karl, *Die geistige Situation der Zeit*, 2.Aufl., Berlin 1931 (Nachdruck Berlin/New York 1999).

Jaumann, Herbert (Hg.), *Rousseau in Deutschland. Neue Beiträge zur Erfassung seiner Rezeption*, Berlin/New York 1995.

Kaegi, Dominic/Rudolph, Enno (Hg.), *Cassirer-Heidegger. 70Jahre Davoser Disputation*, Hamburg 2002.

Kant, Immanuel, *Werke*, Akademie-Ausgabe, Berlin 1902~1923.

Kany, Roland, *Die religionsgeschichtliche Forschung an der Kulturwissenschaftlichen Bibliothek Warburg*, Bamberg 1989.

Kittler, Friedrich, *Eine Kulturgeschichte der Kulturwissenschaft*, München 2000.

Klibansky, Raymond, *Erinnerung an ein Jahrhundert. Gespräche mit Georges Leroux*, Frankfurt/M./Leipzig 2001.

Köhnke, Klaus Christian, *Entstehung und Aufstieg des Neukantianismus. Die deutsche

Universitätsphilosophie zwischen Idealismus und Positivismus, Frankfurt/M. 1985.

Konersmann, Ralf(Hg.), *Kulturphilosophie*, 2.Aufl., Leipzig 1998.

Ders.(Hg.), *Kulturkritik*, Leipzig 2001.

Ders., "Der Cultural Turn in der Philosophie", in: *Symbolische Welten. Philosophie und Kulturwissenschaften*, hg. v. Dirk Rustemeyer, Würzburg 2002, 67~90쪽.

Ders., "Umweg und Methode. Metaphorische Profile frühneuzeitlicher Subjektivität", in: *Rationalitats- und Freiheitsformen Europas*, hg. v. Ralf Elm, Bonn [erscheint 2003].

Koselleck, Reinhart, *Kritik und Krise. Eine Studie zur Pathogenese der bürgerlichen Welt*(1959), 3.Aufl., Frankfurt/M. 1979.

Ders., "Hinter der tödlichen Linie. Das Zeitalter des Totalen", in: *Das 20.Jahrhundert. Welt der Extreme*, hg. v. Michael Jeismann, München 2000, 9~27쪽.

Kramme, Rüdiger, "'Kulturphilosophie' und 'Internationalität' des Logos im Spiegel seiner Selbstbeschreibungen", in: *Kultur und Kulturwissenschaften um 1900*, hg. v. Gangolf Hübinger, Rüdiger vom Bruch u. Friedrich Wilhelm Graf, Stuttgart 1997, 122~134쪽.

Ders., "Logos 1933/34. Das Ende der 'Internationalen Zeitschrift für Philosophie der Kultur'", in: *Rechtstheorie*27, 1996, 92~116쪽.

Kroeber, Alfred Louis/Kluckhohn, Clyde, *Culture. A Critical Review of Concepts and Definitions*, Cambridge/Mass. 1952.

Leroi–Gourhan, André, *Hand und Wort. Die Evolution von Technik, Sprache und Kunst*, Frankfurt/M. 1980.

Lévi–Strauss, Claude, *Traurige Tropen*, 2.Aufl., Frankfurt/M. 1989.

Lichtblau, Klaus, "Das Verstehen des Verstehens. Georg Simmel und die Tradition einer hermeneutischen Kultur– und Sozialwissenschaft", in: *Wirklichkeit im Deutungsprozeß. Verstehen und Methoden in den Kultur – und Sozialwissenschaften*, hg. v. Thomas Jung u. Stefan Müller Doohm,

Frankfurt/M. 1993, 27~56쪽.

Ders., *Georg Simmel*, Frankfurt/M./New York 1997.

Löwith, Karl, *Mein Leben in Deutschland vor und nach 1933. Ein Bericht*, Frankfurt/ M. 1989.

Ders., "Vicos Grundsatz: verum et factum convertuntur", in: ders., *Sämtliche Schriften*, Bd.9, Stuttgart 1990, 195~227쪽.

Lübbe, Hermann, *Politische Philosophie in Deutschland. Studien zu ihrer Geschichte*, Basel/Stuttgart 1963.

Luhmann, Niklas, "Kultur als historischer Begriff", in: ders., *Gesellschaftsstruktur und Semantik. Studien zur Wissenssoziologie der modernen Gesellschaft*, Bd.5, Frankfurt/M. 1995, 31~54쪽.

Lukács, Georg, *Geschichte und Klassenbewußtsein. Studien über marxistische Dialektik*, Darmstadt/Neuwied 1968.

Merleau—Ponty, Maurice, "Von Mauss zu Claude Lévi—Strauss", in: *Leibhaftige Vernunft. Spuren von Merleau —Pontys Denken*, hg. v. Alexandre Métraux u. Bernhard Waldenfels, München 1986, 13~28쪽.

Möckel, Christian, "Krisisdiagnosen: Husserl und Spengler", in: *Phänomenologische Forschungen*, N.F.3, 1.Halbbd., 1998, 34~60쪽.

Montaigne, Michel de, *Essais*, übers. von Hans Stilett, Frankfurt/M. 1998.

Mühlmann, Wilhelm E., *Geschichte der Anthropologie*, 2.Aufl., Frankfurt/M./Bonn 1968.

Natorp, Paul, "Kant und die Marburger Schule", in: *Kant-Studien*17, 1912, 193~221쪽.

Naumann, Barbara/Recki, Birgit(Hg.), *Cassirer und Goethe. Neue Aspekte einer philosophisch —literarischen Wahlverwandtschaft*, Berlin 2002.

Niedermann, Joseph, *Kultur. Werden und Wandlungen eines Begriffes und seiner Ersatzbegriffe von Cicero bis Herder*, Florenz 1941.

Nietzsche, Friedrich, *Kritische Studienausgabe*, hg. v. Giorgio Colli u. Mazzino Montinari, 2.Aufl., München 1988.

Orth, Ernst Wolfgang, *Von der Erkenntnistheorie zur Kulturphilosophie. Studien zu*

Ernst Cassirers Philosophie der symbolischen Formen, Würzburg 1996.

Ders., "Hegelsche Motive in Windelbands und Cassirers Kulturphilosophie", in: *Der Neukantianismus und das Erbe des deutschen Idealismus*, hg. v. Detlev Patzold u. Christian Krijen, Würzburg 2002, 123~134쪽.

Osterhammel, Jürgen, "Kulturelle Grenzen in der Expansion Europas", in: ders., *Geschichtswissenschaft jenseits des Nationalstaats. Studien zu Beziehungsgeschichte und Zivilisationsvergleich*, Göttingen 2001, 203~239쪽.

Pascal, Blaise, *Pensées, in: ders., Œuvres complètes*, hg. v. Louis Lafuma, Paris 1963, 493~644쪽.

Perpeet, Wilhelm, "Zur Wortbedeutung von 'Kultur'", in: *Naturplan und Verfallskritik. Zu Begriff und Geschichte der Kultur*, hg. v. Helmut Brackert u. Fritz Wefelmeyer, Frankfurt/M. 1984, 21~28쪽.

Ders., *Kulturphilosophie. Anfänge und Probleme*, Bonn 1997.

Peters, Günter, "Prometheus und die Tragödie der Kultur. Goethe—Simmel—Cassirer", in: *Cassirer und Goethe. Neue Aspekte einer philosophisch—literarischen Wahlverwandtschaft*, hg. v. Barbara Naumann u. Birgit Recki, Berlin 2002, 113~136쪽.

Pfeiffer, Helmut/Jauß, Hans Robert/Gaillard, Françoise(Hg.), *Art social und art industriel. Funktionen der Kunst im Zeitalter des Industrialismus*, München 1987.

Plessner, Helmuth, *Elemente der Metaphysik. Eine Vorlesung aus dem Wintersemester1931/32*, hg. v. Hans-Ulrich Lessing, Berlin 2002.

Recki, Birgit, "Der praktische Sinn der Metapher. Eine systematische Überlegung im Blick auf Ernst Cassirer", in: *Die Kunst des Überlebens. Nachdenken über Hans Blumenberg*, hg. v. Franz Josef Wetz u. Hermann Timm, Frankfurt/M. 1999, 142~163쪽.

Renz, Ursula, *Die Rationalität der Kultur. Zur Kulturphilosophie und ihrer transzendentalen Begründung bei Cohen, Natorp und Cassirer*, Hamburg 2002.

Ricoeur, Paul, *Zeit und Erzählung*, 3Bde., München 1991.

Ritter, Joachim, *Hegel und die französische Revolution*, Frankfurt/M. 1972.

Rorty, Richard, *Logic and Reality*, Madison 1964.

Röttgers, Kurt, *Kategorien der Sozialphilosophie*, Magdeburg 2002.

Ders., "Der Verlust des Fremden", in: *Transkulturelle Wertekonflikte. Theorie und wirtschaftsethische Praxis*, hg. v. Kurt Röttgers u. Peter Koslowski, Heidelberg 2002, 1~26쪽.

Rousseau, Jean-Jacques, *Abhandlung {über die Frage}, ob die Wiederherstellung der Wissenschaften und Künste etwas zur Läuterung der Sitten beygetragen hat?*, hg. v. Ralf Konersmann u. Gesine Märtens, St. Ingbert 1997.

Ders., "Brief über die Tugend", in: *Kulturkritik*, hg. v. Ralf Konersmann, Leipzig 2001, 44~51쪽.

Ders., *Correspondance complète*, hg. v. R. A. Leigh, Genf 1967.

Rudolph, Enno (Hg.), *Die Renaissance als erste Aufklärung*, 3Bde., Tübingen 1998.

Ders., "Freiheit oder Schicksal? Cassirer und Heidegger in Davos", in: *Cassirer-Heidegger. 70Jahre Davoser Disputation*, hg. v. Dominic Kaegi u. Enno Rudolph, Hamburg 2002, 36~47쪽.

Rüfner, Vinzenz, "Homo secundus Deus. Eine geistesgeschichtliche Studie zum menschlichen Schöpfertum", in: *Philosophisches Jahrbuch* 63, 1955, 248~291쪽.

Scheler, Max, *Die Stellung des Menschen im Kosmos*, München 1947.

Schiller, Friedrich, "Ueber die aesthetische Erziehung des Menschen in einer Reihe von Briefen", in: *Werke*, Nationalausgabe, Bd.22, Weimar 1962, 309~412쪽.

Schmitt, Carl, *Der Begriff des Politischen*, 6.Aufl., Berlin 1963.

Schnädelbach, Herbert, "Plädoyer für eine kritische Kulturphilosophie", in: *Kulturphilosophie*, hg. v. Ralf Konersmann, 2.Aufl., Leipzig 1998, 307~326쪽.

Scholtz, Gunter, "Bedeutsamkeit. Zur Entstehungsgeschichte eines Grundhegriffs der hermeneutischen Philosophie", in: ders., *Zwischen Wissenschaftsanspruch und Orientierungsbedürfnis. Zu Grundlage und Wandel der Geisteswissenschaften*, Frankfurt/M. 1991, 254~268쪽.

Schwemmer, Oswald, "Der Werkbegriff in der Metaphysik der symbolischen Formen", in: *Internationale Zeitschrift für Philosophie*2, 1992, 226~249쪽.

Ders., *Ernst Cassirer. Ein Philosoph der europäischen Moderne*, Berlin 1997.

Semper, Gottfried, "Wissenschaft, Industrie und Kunst. Vorschläge zur Anregung nationalen Kunstgefühls", in: ders., *Wissenschaft, Industrie und Kunst und andere Schriften*, hg. v. Hans M. Wingler, Mainz/Berlin 1966, 27~71쪽.

Seneca, L. Annaeus, "Ad Lucilium epistulae morales", in: ders., *Philosophische Schriften*, Bd.4, hg. v. Manfred Rosenbach, 2.Aufl., Darmstadt 1987.

Simmel, Georg, *Gesamtausgabe*, hg. v. Otthein Rammstedt, Frankfurt/M. 1989ff.

Snell, Bruno, *Die Entdeckung des Geistes. Studien zur Entstehung des europaischen Geistes bei den Griechen*, 7.Aufl., Göttingen 1993.

Stein, Ludwig, *An der Wende des Jahrhunderts. Versuch einer Kulturphilosophie*, Freiburg/Br./Leipzig/Tübingen 1899.

Stierle, Karlheinz, *Ästhetische Rationalität. Kunstwerk und Werkbegriff*, München 1996.

Ströker, Elisabeth, "Krise der europäischen Kultur—ein Problemerbe der Husserlschen Philosophie", in: *Zeitschrift für philosophische Forschung*50, 1996, 309~322쪽.

Sturma, Dieter, "Rousseaus Kulturphilosophie", in: *Die Republik der Tugend. Jean-Jacques Rousseaus Staatsverständnis*, hg. v. Wolfgang Kersting, Baden-Baden 2003, 27~54쪽.

Szondi, Peter, *Versuch über das Tragische*, 2.Aufl., Frankfurt/M. 1964.

Toulmin, Stephen, *Kosmopolis. Die unerkannten Aufgaben der Moderne*, Frankfurt/M.1994.

Valéry, Paul, "Die Krise des Geistes", in: *Kulturphilosophie*, hg. v. Ralf Konersmann, 2.Aufl., Leipzig 1998.

Vico, Giovanni Battista, *Prinzipien einer Neuen Wissenschaft über die gemeinsame Natur der Volker*, hg. v. Vittorio Hösle u. Christoph Jerman, Hamburg 1990.

Vierhaus, Rudolf, "Zum Problem historischer Krisen", in: *Historische Prozesse*, hg. v. Karl-Georg Faber u. Christian Meier, München 1978, 313~329 쪽.

Voltaire, "Essai sur les moeurs", in: ders., *Œuvres complètes*, Bd.13, hg. v. Louis Moland, Paris 1878.

Waldenfels, Bernhard, *Studien zur Phänomenologie des Fremden*, Frankfurt/M. 1997~1999.

Wefelmeyer, Fritz, "Glück und Aporie des Kulturtheoretikers. Zu Johann Gottfried Herder und seiner Konzeption der Kultur", in: *Naturplan und Verfallskritik. Zu Begriff und Geschichte der Kultur*, hg. v. Helmut Brackert u. Fritz Wefelmeyer, Frankfurt/M. 1984, 94~121쪽.

Weishaupt, Winfried, *Europa sieht sich im fremden Blick. Werke nach dem Schema der 'Lettres persanes' in der europaischen, insbesondere der deutschen Literatur des 18.Jahrhunderts*, 3Bde., Frankfurt/M. u.a. 1979.

Weiß, Johannes, *Vernunft und Vernichtung. Zur Philosophie und Soziologie der Moderne*, Opladen 1993.

Wilamowitz—Moellendorff, Ulrich von, "Weltperioden", in: *Reden und Vorträge*, Berlin 1901, 120~135쪽.

Windelband, Wilhelm, *Präludien*, 2Bde., 5.Aufl., Tübingen 1915.

Wiora, Walter, "Die Kultur kann sterben. Reflexionen zwischen 1880 und 1914", in: *Fin de siècle. Zu Literatur und Kunst der Jahrhundertwende*, hg. v. Roger Bauer, Frankfurt/M. 1977, 50~72쪽.

Zwick, Jochen, "Akademische Erinnerungskultur, Wissenschaftsgeschichte und Rhetorik im 19. Jahrhundert. Über Emil Du Bois-Reymond als Festredner", in: *Scientia Poetica. Jahrbuch für Geschichte der Literatur und der Wissenschaften* 1, 1997, 120~138쪽.

:: 역자 후기

　문화철학에 관한 입문서를 쓰는 것은 정말 쉬운 일이 아닐 것이다. 아직도 이 분야는 '생성' 중에 있기 때문이다. 20세기 초에 짐멜과 카시러에 의해서 문화철학의 윤곽이 논의되었고 그 이후 겔렌, 마르쿠제, 아도르노 등에 의해 문화철학 담론이 형성되었지만 아직까지도 학자들 사이에서는 문화의 개념 정의에 대해서는 물론이고 문화철학의 대상과 방법에 관해서도 일치된 의견이 거의 없는 실정이다. 따라서 문화철학을 체계적으로 그리고 알기 쉽게 안내한다는 것은 거의 불가능한 일처럼 보인다.

　여하튼 현재 문화철학은 예컨대 기호론적, 매체론적, 기술론적, 가치론적, 인간학적 관점에서 문화현상을 다루는 철학으로서, 또는 이데올로기적 문화비판의 철학과 같은 것으로서 여겨지고 있는데, 문화철학은 그것이 어떤 형태를 취하고 있든지 간에 우리의 흥미를 불러일으키고 있는 것이 사실이다. 하지만 문화철학이란 이름이 주는 산뜻한 느낌을 접어두고 문화철학의 문제에 한 걸음만 깊이 다가가 보면 우리는 매우 난처한 상황에 처하게 된다. 왜냐하면 다음과 같은 당혹스러운 물음들에 휩싸이게 될 것이기 때문이다. 문화철학은 도대체 무엇을 하는 철학인가? 문화철학이 다루는 구체적인 대상은 무엇인가? 어떤 방법론을 취하고 있는가? 철학과 문화철학 사이의 차이는 무엇인가? 도대체 문화철학은 우리에게 어떤 의미가 있는가? 사실상 그동안 문화철학 담론들은 이 모든 질문에 속 시원한 대답을 해주지 못했고 지금도 역시 그러하다. 국내의 상황도 마찬가지가 아닐까 생각된다. 문화철학의 내용을 체계적으로 정리하고 그 의미를 명확히 밝힌 책은 국내에서도 전무한 실정이라고 말해도 과언은 아니다.

이러한 상황에서 콘너스만은 이 작은 입문서에서 문화철학의 체계를 잡는 시도를 하고 있다. 그는 이 책에서 문화의 개념, 문화철학의 역사, 그리고 문화철학의 대상과 방법을 명확하게 서술하고 있다. 그에 따르면 문화의 본질적인 특징은 '세계의 인간화'이다. '세계의 인간화'는 고대의 윤리론(세네카)에서 출발해 근대의 학문에 대한 신뢰(베이컨, 비코)와 계몽주의의 교양이념(루소, 실러)을 거쳐 20세기의 문명염세주의(발레리, 아도르노)에 이르기까지 계속해서 추구되어 왔다. 그는 이러한 '문화담론의 역사'를 간략하지만 알기 쉽게 서술하고 있는 것은 물론이고 '문화비판의 특성'에 대해 이야기하는 것도 빠뜨리지 않고 있다. 그는 그러고 나서 두 명의 문화철학의 선구자를 중심으로, 즉 짐멜의 '문화의 비극'과 카시러의 '상징형식의 철학'을 중심으로 '문화철학'의 생성 배경과 그 방향을 논의한다. 물론 이때 중요한 것은 문화현상에 대한 규범적規範的 비판과 기술적記述的 분석 사이에서 어떤 관점을 유지하는가의 문제일 것이다.

콘너스만에 의하면 인간은 '우회로적 존재'이고 문화는 '우회로의 현상'이다. 인간은 자기 자신과 세계의 모습을 '직접적으로' 인식할 수 없고 단지 '문화를 통해서만' 인식할 수 있기 때문이다. 또한 문화는 '차이의 현상'이다. 문화는 은유적인 형태로 존재하기 때문이다. 따라서 우리는 문화를 적극적으로 해석함으로써 그 의미를 드러내야만 한다. 결국은 이러한 문화에 대한 반성과 해석의 과정에서 우리는 우리 자신에 대한 앎에 도달할 수 있을 것이다. 콘너스만에게 문화철학은 '문화적 사실' 속에 담긴 삶의 의미를 드러냄으로써 우리가 우리 자신을 알아가는 과정에서의 안내자인 것이다.

역자는 문화철학에 대한 입문서가 국내에도 있었으면 좋겠다는 생각에 2004년부터 이 작은 책의 번역을 시작했다. 하지만 여러 사정으로 인해 번역작업이 계속해서 지연되었고 2년이 지난 이제서야 『문화철학이란 무엇인가』가 세상의 빛을 보게 되었다. 이 책의 저자인 콘너스만은 독일에서 진행되고 있는 문화철학 담론에서 하나의 중심축을 형성하고 있는 소장 철학자이다. 이 책이 문화철학을 역사적·체계적으로 이해하려는 우리의 노력에 적지 않은 도움을 줄 수 있을 것이라고 역자는 믿고 있다.

2006년 봄. 이상엽

저자

랄프 콘너스만Ralf Konersmann은 현재 키일 대학교Christian-Albrechts-Universität zu Kiel의 철학과 교수로 재직하고 있으며 문화철학 분야에서 가장 선구적인·실험적인 작업을 하는 독일철학자 중 한 사람이다. 그의 저서로는 *Spiegel und Bild. Zur Metaphorik neuzeitlicher Subjektivität*(1988); *René Magritte, Die verbotene Reproduktion. Über die Sichtbarkeit des Denkens*(1991); *Erstarrte Unruhe. Walter Benjamins Begriff der Geschichte*(1991); *Lebendige Spiegel. Die Metapher des Subjekts*(1991); *Der Schleier des Timanthes. Perspektiven der historischen Semantik*(1994) 등이 있고, 그가 편집한 책으로는 *Kulturphilosophie*(1996); *Kritik des Sehens*(1997); *Komödien des Geistes. Historische Semantik als philosophische Bedeutungsgeschichte*(1999); *Kulturkritik*(2001); *Vladimir Jankélévitch: Das Verzeihen. Essays zur Moral und Kulturphilosophie*(2003) 등이 있다.

역자

이상엽(李相燁)은 성균관대 한국철학과를 3년 수료하고 독일 베를린 자유대학교에서 철학 학사, 석사, 박사 학위를 취득했다. 연세대학교에서 Post-Doc.을 마친 후 현재 울산대학교 철학과 교수로 재직하고 있다. 『허무주의와 극복인』이란 주제로 박사학위 논문을 썼고, 『니체철학의 키워드』, 『니체의 역사관과 학문관』 등의 책을 썼고, 『니체 유고』, 『문화과학과 자연과학』, 『문화학이란 무엇인가』를 번역했으며, 「니체, 도덕적 이상에의 의지로부터 형이상학적 세계 해석의 생성」, 「니체의 칸트 수용과 비판」 등 다수의 니체관련 논문, 「매체의 변화와 해석학의 변형필요성」 등의 해석학 분야 논문, 「아놀드 겔렌의 기술지배적 보수주의 연구」, 「문화, 문화학, 문화철학」 등의 문화철학 논문을 발표했다.